扬州大学中国大运河研究院科研项目

扬州大学·大运河文库

中国大运河商业

姜师立 ◎ 编著

中国建设科技出版社有限责任公司
北京

图书在版编目（CIP）数据

中国大运河商业 / 姜师立编著． -- 北京：中国建设科技出版社有限责任公司，2025.4． -- ISBN 978-7-5160-4394-3

Ⅰ．K928.42；F729

中国国家版本馆 CIP 数据核字第 2025QJ0803 号

中国大运河商业
ZHONGGUO DAYUNHE SHANGYE

姜师立　编著

出版发行：	中国建设科技出版社有限责任公司
地　　址：	北京市西城区白纸坊东街2号院6号楼
邮　　编：	100054
经　　销：	全国各地新华书店
印　　刷：	万卷书坊印刷（天津）有限公司
开　　本：	787mm×1092mm　1/16
印　　张：	17
字　　数：	340千字
版　　次：	2025年4月第1版
印　　次：	2025年4月第1次
定　　价：	128.00元

本社网址：www.jskjcbs.com，微信公众号：zgjskjcbs
请选用正版图书，采购、销售盗版图书属违法行为
版权专有，盗版必究。本社法律顾问：北京天驰君泰律师事务所，张杰律师
举报信箱：zhangjie@tiantailaw.com　举报电话：(010) 63567684
本书如有印装质量问题，由我社事业发展中心负责调换，联系电话：(010) 63567692

序

  中国是一个传统的农耕文明社会，历代王朝统治者多采取重农抑商的政策，但大运河却串起了商业繁荣的一系列区域。大运河的开通，将沿线城镇连为一体，带来了南北经济文化的全方位交流。大运河促进商业的发展，改变了古代中国人"轻商"的观念，带来了实用主义的商业文化。大运河也带动了中外经济文化的交流，通过大运河，东南地区的货物运输到中原和西北地区，并通过陆上丝绸之路输送到中亚和西亚等地区，中国与东南亚地区相关国家的经济交流都是通过海上丝绸之路加上大运河来实现的。物资的交换、人员的流动带来了中国大运河沿线商业的繁荣，形成了一个个商品集散地和商业城镇。

  2500多年来，大运河对中国大一统国家的建立与巩固，对中国南北乃至中外经济文化的交流都发挥了重要作用，它既是政治之河、文化之河，也是经济之河。无论是隋唐时代以洛阳为中心的隋唐大运河，还是元明清时期以北京为中心的京杭大运河，大运河一直是统一的中央集权国家南北货物交流的大通道，始终是中国的商业大动脉。

  明代至清代中期，大运河沿线是最为重要的经济带，是全国商品生产和商品流通的晴雨表。大运河成为全国最为重要的南北物货调配大通道，明清两朝每年征缴自相当于现今江苏、安徽、上海、浙江、江西、湖南、湖北、山东和河南九地的漕粮有400万石，正米加上耗米，实际达到600万余石。在为中央政府运送漕粮的同时，大运河也成为商品流通的大通道。明清两朝，商船可以在大运河全线行驶，极大地促进了商品流通。在这条南北商品大通道上，全国各地商帮，如安徽商人、山陕商人、闽粤商人、江浙商人、江西商人等极为活跃，从事食盐、棉布、丝绸、粮食、木材和书籍等大宗商品，以及矿产、颜料、皮毛、果木等土特产品的经营活动。大运河沿线的商业活动内容繁复、多姿多彩，从而催生出丰富璀璨的大运河商业文化，构筑成中国大运河文化的另一个绚丽篇章。

  明中期的张萱曾说："（在大运河中）吴艎越艘，燕商楚贾，珍奇重货，岁出而时至，言笑自若，视为坦途。"据明嘉靖、隆庆时期江西人李鼎记载，运河中，"燕赵、秦晋、齐梁、江淮之货，日夜商贩而南；蛮海、闽广、豫章、南楚、瓯越、新安之货，日夜商贩而北。……舳舻衔尾，日月无淹。"直到清乾隆末年，乾隆皇帝也感慨："向来南省各项商贾货船运京售卖，俱由运河经行。"

大运河作为南北经济大通道的功能同样也在关税征收方面充分反映出来。明代全国八大钞关，有七个在大运河沿线。早期从大运河征收的税收占全国的九成以上。后来朝廷加大税收力度，长江流域商品流量增加到12%，大运河流域商品流量比重虽有所下降，但仍达88%，大运河商品流量仍占绝对优势。

大运河是南北货物流通大通道，一方面是对大运河南北流通而言，另一方面则是对大运河中转接续全国其他地区的货物流通而言的。这是由于大运河串联了我国东西流向的五条自然水上通道。本身在大运河南北流通的商品，加上上述几条自然水系流域商品的汇入，使得全国大部分地域的商品均需经由大运河流通。所以清乾隆初年的两江总督那苏图不无得意地说："苏州北郊的浒墅关，为扬关、浙关、浙海关等处中道，凡南货北行，北商南贩，最为衡衢。"清嘉庆中期的江苏布政使庆保也说："商贾辐辏之地，上达苏、松、嘉、湖各府，下由常州、镇江一带出口，皆系必经之路。"大运河流域的商品流通成为观察全国商品流通的参照物，大运河商品流通成为全国商品生产和商品流通的晴雨表。

可以说，大运河沿线是中国最为重要的经济带，也是全国最为重要的商品流通大通道，本书正是从大运河的商业功能切入，来解读中国大运河在中华文明发展史上的独特作用。全书分为十章，首先回顾了中国大运河商业发展的历程，分析大运河商业的产生及特点，然后介绍大运河商业城市、大运河商业市镇、大运河商业设施和商业组织及商业会馆，分析大运河与对外贸易、大运河商业习俗，最后为读者呈现文艺作品中描绘的大运河商业。

大运河作为中华优秀传统文化的重要组成部分，非常充分地体现了中华文明的基本特性，即连续性、创新性、统一性、包容性、和平性。大运河的商业功能是大运河派生出来的功能，但对中国社会的发展产生了巨大的推动作用，而且这一功能在今天仍具有强大的生命力，是活态运河的重要组成部分。我们研究中国大运河商业文化，就是为了促进当代经济和商业发展，通过大运河文化带建设、大运河经济带建设，让大运河沿线成为建设中国式现代化的示范地。

姜师立

2024年6月

目录

第一章　中国大运河商业发展历程 / 1

第一节　早期的运河商业 / 3
第二节　隋唐时期中国大运河商业 / 6
第三节　宋元时期中国大运河商业 / 10
第四节　明代中国大运河商业 / 13
第五节　清代大运河商业 / 22

第二章　中国大运河商业的产生及特点 / 33

第一节　中国大运河商业产生的原因及路径 / 35
第二节　中国大运河商业的特点 / 48

第三章　中国大运河商业城市 / 57

第一节　中国大运河城市概述 / 59
第二节　隋唐大运河的中心城市洛阳城 / 61
第三节　与大运河同生共长的城市扬州 / 63
第四节　繁华的汴梁城 / 66
第五节　南宋的中心城市临安城 / 68
第六节　元明清大运河的中心城市北京 / 71
第七节　其他运河城市 / 74

第四章　中国大运河商业市镇 / 85

第一节　因运河交通枢纽带来商业繁荣而兴镇 / 87
第二节　因运河水工设施带来经济发展而兴镇 / 90
第三节　因特色产业而闻名的运河古镇 / 94
第四节　因管理设施带来的人群集聚而成镇 / 97

第五章　中国大运河商业设施 / 107

第一节　中国大运河商业管理机构 / 109

第二节　中国大运河商业服务设施 / 116

第三节　中国大运河商业交易场所 / 119

第六章　中国大运河商业组织 / 125

第一节　中国大运河商帮 / 127

第二节　漕帮与盐帮 / 135

第三节　扬州盐商 / 138

第七章　中国大运河商业会馆 / 151

第一节　中国大运河商业会馆的分布与特点 / 153

第二节　中国大运河商业会馆遗存介绍 / 158

第三节　中国大运河商业组织对社会文化的影响 / 162

第八章　中国大运河与对外贸易 / 181

第一节　中国大运河与陆上丝绸之路 / 183

第二节　中国大运河与海上丝绸之路 / 187

第三节　中国大运河和中外贸易交往与文化交流 / 192

第四节　中国大运河与资本主义萌芽 / 202

第九章　中国大运河商业习俗 / 211

第一节　中国大运河商贸习俗 / 213

第二节　中国大运河上供奉的财神 / 216

第三节　中国大运河沿线特色商贸活动 / 224

第十章　文艺作品中的中国大运河商业 / 235

第一节　绘画作品中的中国大运河商业 / 237

第二节　诗词歌赋中的中国大运河商业 / 245

第三节　散文小说中的中国大运河商业 / 250

后　记 / 263

第一章 中国大运河商业发展历程

第一章 中国大运河商业发展历程

自古以来水路即商路，中国大运河区域由于交通发达、运输方便，出产丰富，经济繁荣，经商人数多，促进了不同地方的经济联系，成为中国商业最早发展的区域。无论是区间运河时代的秦汉商业，还是大运河贯通之后隋唐时期的商业，大运河区域都是中国商业最发达的地区。宋元时期商业城市的形成和明清时期资本主义商业的萌芽也都是从中国大运河区域首先开始的。

第一节 早期的运河商业

早在商、周时期，就已出现专门的商人。春秋战国时期，随着区间运河的开凿、水陆交通的发达、各地经济联系的加强，出现了大批的商人，促进了商业的发展。全国各地、各经济部门的物资作为商品进入流通领域。当时的齐国商业十分发达，因为齐国丞相管仲就是善于用商业致富的管理者。春秋后期，商人的地位逐渐提高，出现了两位名闻后世的大商人。一位是孔子的学生子贡。子贡的经商范围主要在齐、鲁、曹、卫等国，夫差开凿的另一条区间运河——菏水沟通的黄河、济水、汶水、泗水就在这一地区，便利的水路交通是子贡经商成功的重要前提。越国大夫范蠡被后代商人奉为祖师，称为"陶朱公"。他的经商和邗沟、菏水的开凿有直接关系。范蠡帮助越国灭掉吴国后，"乘扁舟浮于江湖，变名易姓"，定居在陶。这个地方是曹国的国都，因为菏水的开凿，交通十分发达，成为春秋战国之际最繁华的商业都会。"陶天下之中，诸侯四通，货物所交易也"。范蠡在这个地方"治产积居，与时逐而不责于人……十九年之中三致千金，再分散与贫交疏昆弟。此所谓富好行其德者也。后年衰老而听子孙，子孙修业而息之，遂至巨万，故言富者比皆称陶朱公"（《史记·货殖列传》）。可以说，邗沟、菏水的开凿，造成了陶地作为天下之中的区位优势，自然成就了陶朱公的致富。

秦汉时期，随着农副业的发展和手工业的进步，大运河地区的商业也开始活跃起来。当时，经商是发财致富的捷径，是不少

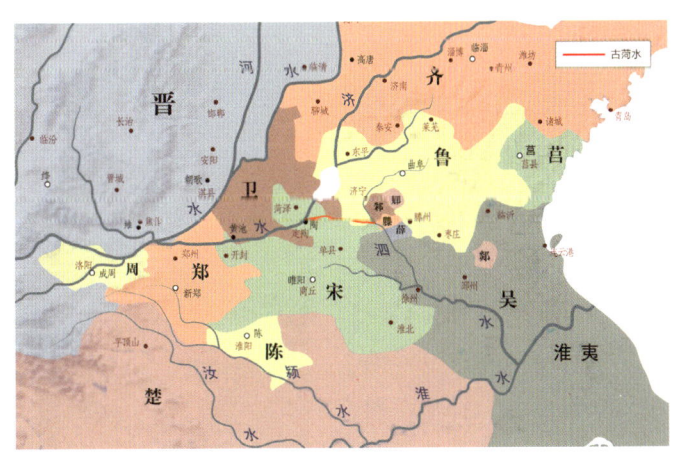

夫差开通的菏水示意图

范蠡像

人乐于从事的职业，也是从业人数较多的行业，《史记·货殖列传》称"天下熙熙，皆为利来，天下攘攘，皆为利往"。秦始皇一统天下后立即开始着手统一货币、统一度量衡，为商业的发展创造了条件。大批运河工程的兴建，促进了水路交通网的形成，为市场的繁荣提供了保障。大运河地区的大梁、荥阳、洛阳等城市都有商业市场，全国各地都有土特产交易。大运河水运网的形成，为长途贩运提供了良好条件，《史记·货殖列传》说："重装富贾，周流天下，道无不通，故交易之道行。"大运河地区经济发达，物产富饶，交通便利，富商大贾都集中在此区域。《史记》《汉书》中记载的以专门从事商业或手工业为主兼营商业的商人，多出自大运河区域。这些富商中有囤积粮食而致富的，有因手工业起家又经营商业致富的，有出身于商人之家善于理财而致富的……而他们活动的区域都是在洛阳、大梁、邹鲁、齐地等大运河区域。

西汉的商业主要集中在水陆交通发达的城市中。著名的城市除了长安外，就是大运河区域的洛阳、临淄、南阳等，当时城内都辟有专门的市，作为商品交换的主要场所。大运河区域商品种类繁多，有粮食、蔬菜、水果、油盐、酱、牲畜、水产、竹木、布帛、皮革、铁器、铜器、漆器、染料、车船等。"商贾大者积贮倍息，小者坐列贩卖，操其奇赢，日游都市"（《汉书·食货志》）。汉初的吴王刘濞在今天的扬州一带向东开凿了一条运盐河，将扬州附近淮南淮北盐场的盐通过运盐河和邗沟运到全国各地销售，使其封国成为当时最富的诸侯国。东汉初年，刘秀下诏恢复五铢钱，促进了商业的发展。当时运河区域的几个大都市都设有交易市场"市列"，每个市列又有很多店铺或商摊。洛阳是当时政治、经济中心。经商者"牛马车

刘濞开的运盐河

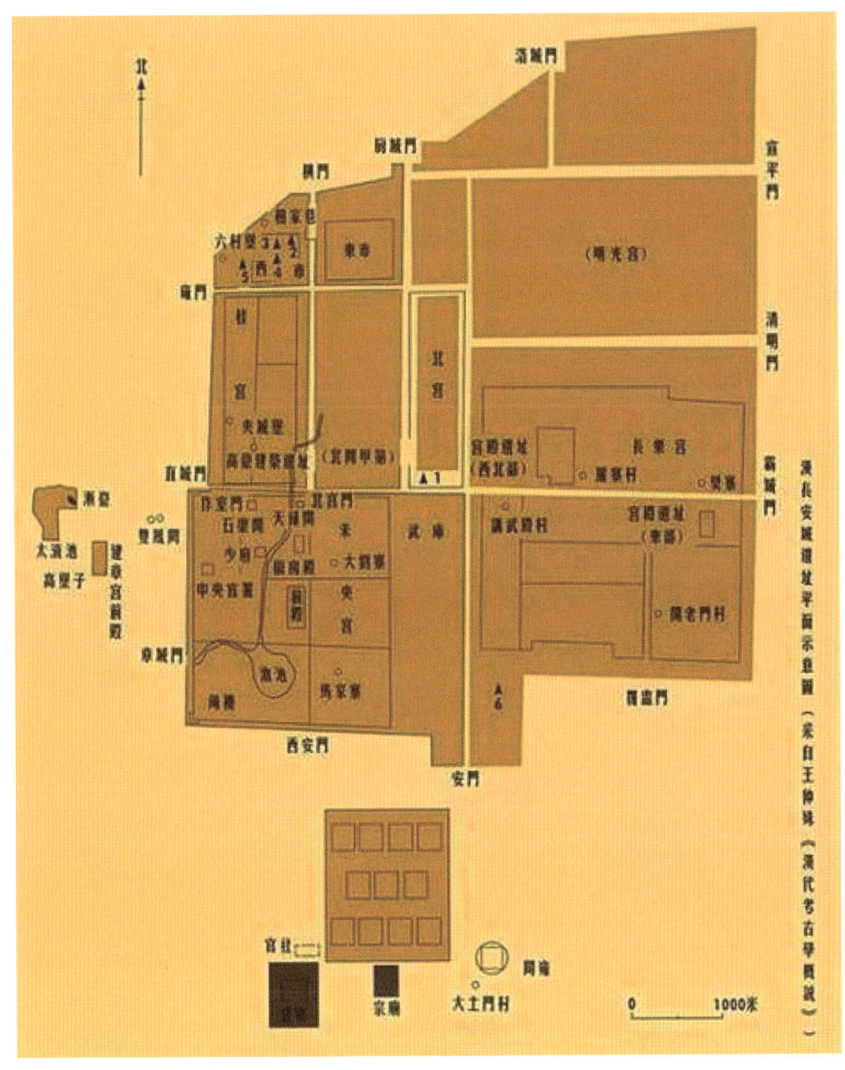

西汉长安城平面示意图

熙,填塞道路""天下百郡千县,市邑万数"(王符《潜夫论》)。

东汉以后,三国鼎立局面的形成,特别是南北人工运河的开凿和自然河道的疏通,使各国交通、贸易又渐渐恢复。曹操统一北方后,社会逐渐稳定下来,手工业恢复发展,商业贸易也发展起来。洛阳历经东汉末年战乱,宫室烧尽,街陌荒芜。然经曹魏时代的经营,更由于洛阳是运河西端的重镇,不久即恢复昔日繁荣。曹魏时期洛阳"其民异方杂居,多豪门大族,商贾胡貊,天下四会,利之所聚。"西晋统一,洛阳"纳百万而罄三吴之资,接千年而总西蜀之用"。北魏迁都洛阳,使其再度成为中原一大都会。杨衒之《洛阳伽蓝记》记载:北魏洛阳城内有二百多里坊,还有许多商业区,有通商、达货、调音、乐律、奉终、准财、金肆等十里。"凡此十里,多诸工商货殖之民,千金比星，层接叠出。重门启扇，阁道交通，迭相临望，金银锦绣"。这些商人有的经营酒业，有的以棺椁、丧车为业，所经营的商品以水运为主。江淮之间运河的通运，给洛阳的富商提供了远距离经商之便。

南方运河区域的商业活动也空前繁荣，吏民兵士纷纷经商。吴永安二年（259年）吴景帝孙休在诏书中写道："州郡吏民及诸营兵，多违此业，皆浮船长江，贾作上下，良田渐废，见谷日少。"西晋时，这一地区商业进一步发展，都城洛阳商业发达，经商之风甚盛，不仅一般官员和百姓经商，贵族王侯也都靠经商大发其财。晋室南渡后，南方运河区域商业也随之兴盛，南方河道纵横，大运河将许多自然水道连通，使得水路交通更为发达，水路运输载重量大，价格低廉，这就为商业的发展提供了十分有利的条件。江南运河区域的吴郡、会稽、余杭都是"商贾并凑"。

社会经济的发展，对外交通路线的不断开辟，运河沟通和海上交通的发达，促使大运河区域的对外贸易不断得到发展，大批的外国商人云集在大运河区域的城市中，大运河区域的商人也纷纷外出经商，由此形成中外商业贸易繁荣的局面。如洛阳与西方国家的贸易往来一直未中断，西方商人到洛阳及周边运河城市经商者多，他们成群结队来到大运河区域，行商坐贾，无所不有。《晋书·刘隗传》称刘畴在坞壁中避乱时，遇见"贾胡数百"。东晋时，随着水路交通的发达，对外贸易不断扩大，扶南和林邑的船只从海路经过浙东运河和江南运河到达建康（今南京），他们带来当地的香料、珠宝和檀香木制的佛像等。《南齐书·南夷传》中记载："晋建兴中，日南夷帅范稚奴文数商贾，见上国制度，教林邑王范逸起城池楼殿，王服天冠如佛冠，身披香璎珞。"

第二节　隋唐时期中国大运河商业

隋朝的建立，结束了长期南北分裂的局面。国家的统一，经济的恢复、发展，特别是隋唐大运河的开凿与贯通，为商业的发展奠定了基础。大运河沟通南北，促进了南北经济、文化的交流。特别是安史之乱后，朝廷全仰每年东南漕运数百万石粮食以维持唐王朝统治的正常运转。发达的漕运也促进了大运河商业的发展。

一、大运河商业城市的兴起

沿大运河区域经济带的一些城市逐渐发展起来，如扬州、泗州、宋州（商丘）、魏州、蓟州等。隋唐时期，受大运河的影响，北方地区的商业继续繁荣。郑国渠、白渠、漕渠、成国渠、六辅渠、龙首渠等关中水利系统，有力地促进了关中经济发展与对外交通。随着关中漕渠及黄河的沟通，长安已成为与洛阳相连的运河城市，南方的物资可以很方便地通过大运河运到长安。长安城的商业集中在东西市，市场规模大，并且十分繁华。东市"市内财货""四方珍奇，皆所积聚"（《长安志》卷8）。东市是都会市，西市是利人市，两市各有两条东西方向和南北方向的大街，把市场分为"井"字形的九个区域，店铺就设在这九个区域临街道的地方。两市有220行，如大衣行、鞍辔行、秤行、绢行等，以及放高利贷的柜坊。随着商品经济的发展，唐代后期长安城出现了夜市和临街开设的店铺。这种现象突破了市场早开晚闭、禁止夜市的限制。长安城有名的手工作坊大都分布在东西市附近，两市以外有些坊中设有茶肆、酒馆、旅馆等。唐长安城是国内重要的交通枢纽和商业都会，四方辐辏、物产源源不断地输入。此外，西亚及东方诸国的商贾通过丝绸之路和运河前来长安者达数千人，长安成为当时世界著名的国际都会。被称为"昆仑奴"的黑种人、赤发碧眼的白种人、各种肤色的商人在长安都能见到，长安成为当时世界的一个缩影。

东都洛阳是隋唐时期的另一个商业重镇。隋代洛阳就因为大运河的沟通，成为全国商业枢纽。唐代高宗、武则天时期，洛阳的商业进入了繁荣时期。唐代洛阳沿袭隋朝，仍置有三市，南市有"一百二十行，三千余肆""货贿山积"（《元河南志》卷1）。唐景龙元年（707年），唐中宗曾发布敕文："两京市诸行，自有正铺者，不得于铺前更造偏铺"（《唐会要》卷86）。正铺之外需要又另设偏铺，说明市场内营业量的扩大和商业的繁荣。在洛阳漕渠的洛漕新潭一带，商业也极其兴盛。"引漕渠，开新潭，以置诸州租船"（《旧唐书·食货志下》）。于是这里"为天下舟船之所集，常万余艘，填满河路，商旅贸易，车马填塞，若西京之崇仁坊"（《元河南志》卷4）。商业如此繁荣发达是因为全国各地的商品通过大运河运到这里，再通过漕渠运进洛阳三市。

大运河的开通，使开封成为漕运中心，不仅淮南、江南，而且岭南等地的粮食、

隋唐东都洛阳城遗址公园

丝绸、茶叶、瓷器以及其他手工艺品都要首先运抵开封,然后再转至洛阳、长安。北方的物资也由此运到南方,"北通涿郡之渔商,南运江都之转输"(《汴京遗迹志》)。唐代开封称汴州,当时是八方货物齐集的码头,为后来宋代的繁荣打下了基础。宋州(今河南商丘)随着通济渠的开通,迅速繁荣起来,成为商业发达的城市。宋州是通济渠边重要商业城市。唐朝前期,丝织业是宋州最发达的行业,当时绢分为八等,一等绢的产地就是宋、亳二州。唐代刘晏进行盐铁官营改革时,曾设四大盐场、十监和十三巡院,宋州为十三巡院之一。泗州(今安徽泗县一带)临淮水而靠运河,这里是由淮河入汴河之口,从江南来的货物在此转输,故商旅众多,来往客商川流不息。

此外,由于大运河的沟通作用,我国的经济中心南移,随着商业经济的发展,大运河的水孕育了一座座城市,南方地区的城市发展全面铺开,涌现出一批商业城市:扬州、润州、常州、苏州、湖州、杭州、越州。

扬州是隋唐大运河这条线上最耀眼的明珠。隋开皇九年(589年),隋统一全国,改吴州为扬州。扬州处在大运河与长江的交汇点上,顺江上溯可到蜀汉,过江可至润州、常州、苏州、杭州,又可以顺浙东运河到越州;向北则接淮、汴。扬州成为南北水路交通的枢纽和货物的集散中心。特别是唐中后期,中央必须仰仗东南,扬州的地位更显重要,一时之间成为江淮物资的转运中心和全国的商业中心。江淮以南八道的漕粮由扬州北上,以扬州为总枢纽向关中、中原转运财富。管理转运的场院与囤积财货的场院,均分布在江淮一带。除了漕运与盐运外,由于唐代饮茶之风大盛,北方茶叶多从江南沿大运河运来。南茶北运,也多在扬州中转。作为财富转运中心的扬州,成为唐代商业最为繁荣的城市之一。扬州的手工业是扬州商业繁荣的基础,其产品主要有铜器、毡帽、丝织品、木器、药材、海味等。扬州铜器尤其是铜镜最为驰名,成为皇室贡品。扬州贡品还有蕃客锦袍、锦被、半臂锦等。商人多趋向工业发达的城市扬州,扬州及其附近的江河有大量的来往贩易的商船。《入唐求法巡礼记》记载:"江中允满舫船,积芦舡,小船不可胜计。"当时的扬州城已成为全国商业大都会。

隋朝之前,杭州的发展一直较为缓慢。直至隋炀帝开凿大运河,在长江以南开

扬州唐城遗址

拓加宽了江南运河,杭州在较短的时间内成为一个重要的商业城市。由于大运河的通航,城北武林门一带成为货物集散地,城东南江干一带成为对外贸易的码头,市区商铺众多,江中海船云集。唐贞观年间到开元年间的 100 多年时间,杭州人口增加了五倍。苏州的户数在唐天宝年间增加到 7.6 万户,元和年间又增加到 10 万户。白居易说:"浙右列郡,吴郡为大,地广人庶。""当今国用多出江南,江南诸州苏最为大。兵数不多,税额至多。"(白居易《苏州刺史谢上表》)当时苏州两税茶盐酒钱近 70 万贯,充分说明了苏州商业的繁荣。由于大运河的开通,常州成为三吴、百越的交通要道,使常州成为江南经济发展的重要城市,唐开元年间时就有近 10 万户。常州的绸、绢、布、纻、红紫、绵巾、紫纱、紫荀茶已列为商品。

润州(今江苏镇江),隋开皇十五年(595 年)置。江南各地的漕粮、丝绸、茶叶、瓷器均以润州为集中地和渡江口岸,这也促进了润州的商业发展。润州城内,街市店铺临河而立,茶肆酒楼众多。

二、对外贸易的繁荣

隋代通往西域的丝绸之路重新畅通,海上丝绸之路进一步发展,带动了大运河区域商业的发展和对外贸易的繁荣。除广州外,大运河沿线的洛阳、扬州、杭州也成为重要港口和对外贸易城市。作为对外贸易的重要港口,扬州有许多外国商人定居经商。早在唐朝前期,即有波斯、大食等国商人来扬州经营珠宝业。他们或由陆上丝绸之路到达长安,经汴河来到扬州;或由海上丝绸之路至广州,然后北上来到扬州。安史之乱后,陆上丝绸之路受阻,胡商多由海上至扬州。如有一波斯商人在扬州经商逾 20 年,后来回到波斯,年迈以后,又思归江都。他把扬州作为第二故乡不能忘怀。唐朝政府对胡商采取保护政策,唐大和八年(834 年)上谕:"南海蕃舶,本以慕化而来……其岭南、福建及扬州蕃客,宜委节度观察使常加存问。除舶脚、收市、进奉外,任其来往通流,自为交易,不得重加率税。"(《全唐文》卷 75)唐代新罗、日本等国与中国的交往,也多由大运河取道扬州,然后北上。扬州由唐朝对外经贸文化交往的前沿城市,一举发展为国际性都市。唐上元元年(760 年),任平卢节度使都知兵马使的田神功"至扬州,大掠百姓商人资产,郡内比屋发掘略遍,商胡波斯被杀者数千人"(《旧唐书·田神功传》)。一次被杀的波斯商人就有数千人,可知云集在扬州的外国商人之多。据说当时波斯商人逃到了扬州城东南(今扬州大桥镇一带)聚居,今天这里还有一个村庄就叫波斯庄,当地的很多风俗都和古代波斯国很像。

洛阳也是外国商人聚集之地,河南省考古工作者在洛阳老城北邙山脚下的唐墓中,

今天的波斯庄

发掘出波斯萨珊王朝银币,这是外国商人进入洛阳进行商业活动的有力见证。当时的洛阳既是大运河的中枢,又是陆海丝绸之路的连接点,中外商人或由陆路经河西走廊,或由大运河经杭州、扬州、汴州来到洛阳,使洛阳成为国际化大都市。

扬州周边,在唐代同样受淮南节度使管辖的楚州(今江苏淮安)也是外国商人的集聚地。据木宫泰彦《中日交通史》第六章《遣唐史之航路》记载,当时有新罗(今属朝鲜)船停泊在楚州,日本遣唐使曾由此雇新罗船回国。可知楚州是新罗、日本商人沿大运河入唐和出唐的要道。

第三节 宋元时期中国大运河商业

宋元时期中国大运河区域作为一条重要的商业经济带,也获得了长足的发展。大运河沿线人口的增加,手工业的发展,促使大运河商业经济呈现出前所未有的繁荣。商品流通由农村集市向市镇扩展,又从市镇向城市发展。商品市场由局限性大、较封闭的区域市场向整个大运河区域市场推进,并进而延伸至全国市场。在开封等大城市商业发展的同时,大运河沿线一些市镇发展很快,成为宋元时期大运河商业的一个新亮点。

1. 农村集市

农村集市在中国历史上起源很早,也经历着不断发展的进程。但市镇经济却是从宋元时期的草市发展壮大起来的。草市,区别于官府在城市中建立的官市,是民间自为聚落、私相贸易的集市,因此也是商品经济发展的必然结果。草市在宋元时期朝两个方向发展:其一是向比集市更高一级市场建置的市镇发展;其二是作为城市的新市区而存在。

镇在宋以前,是作为政治军事建制而存在的,称为军镇。宋朝建国后,削夺地方军阀势力,废置前代军镇,而仅保留那些经济性质的建制镇。所谓"民聚不成县而有税课者则为镇"，即这时的镇是聚集了众多人口而并不是州县城之所在，并有较繁荣的工商业。因此，在这些地方，宋政府特设"监镇"职，以"掌警逻盗窃及烟火之禁，兼征税榷酤"（《宋会要·职官》）。这意味着朝廷已正式确认草市与城市之间的市场建制。自此，众多的草市、集市、墟市、村店、庄店等农村市场逐渐发展成市镇。如开封的"草市镇"、齐州的"新市镇""王舍人店镇"和真州的"瓜步镇"。湖州乌程县震泽乡南林镇（又作南浔），起初不过一小聚落，后"市井繁阜，商贾辐辏"。据北宋《元丰九域志》记载：东京开封府31镇，西京河南府22镇，北京大名府20镇，京东东路27镇，淮南东路62镇，淮南西路112镇，两浙路75镇，江南东路54镇，江南西路52镇。这还不包括众多的市。南宋临安有6镇15市，明州有5镇22市。据元代旅行家马可·波罗在其游记所载，他从大都（今北京）到临清，从临清到济南，又从济南到东平，再沿运河南下，沿途都有无数工商业兴盛的城镇。许多市镇的人口发展也接近甚至超过一些中小县城。各市镇的发展均以工商业发展为特征，有些市镇的繁荣程度也接近甚至超过某些州县城。这种州城不如县城，县城不如市镇的现象，正是大运河地区工商业发展的结果。

中国大运河工商市镇的繁荣，从皇朝政府的商税征收中也能窥见一二。据估计，北宋时期市镇商税收入已占到整个商税收入的16%以上。而一部分市镇的工商税收则要超过它所隶属的州县城商税岁额。工商市镇的商税收入带动了整个运河地区税收收入的增加。马可·波罗在其游记中特别提到大运河地区的商税征收，认为大运河沿岸地区城市和市镇都是商业兴盛的地方，从这些地方征集的税收数额巨大。这正从一个侧面反映了宋元大运河商业经济的繁荣昌盛。

南浔镇

商品经济的发展使大运河城镇工商业者在城镇居民中的比例逐年提高，宋代已有"小市藏百贾"之说。在大运河城镇居民结构中，以官商、豪贾、富民等作为城市中的富贵之家，资产雄厚。宋元时期，官吏经商趋于普遍化，出现"吏商"。上自亲王使相，下至幕僚仆吏，皆被卷入日趋发达的商潮之中，"专以商贩为急务""动以舟车，懋迁往来"（《蔡忠惠公文集》卷15）。在开封、杭州以至大都的大运河城市中，更是"富商大贾所聚"。开封巨贾"资产百万者至多，十万而上比比皆是"。除官商、大商人外，以有少许资本或仅能以经营谋生糊口的中小商人和小商小贩为绝大多数，也正是因为他们的工商活动，促进了大运河城镇商业的繁荣。

2. 转贩经营

由于大运河航运的开发，以转贩经营为特色的商业资本在这一时期有比较突出的发展。宋代漕船即被允许私载竹木、皮草、铅锡铁器、绸绢缎匹等至京城或沿途售卖。至于民间行商，则更是循大运河日益滋长的贩运商业，在当时整个商品经营中占据重要的地位，许多商人因此而致富。如北宋时期，南方商人即多"自江、淮贱市稻谷，转至京师，坐邀厚利"。北宋熙宁年间，苏湖地区粮食大丰收，米价仅为淮南地区的一半，故客船贩米至淮南者络绎不绝。京东、河北盛产绢帛，即有商人贩京东、河北帛入京师，再以京师所产贩回售卖。江淮盐价低廉，转贩它地倍获其利。故虽"衣冠士人，狃于厚利，或以贩盐为事"。及至元代，"舍本农，趋商贾"风气更盛。一大批民间商人活跃在南北运河线上。如扬州商人李椿，循运河经商至云、朔间，几年后，积资巨万，买田为穑，为里中巨族。河南人姚仲实，亦经商于大都等地，"累资巨万"。扬州商人张文盛，率"家僮数百指，北出燕齐，南抵闽广，懋迁络绎，资用丰沛"。尤其是色目商人更善经商，他们多集中于运河地区甚至定居于沿河各重镇，经商谋利。仅据蒙古中统（元世祖年号）初年（1260年）统计，燕京一路即有回族人居户2953户。

转贩商业的兴盛，直接促进南北方以及东西方各地商品的流通。大运河上，"舳舻相衔，千里不绝，越舲吴艚，官艘贾舶，闽讴楚语，风帆雨楫，联翩方载"。运河商船，"南逾五岭，远浮三湘，西自巴峡之津，东泊瓯闽之一域，经涂咸出，列壤为雄，据会要而观来""万艘衔尾"。运河各商业重镇，"大聚四方之俗，探奇货而游市，号为万商之渊"。如开封市场上，"其中则有安邑之枣，江陵之橘，陈夏之漆，齐鲁之麻。姜桂藁谷，丝帛布缕，鲐鳖鰕鲍……又有医无闾之珣玗琪，会稽之竹箭，华山之金石，梁山之犀象，霍山之珠玉，幽都之筋角，赤山之文皮。与夫沉沙栖陆，异域所至，殊形妙状，目不给视，无所不有，不可殚记"。

3. 对外贸易

宋代运河网促进了南北经济的交流，并且把陆上丝绸之路和海上丝绸之路连接起来，扩大了对外经济文化交流。大运河的畅通极大地促进了对外贸易，使东京汴梁"八荒争凑，万国咸通"。

由于对外贸易的需要，北宋政府设立了市舶司，专门掌管征收商税，经营海外商品的专买专卖，管理海外诸国的朝贡事宜。宋代先后在九处通商口岸设置了市舶司。通过市舶司和沿海港口，各国使臣、商人把本国的特产带来中国，并在大运河区域售卖，又把大运河区域的手工业品、生产技术带回本国。各种外国商品在大运河区域广泛传播，对大运河经济文化产生了重大影响。北宋输入高丽的药品，品种数量多，以高丽参最为名贵。宋朝通过海外贸易输出的商品主要有瓷器、茶叶、丝织品、杂色帛、金、银、铅、锡、文具、书画等。在东南亚，瓷器成为当地人最喜爱的产品之一。在今印度半岛、缅甸、马来西亚、菲律宾、印度尼西亚等许多地方都发现了宋代的瓷器。

杭州的宋城街道

元代统一全国的同时，就着手发展对外贸易，当时经泉州港进行海外贸易的商人来自90多个国家。由于具有先进的造船技术和航海水平，元代的海外贸易十分发达。当时的造船厂都在运河沿岸，如扬州、绍兴等地。元代海外贸易中无论是进口货物，还是出口货物都比前代丰富，其中大部分物品是大运河沿线城市出产，并经由大运河运到港口，再转运到国外的。如浙江龙泉窑系青瓷传播到世界各地，提高了西非国家的手工业技术水平；埃及的工匠仿制中国的青花瓷器，瓷胎用本地出产的陶土，瓷器上还刻有阿拉伯人的名字；元代进口的商品有250多种，主要是珍宝、象牙、犀角、珍珠、珊瑚，还有香料、药材、布料，如白蕃布、花蕃布等；当时日本的木材、高丽的新图漆等在中国大运河地区都很受欢迎。

第四节 明代中国大运河商业

一、商品性农业的兴起

商品性农业经营的兴起发展是明代商业发展的一个重要方面。主要表现为经济作物的增长，以棉花、果树及桑树为主。这在中国大运河区域表现尤为明显。

1. 棉花

棉花作为第一大经济作物地位的形成是在明代。明初洪武元年（1368年）朝廷下令："凡民田五亩至十亩者，栽桑麻木棉各半亩，十亩以上倍之。"以行政手段督促推广植棉生产，其后棉花种植遂在大运河南北地区迅速兴起。专业化植棉规模促进了当地棉纺织业的发展，无论是在棉区还是非棉区，农家多以纺花织布为业。大量的棉花和棉布产品吸引了来自全国各地的富商巨贾在此采购，以致形成全国最大的棉花和棉布的生产市场。大批农家以经营植棉或从事纺织为主要经济来源，已被棉业商品经济大潮席卷其中。

大运河北部地区的直隶和山东运河流域是明代新兴的重要棉作区，其种植地域范围到明中后期已大有超过江南棉区之势。山东运河区域的东昌与兖州是植棉重点地区。由于棉作比粮作的经济效益高，因而自明中期以后，山东种棉区相继出现了以盈利为生产目的的植棉农户，商业性植棉生产日渐兴起。万历以后，随着赋役制度的改革，田赋变为折银缴纳，从而促进了商业性植棉生产的发展。此时有更多的农户种植棉花，除了缴纳赋税和自用外，还把相当一部分棉产品作为商品投放市场，供棉商"转鬻四方"，以此赢利。如在东昌府所属各县，每到棉花收获季节，"江淮贾客，列肆贽收，居人以此致富"（万历《东昌府志》）。大量商品棉的交易上市，反映了大运河区域的商业性植棉业的兴起和发展。明代后期，由山东及直隶运河地区生产的"北花"，通过运河大量"泛舟而鬻诸南"（徐光启《农政全书》），已成为当时商品棉流向的一个突出现象。

《农政全书》封面

2. 果树

明代，果树作为大运河区域的经济农林作物的栽培发展也非常显著。明中期以后，随着赋税制度的变化，农民栽培果树已不再是单纯为了纳税，而是向商品化方面转化。从而促进了果树栽植规模的进一步扩大，甚至出现了"千树梨枣"的果农专业户。这些经营规模大、果品产量多的果农专业户，其销售方式一般采用"商人先岁冬计其木，夏相其实而直（值）之，货于四方"（嘉靖《山东通志》卷8）。这种预订包销的形式，已是典型的商品性生产了。在大运河南部的江南地区，果树栽培业更为兴盛。当地农家除种植桃、李、梨等落叶果树外，还利用江南气候温暖的优势，大力发展柑橘、枇杷、杨梅等常绿果树。据王鏊的《震泽编》记载，用以栽植柑橘的"土贵，凡栽橘可一树者直（值）千钱，或二三千，甚者至万钱"。柑橘果树的商业效益非常明显。明中期以后，枇杷、杨梅等常绿果树的栽植也日趋兴盛起来。在太湖地区的洞庭东西山及杭州府的塘栖等地形成了一批枇杷著名产区。据康熙《具区志》记载，其时洞庭东山的枇杷优良品种有白沙、金罐之称，肉厚味甘，畅销四方。至于杨梅的产地则更广，除太湖洞庭东西山外，吴县的光福、无锡的马迹山及杭州的钱塘、富阳等地都有大面积的栽培。其中，杭州府一带出产的杨梅"有早色、晚色、熏色、吃色"数种。无锡马迹山的"雪桃"品种，吴兴产的"水精"品种，都是"甘美胜常"的佳品。

苏州太湖边的果树

3. 农桑

明中期以后，随着蚕桑商品化的发展，江南运河湖州地区的桑树种植规模进一步扩大，当地农家不仅在田头堤旁见缝插针，"尺寸之堤，必树之桑"（谢肇淛《西吴枝乘》），而且还占用粮田种植桑树，以致形成"田连阡陌，桑麻万顷"（谢肇淛《西吴枝乘》）的种植规模。当地纷纷改稻田为植桑地，以致粮田与桑地相匹"，当地有"多种田不如多治地"的谚语。在蚕桑区，农家植桑除了自用饲蚕之外，有相当部分是为出售桑叶，因而又形成桑叶市场。桑叶价格受供求关系影响，"其叶价倏贵倏贱，"故有"仙人难断"之谚，反映了明代农桑生产已属典型的商品性生产。明代即有不少人对种粮与栽桑的经济收益做过详细的计算对比，大约一亩之地用于栽桑的收入达到种粮的数倍。正因为如此，在湖

蚕桑产业和养蚕图

州、嘉兴等蚕桑区的农家对植桑尤为重视,数亩之家,宁可少种粮,也要多植桑。农桑业已成为典型的商业性农业经济。

二、手工业的发展与扩大

明代,中国大运河区域的手工业优势主要体现在棉、丝等纺织业部门,特别是在南部的江南地区,棉、丝等纺织业无论是生产规模,还是生产水平都居于全国的前列。另外,在沿运河城市中,各种为城市经济文化服务的手工行业也颇为发达,反映了大运河地区手工业中商品经济的发展。

1. 棉纺织业的普及与发展

明代,伴随着棉花在运河地区种植的扩大,棉纺织生产也迅速发展起来。棉纺织品作为人们的主要衣被原料,不仅加快了棉织品的商品化,同时也促进了棉纺织技术的提高,而大运河地区的江南更成为全国棉纺织生产的中心地区。随着棉织品社会需求的增加,棉纺织技术也有了进一步提高。据元代王祯《农书》记载,元末用以剥离棉籽的搅车碾轴还是木制的,弹花弹弓的绳弦也是用手拨动的。到明初,弹花拨弦改用弹椎,椎用坚密沉重的檀木

古代织布机

制作,两头轮番敲击弓弦;纺车这时也出现了脚踏纺车,纺线的功效也大大提高。棉纺织工具和技术的改进大大促进了棉纺织生产的发展,此时作为棉纺织业最发达的松江地区,棉织品的生产不仅数量多,而且质量好。而苏州府地区的棉纺织生产也很兴盛。

2. 砖瓦业

明中期,大运河边的临清砖窑厂对工匠服役制度进行了改革,明嘉靖九年(1530年),在临清开窑"招商烧造"。这样,临清的砖窑厂也由官办变为官督商办,生产经营方式发生了重大改变。从此,民营制在临清的砖窑厂中迅速被广泛采纳,生产效益也"视昔加倍",民营砖瓦窑作业由此便逐渐取代官营窑业而发展起来。分布在临清运河两岸的明代砖窑不下200座,基本是一户一窑(实际上就是一个制砖手工作坊)。

临清砖窑厂专为皇家烧造修筑皇宫城陵及长城工程的用砖,因此,对砖的制作规

格和烧造质量要求极为严格。据《大明会典》记载，临清窑厂烧造的砖分"城砖、副砖、券砖、斧刃砖、线砖、平身砖、望板砖、方砖"八个品种。烧制出的成品，必须棱角分明，光滑平正，色呈豆青，敲验无哑声者方算合格。然后每块成砖用黄裱纸包好，搭装漕船或民船运往北京通州，再转运京师及工程用地。在北京，使用临清砖修建的各大宫殿城陵，历经数百年仍坚固完好，其生产质量之高、制作技术之精湛由此可见。

临清贡砖窑厂

三、商品经济的繁荣

在农业和手工业发展的基础上，明代大运河地区的商品经济呈现出前所未有的繁荣。通过运河的沟通，南北两地经济交流不断加强，市场规模明显扩大。沿运河城镇商贸兴盛，农村集镇活跃。

1. 南北经济的沟通与市场规模的扩大

明代，棉花是大运河北部地区的大宗农产品，主要来自直鲁运河流域的产棉地区。如在直隶河间府的沧州，"东南多沃壤，木棉称沃""负贩者皆络绎于市"。这些"负贩者"有相当部分是来自江南一带的棉花收购商。山东运河流域棉区是提供商品棉的主要产区。如在大运河边的东昌府棉区的高唐、夏津、恩县、范县等地，每年都吸引大批"江淮贾客，列肆贵收，居人以此致富"。在兖州棉区的汶上、郓城等地，"土宜木棉""贾人转鬻于江南，为市肆居焉"。

果品也是北部地区大宗农产品。明代直鲁运河地区的果品生产规模大、产量高，已是典型的商业性农业经营。直隶河间府的泊头镇，山东东昌府的临清、聊城、张秋以及兖州府的济宁、峄县台儿庄等沿运河城镇都是大宗果品的集散码头。棉花、麦豆及果品的大量输出，曾是沿运河榷关的主要税收项目。

由大运河南部的江南输出的商货，无论是数量还是品种都是北方地区所无法相比的。大体而言，江南北销的商货主要有棉布、丝绸及日用百货等。江南是棉布主要产地，其中，嘉定、常熟是集中产区，分别素有"嘉定布"与"常熟布"之称，其销路主要通过大运河北销。嘉定布的运销市场"近自杭、歙、清、济，远至蓟、辽、山、陕"。

丝绸是仅次于棉布的第二大外销商品。从文献记载看，主要也是通过大运河北销。如在丝绸贸易中心的杭州，"秦晋、燕周大贾，不远数千里而求罗、绮、缯、币者，必走浙之东也"。湖州生产的各种丝织品吸引"各直省客商云集贸贩"，主要也是北销。其他随大运河漕船或商船北上的大宗商货还有各种铁器、瓷器、纸张、木竹、茶叶等。

通过大运河的沟通，不仅大运河南北两地的经济联系大大加强，而且也扩大了与全国各地经济往来的规模，市场规模不断扩大。江南地区作为全国经济的中心，吸引各地商人来此进行经济活动。

2. 沿运河城镇商贸的繁荣与农村集镇贸易的兴旺

（1）繁荣的城镇商贸经济

在大运河航运和南北商品流通的刺激下，明代大运河一线相继兴起了一批具有商贸功能的城镇。自北向南，即有通州、天津、临清、张秋、济宁、淮安、镇江、扬州、常州、无锡、苏州、杭州等，"不下数十城"，由此形成了一条以大运河商路为依托，以沿运河城镇为载体的商贸经济带，城镇的商贸经济繁荣且活跃。通州早为北方军事重镇，自明永乐迁都、运河通航后，发展为"上拱京阙，下控天津""舟车辐辏，冠盖交驰"的商业重镇。通州是当时大运河的漕运终点，每年都有大批南来的漕船携带大量货物抵达通州。因此城中商行众多，贸易兴盛。据清康熙《通州志》记载，此时通州属于商业贸易型的行业即有煤行、花布行、瓜靛行、钉锅行、鱼行、灰行、果行、香末行、查油行、柴炭行、葱菜行、房行、土碱行、火纸行、杂货行、杂税揽头行、斗斛行、烧酒行、瓜子行、米行、曲行、粗细米行、姜果行、青菜木耳香蕈行、油盐店行、鱼蟹秤行等不下二三十种。由于通州是南来商船的终点，各种货物运抵量大，因此各装卸搬运行业尤为发达。据史书记载，属于装卸搬运的行业即有杂粮车行、肰脚行、杂粮跳板行、抬卖猪行、交通会盐行、抗脚行、剥盐小船行、钱粮小车行、下水驾船行、行李小车行、上水卸船行、装载起京曲米行、南酒小车行、装载发京客粮食盐行、叫盐车行、装载钉锅瓷器相壳果大小车行、装载起京篓油小车行、起盐杂货车行等不下二十余种。以上诸商行

通州张家湾古镇的通运桥

的年额征牙银多达4400余两,这也反映出通州商贸的盛况。

(2)兴旺的农村集镇贸易

大运河城镇商贸经济的发展,促进了商品经济对周围农村地区的渗透。通过转贩贸易,在运河地区的农村,"民用所经多取诸负贩,四方之服食皆具",从而形成了农村农民"日用所需,皆俟开市日,而民咸趋"的新变化。特别是自明中期以后,随着赋役改为折银的普遍推行,更加速了广大农民与市场的联系,广大农民为了获取货币,不得不扩大种植经济效益较高的作物与从事各种副业生产,农产品商品化加快,从而也促进了农村市场经济的活跃与发展。

明代大运河地区的农村市场因南北经济的发展程度不同而有所差异。大体而言,在北部地区,由于农村商品经济的发展程度较低,农村市场的形式主要是散布在乡村各地的定期集市或集会。而在江南一带,农村商品经济发展的程度较高,农村市场主要表现为大量的日常市镇贸易。但无论哪种形式,明代大运河地区的农村市场都呈现活跃兴旺的态势。

在大运河北部的直鲁及苏北地区,集市是农村市场的主要形式,农民进入市场交易称为"赶集"。随着城乡商品经济的发展,自明中期以后,在运河北部地区,无论"城集"还是"乡集",都出现了增多的趋势。在南部地区,界于嘉兴府秀水、桐乡与嘉兴三县之间的濮院镇,元代即为"市业日盛"的丝织品集散地。明代以后,在四乡及本镇丝织生产的推动下,濮院逐渐成为"肆廛栉比,华厦鳞次,机杼声轧轧相闻,日出锦帛千计,远方大贾携橐群至,众庶熙攘于焉集"的丝绸巨镇,"濮绸"之名远播海内。位于崇德县北20里的石门镇,明万历时,"地饶桑田,蚕丝成市,四方大贾岁以五月来贸丝,积金如丘山",贸易相当繁盛。明清之际,"农桑视昔更盛"。镇中丝行、绸行、叶行"坐贾持衡,行商麕至,资以贸迁""商贾辐辏浮于邑"(明万历《崇德县志》卷7)。苏州府吴江县的盛泽镇,四乡"俱以蚕桑为业""络纬机杼之声,通宵彻夜",到万历、天启时已成为丝织业重镇。市镇的商贸经济都呈现兴盛之势,充分体现江南农村市场经济的繁荣与兴旺。

丝绸名镇濮院镇

四、早期资本主义萌芽的出现

明代大运河南部的江南一带是商品经济最发达的地区,尤为值得注意的是,在明代后期,某些手工业部门内开始出现资本主义生产的萌芽,表明大运河地区的商品经济发展达到了一个更高的层次,已是全国商品经济最发达的地区之一。

1. 手工业生产中的资本主义萌芽

（1）丝织业中的资本主义萌芽

明代出现的大型织机

到了明代,江南地区丝织工艺技术的改进提高促进了丝织生产力的发展,各种不同品类的丝织品的出现,扩大了丝织品的市场销路,从而加速了丝织手工业向小商品生产的转变。此时有更多的丝织机户从农家副业商户中分离出来成为独立、专业从事丝织的小商品生产者。苏杭两地是丝织业最发达的地区,聚集了大量的"城机"。如在苏州,明嘉靖《吴邑志》载:"绫锦纻丝纱罗绸绢,皆出郡城机房,产兼两邑（长洲、吴县）,而东城为盛,比屋皆工织作,转贸四方,吴之大资也。"万历时曾任首辅的朱国祯也说苏州"东北半城,大约机户所居"。杭州城机户集中在城东北隅的近运河一带,故有"群工匠多家城东"之说。至于在那些遍布农村的丝织专业化市镇上,更存在大量的"乡机"。同时,在这些机户中,也出现了大小户的分化。一部分富裕起来的大户雇用经营不善而破产的小户,从而建立起大小户的雇佣关系。明代小说《醒世恒言》中关于施复的故事记为"苏州盛泽镇上的施复本靠养蚕织绸生活,是小户人家,后积累大量财富,成了新兴的丝织业工场主",所述虽是小说家言,却反映的是社会现实,这就是由小商品生产者到工场手工业主转型的典型事例。

（2）榨油业中的资本主义萌芽

榨油业在明代的大运河地区是比较普遍的手工业生产部门。宋应星在《天工开物·膏液》篇中对当时的食用、照明及润滑用各种油脂原料、榨取技术及工具设备都有详细的说明和介绍。从中可知榨油业需具备石碾、牛、蒸灶等生产资料和一定的资金，需要有一定技术的生产者及三人以上的壮劳力，作业时也需轮班，生产的油及油饼等产品也是畅销产品。这种行业从生产上看是比较容易产生资本主义萌芽的，而事实上在明代的江南地区也确实出现了这一迹象。资本主义生产关系的萌芽发生在石门镇有其客观的社会经济基础。在地理环境上，石门镇正处于江南商品经济的核心地带，又居于南北大运河地区，南来北往的商品流通刺激了石门镇的商贸兴旺，镇内丝行、叶行、绸行"坐贾持衡，行商麇至，资以贸迁""商贾辐辏浮于邑"。应该说，这些都为榨油业生产规模的扩大与劳动力的自由雇佣提供了前提。据明万历《崇德县志》记载，当时石门镇的油原料和产品销路甚广，"商人从北路夏镇、淮、扬、楚、湘等处，贩油豆来此作油作饼，又或待贩于南路。商人豆船皆集包角堰，为（谓）之小瓜洲。"

大量的原料及产品销路，造就了石门镇榨油业的兴盛，出现了20家规模颇大的，带有资本主义萌芽性质的手工业工场。这里的20家油坊，共雇工人800余人，平均每家作坊40余人。所雇募者多是旁邑的"赤身无赖"，即丧失了土地等生产资料的赤贫之人，说明这些雇工与作坊主不存在人身依附关系，而是自由的劳动者，与作坊主之间也是一种自由的雇佣关系。因此，石门镇的油作坊属于资本主义性质的生产单位。

运河古镇乌镇

2. 农业中的资本主义萌芽表现

明代中期以后，农业中资本主义生产关系的萌芽主要也出现在商品经济发达的江南运河地区。明末湖州的涟川沈氏在《沈氏农书》中叙述了湖州、嘉兴地区的农业生产状况，其中提到的雇佣劳动者名称就有"长年""忙月人工""忙月工""月工""短工""工人""工"等多种。明嘉靖《吴江县志》载："若无产者，赴逐雇倩（请），抑心殚力，计岁而受直（值）者曰长工，计时而受直（值）者曰短工，计日而受直（值）者曰忙工。"充当"长工""短工"或"忙工"的雇佣劳动者，基本是已丧失生产资料的"无产者"。此时的雇佣劳动者身份的封建隶属关系已趋松懈，其中像"短工"

雇佣劳动者就已基本是"自由的劳动者"了。在明代的中后期，江南运河地区农业的雇佣劳动者，不仅短工、而且包括长工，都已经具备了摆脱人身依附关系方面的自由，也就是说，开始出现了由封建雇佣关系向自由雇佣关系的过渡。

运河地区农业资本主义经营的另一主要特征是进行商品生产，这在明代江南的"富农"及经营地主的经济中都有比较明显的反映。如在浙江的吴兴（即湖州）地区，当地富裕农户纷纷流转土地，并就土之所宜发展不同的种养产业，进行不同的商品性经营。其中，就出现了专事桑田生产，采用雇工经营，种桑万株的商品性大经营。另外，从《沈氏农书》所反映的生产经营看，经营地主所经营的商品性生产也非常明显。种桑用于出卖，是典型的商品生产。同时，该书还计算道："长工每一名工银五两，吃米五石五斗，平价五两五钱，盘费一两，农具三钱，柴、酒一两二钱，通计十三两。计管地四亩，包价值四两。种田八亩，除租额外，上好盈米八石，平价算银八两。此外又有田壅、短工之费，以春花、稻草抵之。"从中更体现了一切收支皆按市场价格折银的商品生产的原则。从以上太湖地区的农业生产看，长工、短工这些农业雇佣劳动者至少在实际生活中基本上已具有了自由无产者的身份，而采取雇工经营的经营地主及富裕农户也已具备了农村资产者的社会地位。在经营地主与雇佣劳动者之间，也基本上是一种货币雇佣关系，这正是明代后期江南运河地区农业资本主义萌芽的表现。

《沈氏农书》封面

第五节 清代大运河商业

清代大运河地区商业的发展主要表现在沿岸城市的发展和大运河区域小市镇的发展。另一个现象是，资本主义生产关系的萌芽和发展。

一、大运河沿岸城市经济的发展

1. 北方城市

在北方，大运河沿线的北京、天津、临清等大城市商业经济继续发展壮大。

北京位于大运河的北端，作为清朝京师所在，是全国的政治中心。城内聚集了上自皇亲贵戚、官僚缙绅,下至技艺优伶及无业游民等庞大消费群体,吸引了各省富商大贾在京从事商贸经营,因此,北京又成为全国商贸经济的中心。1840年鸦片战争后,过去的封建工商行业仍大量存在;同时,带有资本主义性质的工商企业也有较大的发展。反映在行会组织方面,则是出现了一批属于资本主义性质的同业公会,并以此为主体于清末成立了"京师商务总会"。这时的同业公会已与过去的封建行会组织不同,没有那种排他性的狭隘地域观念,其宗旨是"联络商情,开通商智,求集思广益之道,讲维持保护之方"(清宣统元年《京师商务总会公廨落成记碑》),着眼于振兴发展民族工商业。在清末资本主义经济刚刚起步的情况下,由各种同业公会代表的工商行业构成了北京资本主义工商经济的主要力量。

天津作为大运河漕运转运码头,早在明代就已由军事重镇向商业性城市转化。清代以后,随着漕运治理的加强,天津的地位日显突出,城市经济也日趋繁荣,特别是在三岔河码头及附近的芥园、湾子、茶店口、大江桥等地,"帆樯络绎,水手如云"(《津门保甲图说》),有"河路码头买卖广,繁华热闹胜两江"(《津门杂记》卷下)之誉。

位于山东运河北段的临清,清康熙以后,随着社会经济的恢复发展,到清乾隆时期沿运河一带的商业区"绵亘数十里,市肆栉比"(清乾隆《临清州志》卷11),俨然一大商业都会,城市经济又趋繁盛。作为商业性城市,在临清的城内并存着集市、铺店与转贩等多种商贸形式。集市贸易是临清商贸经济的重要形式之一。据清康熙和清乾隆《临清州志》记载:在临清的城内设有棉花市、绵绸市、线子市、粮市、青碗市、筐市、柴市、菜市、锅市,以及猪牛马羊、鸡鸭鹅等集贸市场。如,绵绸市,"每逢三八日,货卖者俱堂邑、冠县、馆陶人,日出时咸集于此,不下千余匹。"线子市,"凡女红所需,每日辰刻线而至者约一二千斤。"猪市,"日集千余口,货者皆济宁、沂州、郯城等处发来。"棉花市,"一在卫河西……一在宾阳门内,并日上数万斤。"这些集贸市场大多是邻近县地及城四乡农家在临清从事贸易的场所,大量的集市贸易,沟通了城乡经济的交流,对促进临清的城市商贸的繁荣起到了重要作用。

济宁,是山东鲁西南地区的商品集散中心。在清代,济宁城市经济的发展非常迅速。清代乾嘉年间,济宁的市区和郭城工商区即已扩大数倍于明代的规模。如在老城区,原有45条街道,此时增加到59条;在郭城工商区,原本只有43条街道,此时更猛增至140条(清道光《济宁直隶州志》)。同临清一样,济宁的城内也设有布市、棉花市、杂粮市、茧市、菜市及牲畜家禽等农贸集市,但更多的则是以某一工商行业命名的专业化街衢。据清乾隆和道光《济宁直隶州志》记载,属于工商专业化的街衢即有竹竿巷、粉房街、纸坊街、炭沟街、糖房街、打绳巷、打铜巷、曲房街、油婆巷、剪子股街、烧酒胡同、磨盘街、船厂街等不下三四十条，至于各种店铺，则遍布市区。

济宁的竹竿巷

2. 南方城市

淮安为江北运河重镇，清代漕运总督机构在此设置，凡江南各省漕船载米石经过均需在此盘验，同时南来北往的客商民船也需通过淮关榷税，大批过境人员的流动促进了城市商业经济的发展。清乾隆年间，淮安城的商业区已具相当规模，在城内，既有米巷、钉铁巷、竹巷、茶巷、花巷、干鱼巷、锡巷、羊肉巷、绳巷等许多专业性商业街巷，又有米市、柴市、海鲜市、莲藕市、盐市、牛羊市、猪市等大量集贸市场。至于销售各种南北杂货的大小市场更是遍及城区内外（清乾隆《淮安府志》卷5）。

扬州为历史名城，大运河与长江在此交汇，故素为水运中枢之地。清代，漕政、河政与盐政为"东南三大政"，扬州"地兼三者之利"（清嘉庆《扬州府志》）。清乾隆年间，"四方豪商大贾，鳞集麇至，侨寄户居者不下数十万"（清乾隆《淮安府志》卷13），遂为"东南一大都会"（清嘉庆《扬州府志》）。

淮扬运河上的繁忙

这一时期，扬州的商业繁荣最明显的表现是商业网点密集，店铺林立。据《扬州画舫录》载，自"天宁门至北门，沿河北岸……谓之买卖街，令各方商贾辇运珍异，随营为市"。由便益门至天宁寺，则设棚"亦以备随营贸易，谓之十三房"。而小东门街外三里长的街道上更是"市肆稠密，居奇百货之所出，繁华又甲两城"。

苏州地处富庶的江南太湖流域，发达农业与农村手工副业为城市工商业的发展提供了雄厚的物质基础；另外，苏州又位于江南运河与娄江（浏河）的交汇处，通过运河可联系南北，经过娄江又可直抵长江入海，交通航运的便利也为苏州经济的发展提供了优越的条件。早在明代，苏州就是全国工商业经济最发达的城市之一。清代以后，随着江南地区商品经济的进一步发展，苏州更成为全国工商业的中心。此时，苏州工商业的种类大大增加，生产经营的规模进一步扩大，工商业的发展居于全国的前列。

杭州自宋元以来就是著名工商业城市。清代以后，在杭嘉湖地区农村商品经济发展的基础上，杭州的工商业经济得以进一步发展繁荣。杭州地处大运河与钱塘江的交汇处，东临钱塘入海口，兼有内河航运与沿海海运之便，可"南连闽粤，北接江淮"。方便畅达的交通，促使杭州成为南北商货贸易的中心。在外运商货中，除本地生产的丝绸、锡箔、纸品及其他日用杂货外，来自湖州的绉纱、毛笔，嘉兴的铜炉，金华的火腿，台州的金橘、鲞鱼以及绍兴的老酒等，大凡"擅土宜之胜而为四方之所珍者"（陆以湉《冷庐杂识》卷8），都源源不断运抵杭州，通过运河或海运向各地转贩，进行海外贸易。而南方及北方各省来的各种商货运抵杭州后，除本地消费外，还向周围省区转贩。在鸦片战争前，杭州已发展为"城廓宽广、居民密集"，自北关至江头，南北长达三十余里的工商业大都会了。（《雍正朱批谕旨》，清雍正四年八月，浙江巡抚李卫奏）

清咸丰五年（1855年），黄河在铜瓦厢决口，夺大清河从利津入海，黄淮分离，安山全临清段运道涸竭，而淮河卜游河道淤塞，淮南运道受到较大影响。清同治十三年（1874年）漕船由海轮代替。清光绪二十六年（1900年），漕运全罢，漕粮改折现金，海运河运全部废止。多数运河城市因丧失对外联系的主要通道而衰落下去，规模变小，百业萧条，人口锐减。如淮安因"漕运改途，昔之巨商去而他适"；临清"停运以后河身日益浅涸……商业大受影响"（《运河和中国古代城市的发展》王瑞成《西南交通大学学报》社会科学版2003年第一期）。其他城市如扬州、济宁等都失去了往日的繁荣，演变成偏僻的城镇。但也有部分大运河城市如江南的苏州、杭州、无锡、镇江等因江南运河航运继续发挥作用及近代铁路的兴起而获得新的发展，位于渤海湾岸边的天津也凭着海运码头和京师门户的地位，一跃而成为北方最重要的工商业都会之一。

二、大运河区域小市镇经济的发展

1. 山东沿运商贸市镇的发展

清代,在长江以北的直隶、山东及苏北运河沿线,频繁的漕运及商品流通促进了沿线地区商品经济的活跃与发展,致使沿运一带市镇大量兴起。其中不少在明代仅是村落或居民点,到清代以后才逐渐形成市镇规模。而在明代就已成为市镇的,入清以后,商贸功能进一步加强,市镇经济更加兴盛。

山东的沿运市镇主要分布在临清以南的大运河沿线上。这些市镇作为沿运码头,是大运河商路中的商货集散地,因此商贸功能是山东沿运市镇的主要经济功能。清平县的魏家湾位于北距临清40里,东距清平县城30里的运河与马颊河交汇处。明初,仅为一村落。自运河开通后,魏家湾凭借优越的交通条件逐渐成为临清南部重要的漕运码头。清代以后,魏家湾作为清平、高唐一带农副产品集散市场的作用日渐突出,市镇的商业规模已超过县城。乾嘉年间,仅魏家湾一地的商税银即占全县商税总数的三分之一(清嘉庆《清平县志》)。

阳谷县辖的阿城镇位于西距阳谷、北距聊城、东距东阿各50余里的运河东岸。阳谷至东阿的东西大道从镇中穿过,早在明代,阿城即是"鱼盐贸迁,商贾辐辏……夹岸而居者千家"(谢肇淛《北河余记》卷2)的盐运重镇。清代以后,阿城不仅仍是盐业转运的重镇,而且因"粮艘辐辏,帆樯林拥,百货灿陈",也成为寿张、阳谷、东阿等周边县区的商业重镇。在清代中期,镇内有大小街衢31条,主要东西大街长达3里,"京广杂货"的店肆鳞次栉比。另外,镇内还有布市、鱼市、蒲包市、粮市、牛马市等众多集贸市场,仅大型粮市商栈就有五家。由于阿城水陆交通方便,因而吸引各地商贾云集,从事转贩贸易。其中,山西晋商在镇内建有"西晋"和"於陵"两处会馆,常年在阿城进行商业贸易(包世臣《安吴四种》卷6)。据民国《增修阳谷县志》记载,直到清末停止漕运,阿城镇"商业尚称发达,居民亦颇繁庶"。

峄县辖的台庄镇,明正德时为"台家庄集"。明万历年间开凿迦河(韩庄运河)运道改经台庄,遂为水旱码头,市镇经济始见兴盛。清代以后,在运河航运的刺激下,台庄已成为"北跨琅琊,南控江淮"鲁南重镇。据实地调查,镇内沿运码头有十余处,凡南来北往船只"往往寄泊于此"(清光绪《峄县志》卷5)。清光绪《峄县志》称:"江浙湖广诸行省,漕粮数千艘,皆道峄境北上,商旅岁时往还不绝,而奇物珍货衍溢,居民皆仰之以赡身家,而本地所有麦豆及煤炭诸物,亦得善价而行销数千里。"仅煤炭一项,每年即运销"数百万石"。乾嘉年间,台庄镇商业繁盛,人口众多。镇内粮栈、钱庄、布绸及京广杂货店铺多达百余家，居民5000户，人口达2万以上。"约台之民，商贾过半""户不积粮，人不耕食"（胡啸庐《啸庐诗文》），皆仰食机利，是典型的商贸性市镇。史载："台应为峄县巨镇，商贾辐辏，富于县数倍。"（清光绪《峄县志》卷16）"居民饶给，村镇之大，甲于一邑，俗称天下第一庄。"（清光绪《峄县志》卷8）

峄县台庄镇就是今天的台儿庄古城

2. 江南运河地区专业化市镇的发展

早在明代，随着江南地区商品经济的发展，大量专业化经济市镇纷纷兴起，特别是在苏杭嘉湖运河流域地区，各种经济市镇数量之多，为全国之冠。入清以后，专业化经济市镇的发展仍保持强劲的发展势头。以苏州和杭州两府为例，据樊树志先生在《明清江南市镇探微》一书中的统计，明代苏州府所属州县的经济市镇在清代前期为73处，到清代后期已达156处，比明代增长1倍多。杭州府所属州县的市镇在明代为22处，清前期为39处，也比明代增长近1倍。一般来看，江南地区市镇之间的距离大多在10至30里，可供附近四乡农家一日往返，既是所在四乡农村商品经济的中心，又是沟通农村与县州府城经济联结的起落点。凭借发达的水网系统，市镇之间又形成了一个相互联系沟通的市镇网络，在实现城乡之间的商品交流、促进区域商品经济的发展中起着十分重要的作用。由于江南地区的市镇主要依附于所在农村商品经济的发展，因此，市镇经济的发展带有明显的所在农村商品经济特色的特点。其中，数量最多和最具代表性的是遍及苏杭嘉湖地区的棉布业市镇和丝绸业市镇。

（1）棉布业市镇

棉布业市镇主要分布于长江三角洲运河以东苏州府的东部地区。这一地区自明代以来就是全国植棉重点区。入清以后，植棉更见发展，不少地方的植棉作为主要农作物，几成专业化经营规模。而本地区农村发达的棉纺织生产更在全国居于领先地位。棉业的发达，促使这一地区的市镇有的成为棉花交易的中心，有的成为棉布集散之地，有的则兼营棉纱交易或棉布加工，如新泾镇、枫泾镇、诸翟镇、罗店镇等。

（2）丝绸业市镇

丝绸业市镇主要分布在长江三角洲运河以西的太湖流域地带，包括苏州府和嘉兴府的西部、湖州府的北部及杭州府部分地区。太湖流域是我国传统蚕桑丝织业区，明代这一地区的蚕桑丝织商品化就已达到了很高的程度，一批以经营丝绸业为特色的市镇纷纷崛起。入清以后，随着太湖流域蚕桑丝织业商品化程度的进一步提高，又不断产生了一些新的丝绸业市镇。其中比较著名的丝业市镇有：南浔镇、乌青镇、震泽镇、盛泽镇、濮院镇。

濮院镇

清代，在江南运河区域除有大量的棉布业和丝绸业市镇外，各地还依据本地的自然条件与经济优势形成了米业、榨油业、窑冶业、毛笔业、竹木编织业、车辆制造业及交通运输业等众多专业化经济市镇。这些专业化市镇只能就其市镇经济的主要特色而言，作为市镇的经济功能，它必然也融通了其他相关的行业。即使那些专业化程度比较高的棉布业和丝绸业市镇，也往往是一业为主，多业并举，各种不同经济特色市镇的大量涌现，正是江南运河区域地区商品经济兴盛发展的典型表现。

三、大运河区域资本主义生产关系萌芽的发展

清代，大运河区域的商品经济发展水平超过了明代，在此基础上某些生产领域中资本主义生产关系的萌芽较明代又有显著发展。特别是在丝织业、棉布加工业及农业等这些具有经济优势的行业中，资本主义萌芽的成长发展尤为明显。

1. 丝织业中资本主义萌芽的发展与变化

江南运河区域是丝织业最发达的地方，不仅在乡间存在大量的"乡机"，而且在城镇更聚集了大量"城机"。特别是在苏州、杭州等大城市中更集中了众多的丝织机户，在明代已出现的资本主义萌芽，到清代又有新的发展变化。

首先，在雇佣关系上，已由明代的大户"呼织"、小户"趁织"等比较松散的雇

佣关系变为比较固定的雇佣关系了。如在苏州，清康熙时期记载："郡城之东，皆习机业，织文曰缎方空曰纱，工匠各有专能，匠有常主，计日受值"（清康熙《苏州府志》卷21、清康熙《长洲县志》卷3）。这时虽然仍存在临时雇工，但固定的雇工似乎是主要的雇佣形式。另外，从清雍正年间的史料中也可以窥见出这种相对固定的雇佣劳动关系。到清代以后，丝织业中的雇工与雇主之间的雇佣关系变得比较固定，因而双方之间的对立矛盾斗争也愈加明显。劳动的代表和资本的代表之间的分裂在此时已经充分表现出来。

其次，在经营形式上，明代出现的资本主义的简单协作被由商人资本控制的家庭劳动所取代。这是清代丝织业中资本主义生产因素萌芽发展变化的主要表现。所谓"商人资本控制的家庭劳动形式"，即由丝绸商人经营的"账房"利用承揽机户，雇佣织工，采取放料代织的形式进行生产。"账房"一词最早出现于清道光年间顾震涛《吴门表隐》中，称作"经造纱缎账房"。刘坤一在解释"账房"时说："凡贾人自置经纬，发交机户领织，谓之账房"（《刘坤一遗集·奏疏》卷26）。据1913年对苏州丝织业的调查，当时苏州共有57家"账房"，这种"账房"组织在江南其他城市的丝织业中也普遍存在。在镇江，"开设行号者十余家，向由号家散放丝经，给予机户，按绸匹计工资，赖织机为生活者数千口"（徐珂《清稗类钞》第17册）。另外，在杭州也有不少放料收货的"绸庄"。实际上这些"行号""绸庄"即是所谓的"账房"。从苏州等地出现的账房及其经营形式看，这些经营纱缎业的"账房"，普遍采用雇佣"机户"，放料"督织"，然后由"机户"雇佣织匠织造，待织成后视其货品付以工价。这样，作为商业资本代表的"账房"，通过发料收货的形式，把分散的个体丝织业户控制起来，并使从事丝织业各工序的劳动者变成由"账房"所支配的雇佣工人，即列宁所说的"手工业者成了在自己家中为资本家工作的雇佣工人"（列宁《俄国资本主义的发展》，《列宁全集》第3卷，第328—329页）。而这些"账房"就成了带有资本主义萌芽性质的包买主或包买商。在这里，"账房"的商业资本通过预付原料的形式渗入生产领域，于是，"包买主的商业资本在这里变成了工业资本"（《马克思恩格斯全集》第3卷），而这些"账房"也就转化为最早的丝织业资本家，从而形成了资本主义的家庭劳动形式。由"账房"商业资本直接支配生产的资本主义生产方式，已由清前期的个别稀疏的萌芽发展为一种普遍的现象了。

2. 棉布加工业中资本主义萌芽的表现

江南的苏州东部地区也是全国最大的土布产地之一，与松江府棉布产地并称"衣被天下"。这些为数甚多的土布，主要出自农家个体手工生产，无论是经营规模还是经营方式，都不具备产生资本主义生产的条件。不过，在棉布加工业中却已出现了资本主义生产方式的萌芽。

从现存资料看，在清代凡是规模比较大的踹坊几乎都是由布号商经营的。如在苏州，清康熙年间就有十余家布号商开设染坊。清乾隆年间，由布号商加染的布称作"苏布"，"苏布名称四方，习是业者在阊门外上下塘，谓之字号。漂布、染布、看布、行布各有其人。一字号常数十家赖以举火，惟富人乃能办此"（清乾隆《重修元和县志》卷10）。从染坊的生产规模及从业人手看，已具备资本主义萌芽似无疑义。至于踹坊业中的资本主义生产关系萌芽则是比较明确的，典型的史料是清雍正年间浙江总督李卫的记述："苏郡五方杂处，百货聚汇，为商贾通贩要津。其中，各省青蓝布匹，俱于此地兑买。染色之后，必用大石脚踹砑光。即有一种之人，名曰包头，置备菱角样式巨石、木滚、家伙、房屋，招集踹匠居住，垫付柴米银钱，向客店领布发账，每匹工价银一分一厘三毫，皆系各匠所得，按名逐月给包头银三钱六分，以偿房租家伙之费……现在细查苏州阊门外一带充包头者共有三百四十余人，设立踹坊四百五十余处，每坊容匠各数十人不等。查其踹石已有一万九百余块，人数称是。"（《雍正朱批谕旨》，清雍正八年七月二十五日李卫奏）

苏州的踹坊管理人称为"包头"，但包头并不直接雇佣踹匠。踹匠的工资按匹计价，由布号（客店）发放，踹匠每人每月再给包头一定的房租和"家伙费"。因此，在经济关系上，踹匠是布号的雇佣劳动者。而包头只不过是布号的包工头，他们不仅负责组织生产，管理踹匠，而且还需自备踹布所需的生产资料，其收入则是由所管理的踹匠"按名逐月给包头银""以偿房租家伙之费"。因此，严格说这些踹坊并不是一家独立的手工工场。整个踹坊的运作过程也是在商业资本（即布号）的支配下进行的。至于踹坊中的踹匠，大多"均非土著""在苏无家室"（《雍正朱批谕旨》，清雍正元年四月初五日，胡凤翚奏），"孑身赤汉，一无携带"（《明清苏州工商业碑刻集》041号碑文）的无产者。他们与布号及包头之间不存在任何宗法依附关系，属于自由雇佣关系。由此可见，

江南运河边的踹坊和染坊

在苏州的踹布业中,布号的商业资本已渗入生产领域,中间尽管有包头的投资,布号并未追加不变资本,但布号却支付了可变资本(工价银),这就使得布号的利润中的一部分具有了剩余价值的性质,布号的部分商业资本也就转化为产业资本了。于是就形成了"数十"踹匠在同一踹坊,受同一资本支配的集体劳动。由此可证,在清代苏州地区的踹布加工业中,资本主义生产方式的萌芽还是比较明显的。

3. 采煤、制烟业中的资本主义萌芽

在大运河北部的直隶和京西等地的采煤业与山东济宁制烟业中,也都出现了资本主义生产因素的萌芽。京西的宛平、房山一带是京西煤炭的产地,由于地近京师,对煤炭的需求量大,因此这一带的民营煤窑生产颇为兴盛。据清乾隆二十七年(1762年)的调查,当时京西一带的煤窑多达750处,除少数废闭外,大多数是正在开采或准备开采的煤窑(彭泽益:《中国近代手工业史资料》第1卷,第322页),从业人员近万人。根据对现存清顺治到清道光年间门头沟地区的煤窑契约材料的分析显示,京西地区的民营手工煤窑一般是向地主租地集资合伙经营,投资人叫"出工本主",他们掌握煤窑的经营权,并占有大部分收益。原地主虽不参与对煤窑的经营,但凭借对土地的所有权,也参与煤窑收益的分配。不过,地主与煤窑投资者之间是租约关系,而不是合伙关系,因此其收益仍属于地租性质(但从清道光以后,地主所获得的地租部分收益逐渐减少),而投资者获取的则是利润。值得注意的是,在这里土地权力与资本权力已经分离,煤窑的投资者实际上已是京西煤矿业中的原始资本家,从事采煤的劳动者主要受雇于资本,受资本的剥削,这就为资本主义萌芽的出现提供了基础。

济宁在清代是全国著名的烟草产区。史载,济宁"环城四五里皆种烟草"(王培荀《乡园忆旧录》卷8),"大约膏腴,尽为烟所占,而五谷反皆瘠土"(清乾隆《济宁直隶州志》卷22),商业性烟草经营规模已相当可观。而由当地加工出来的"济宁烟",也在全国各大市场中列入名烟之列,说明济宁的烟草加工业也相当发达。在清代,烟草加工是一项工序

济宁商业街

扬州的包世臣故居

苏州运河沿线城镇纺织业发达

较复杂、需用劳动人手较多的手工行业。据当时人的记载，烟叶收获后，应根据采摘季节与烟叶的不同部位，分别把烟叶分为伏烟、秋烟、顶烟、脚烟等不同种类与等级，然后再进行作烟、打捆、包烟等各道工序。如果进行深加工，则还要经过加油、捆压、刨丝等工序，因此，一些较大规模的烟草加工商家，往往需要众多的人手，分别在不同工序上进行连续作业，协作生产才能加工出成品。在清嘉道时期，济宁就有这种大规模的烟草加工商家。据包世臣说，济宁"其出产以烟叶为大宗，业此者六家，每年买卖至白金二百万两，其工人四千余名"（包世臣《安吴四种》）。据此，平均每家有烟草加工工人六七百名，年均经销额在三十多万两白银，应当说已是规模相当可观的手工工场。对此，包世臣还说，济宁的烟草商家"好勇斗狠，每为守土者累，西客利债滚剥遍天下，济宁独不能容"（包世臣《安吴四种》）。能够做到对抗山西晋商的竞争，也说明其资本之雄厚。由此看来，在济宁的烟草加工业中存在资本主义的萌芽。

第二章 中国大运河商业的产生及特点

中国大运河商业，就是经由大运河及其辐射区域内进行的商业活动，这一过程具有结合运河的鲜明特点。中国大运河是中国历史上的一条黄金水道，它极大地带动了沿岸区域物资交流和商业流通的繁荣。大运河带来的流通功能，促进了货物的流动与人的交往，从而促进了大运河商业的繁荣。无论是服务漕运，还是漕船夹带，都推动了大运河商业的产生。同时，大运河的畅通，使沿岸区域逐渐形成了以中国大运河为商品流通主干线的城乡市场网络。与之相伴，大运河上征收的税收日益增多，构成了中国封建王朝重要的税收来源，巩固了大一统国家的中央集权统治。

第一节　中国大运河商业产生的原因及路径

吕思勉先生在《吕思勉讲中国史》中说道："使人分裂争逐的是政治，把人联结起来的是文化和经济"（吕思勉《吕思勉讲中国史》）。古人最初的交易是以物易物式的，随着交易的繁盛，就会约定时间和地点，这就有了集市和商业。大运河地区因水运发达，自古以来就是商业发达的地区，春秋时两位商界先祖——子贡和范蠡，一个在菏水沟通的黄河、济水、汶水一带经商，另一个出生在吴越地区，在定陶一带经商，都是在水运发达的地区。

一、中国大运河商业产生的条件

1. 人口的增长

大运河地区人口的积聚与增长，特别是城镇人口的增长促进了商业的发展。东汉首都和隋唐两朝的东都洛阳、北宋都城汴梁、南宋首府临安以及元大都北京作为各个朝代的政治中心，必然是各个时期城市人口聚集最多的城市，首都聚集的官僚阶层及周边驻扎的军队不下百万人。其他沿运河城市或市镇也都聚居着数万、十数万甚至数十万的人口。被称为"江南巨擘"的苏州，宋代城市人口已号称"十万人家"。城镇人口的增加，促进着市场消费需求的迅速增长。以人们生存必需的粮食为例，汴梁城数十万居民除靠漕运江淮、京东数

苏州山塘历史街区

百万石米粮以外,还要从京畿地区以及其他各地靠商贩把大量粮食运来售卖以供消费。据《东京梦华录》记载,当时每天破晓前,到城里售卖米、面的商贩,多"用太平车或驴马驮之,从城外守门入城货卖,至天明不绝"。

南宋临安也是如此。据《梦粱录》载:临安"人烟稠密,城内外不下数十万户、百十万口,每日街市食米,除府第、官舍、宅舍、富室及诸司有该俸人外,细民所食,每日城内外不下一二千余石,皆需之铺家"。苏州粮食市场上,史籍中经常提到的"安吉斛""平江市斛"等,就是活跃在苏州的米商使用的,从一个侧面反映了苏州城的粮食需求。

2. 商品性农业的发展

大运河地区商品性农业的发展,刺激着商业经济的发展。一方面,棉、桑、果树等各类经济作物产品主要是供应城乡居民需求的商品,经济作物种植业的扩大自然为市场提供着更多可供买卖交易的商品,丰富着市场商品种类,扩大了商品流通量;另一方面,从事经济作物种植的农户也纷纷从传统农业中分离出来,成为商品性农业从业者。这类农户普遍存在于养蚕、种麻、植棉、果林、蔬菜、园艺等领域。因为不种粮食,他们的生活需求也要依靠市场供应。江南运河地区"地方共几百里,多种柑橘桑麻,糊口之物,尽仰商贩"(庄季裕《鸡肋编》)。歙、徽诸州或"多以种杉为业",他们"以茗、漆、纸、木行于江西,仰其米自给"(《祁门县志》)。

3. 手工业的发展

中国大运河地区手工业的发展促进了商业发展。一是以盈利为目的的手工业产品基本上是投放市场的商品。手工行业的发展与手工产品商品化程度的提高可以直接繁荣商品市场。明中叶以后,随着社会分工的不断细化,工商业人口的猛增,以及赋税折征银两的普遍化,商业贸易比前代有了较大发展。二是手工业队伍的壮大,也刺激着商业消费需求的增长,从而带动商业的繁荣。如明代对砖瓦行业进行改革,匠人成为职业的窑工,从保存下来的明代旧砖实物

临清贡砖窑厂

上可以得知，每座窑内都是由窑户、作人、匠人、工人四种人组成，以上四种人统称作"陶人"。据现存每座窑址的实际容量与劳动量估算，临清的砖瓦业中从事取土、筛土、滤泥、踩泥、制坯、装窑、运柴、烧窑、洒水、出窑、装运等各个制烧砖工序的直接劳动者，每座砖窑连同窑户至少50人，以200座砖窑计，可知明代临清砖窑厂的"陶人"，应不下万人。这一万多人的吃穿用项都要依靠市场供应。其他民间手工业的从业者，比如做铁器、木器等生产工具的，做漆器、玉器等生活用品的，还有印刷出版行业的从业人员，他们的基本生活用品也得依靠市场供应。

4. 运河的开凿与维修

中国大运河的开凿与维修，既直接带来了商业运输的便利，又满足了商业发展的需求。从运输效率来看，纵贯南北的运河水网的开拓极大地提高了商品运输量。过去人挑、畜驮、车推的运输方式，自然不能与动辄数百石、上千石甚至上万石的船运相比。而且水运的费用低廉，所以我国历史上各个朝代无论政府还是民间都重视利用水运。另外，在大运河开凿的过程中，大批劳动力离开他们的土地，吃、穿、用等生活用品也要依仗市场供给；大运河开凿需要的生产工具也需要市场来供给和运输。这就促进了手工业的发展，也催生了一批大运河商业的从业人员。

正是在这样一些基本条件的影响作用下，中国大运河商业经济呈现出前所未有的繁荣。商品流通由农村集市向市镇扩展，又从市镇向城市发展，在大运河沿线形成了一批商贸城市和商业市镇。商品市场由局限性大、较封闭的区域市场向整个大运河区域市场推进，并进而延伸至全国市场，形成了一个全国性的物资调配网络。

二、中国大运河商业产生的路径

大运河上进行的商业交易，有一个发展过程，是从零星到具有一定规模、从不合法到合法、从隐蔽到公开、逐步成长壮大起来的。大运河商业产生的路径主要有三个：一是漕船带货，二是服务漕运，三是全国性的物资调配。

1. 漕船夹带形成了最早的大运河商业

大运河最早是用于漕运的。中国古代漕运制度的实施，保障了京师皇室和百官、六军的物资供应，有利于拱卫京师，保卫边防，对大一统的封建王朝的政权巩固和国家统一起到了重要作用。漕运制度还促进了商品的流通，使得漕运成为沟通南北的经济大动脉，对促进运河地区的经济发展起到了重要作用，因此大运河商业与漕运有不可分割的制度性联系。大运河商业最早就是从漕船夹带物品开始的，通过对漕运史的

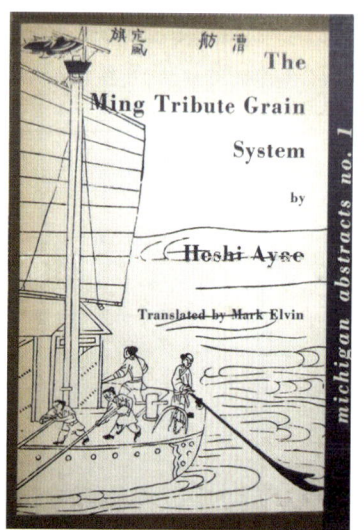

《明代漕运研究》封面

研究也可以充分揭示这一点。日本学者星斌夫在《明代漕运研究》一书中表明,官吏从私商手中购买稻米以弥补漕粮定额,造成了漕粮的逐渐商品化。

早期的商业活动是指漕军在行船运粮过程中,随船夹带一些各地的特产,然后沿途贩卖获利,再拿来补贴家用的行为。运河上的船成为经商的主要运输工具,但最早的运河是漕运的专用通道,商船是不能在运河上行驶的。漕运的运输队伍完全由封建政府征调的役夫构成。他们是轮番服劳役的劳动者,而非长期性的职业运输者,如汉代的服役漕卒、关东的应役民户等。这些劳动者被迫操挽舟船,迫切希望早日完成任务,返回家园,主观上无意、也不可能从事长期有规律的私货贸易活动。到宋代和明清时期,随着漕运量的增大,政府也允许漕船夹带一些其他货物,如陶瓷、煤炭、米、盐、茶、酒等物品。由于古代漕运的船只运送漕粮物资多是单程的,因此漕船回程时多是空船,一般都要带些回纲,一方面为了压舱,另一方面也可给运户一些补偿。虽然大运河开凿的主要目的是漕运,但漕运中的私货运销活动却刺激了沿岸地区的商业发展。

北宋初年,汴河上便出现了运卒、艄公利用漕船贩运私货或替商人搭载货物的现象。政府即默认了这种贩运活动,多次下令禁止沿河税务机构拦检漕船。但到北宋元丰年间,一些机构为了增加商税收入,严查过往漕船,对私货征收过税。同时,又设置专船承运客商货物,断绝运输者揽运途径。这一新法的实行,减少了运输者的收入,引起了他们的激烈反抗,"虽加刀锯,亦不能禁其攘窃";而且每盘查一船,全纲其余二十九船"皆须住岸伺候",严重地影响了漕船航行。《宋史论稿》记载,北宋元祐七年(1092年),扬州知州苏轼上奏,激烈地指出盘检漕船之弊,请求恢复旧制。北宋政府采纳了苏轼的建议,

京杭道里图局部

但对漕船所带私货的数量却明确加以限制，限定每船携带一分私货。从此，运输者利用漕船运销私货的权利得到了官方认可。北宋末年蔡京当政时不许各漕船转官盐私卖，漕船回程空载，回纲没有收入，因此造成很多船民毁舟盗卖以解决每天的吃饭问题。明清时期，运军与

苏轼在扬州任知州时建的谷林堂

水手的收入除了政府发给的漕运行程中的粮食外，还会通过贩卖漕船夹带的一些土特产来获得。后来运军为多装载商货，私自将漕船加长，承载量达到3000石，超载的漕船只能勉强通过运河闸座，并且经常因超重而搁浅漂流。

明朝漕船夹带商品这一商业行为，按照性质又可以划分为政府允许的合法商业活动，以及个人私自进行的非法商业活动。合法活动这种政府允许的商业活动最早开始于明洪武年间的海运，当时规定："运给辽东，凡役官军八万余人，运军悉许附载私物资私用。"后来明宣宗时期，明宣宗再次下令"后除运正粮外，附载自己物件，官司毋得阻挡"。这些都表明政府对于漕军的这种商业活动是认可的。

漕船带货催生了最早的大运河商业。大运河贯通之后，船只往来非常频繁，大运河成为当时沟通南北经济的大动脉。官船运送的物资包括漕粮、盐、铜、木材等官方需要的物资。当时每一条船的载重量基本为五百石，为了补贴漕船的运丁，明朝成化年间规定漕船一条船可以拿出十石的空间，载南方的土特产（土宜），沿途售卖，官方不征税。这个数据到明万历年间增加为每条船六十石。清雍正年间这个数据又增加到一百石，清乾隆年间，允许漕船回空时携带黄豆、瓜果、麦子等农作物，每条漕船的运载量上限为六十石。清嘉庆年间一条船可以带一百五十石的货，相当于一条漕船

淮安漕运博物馆中的漕运场景

1/3 的载重量。这些携带的货物（土宜）都是免交关税的。清同治五年（1866 年），进一步规定回空漕船可以携带成本银五百两的货物。漕船到北京之后空舱返回更容易翻船，所以也允许从北方带一些货到南方去。明清时期每年漕船出运的数量大约在 10000 条，平均一次出运带的货达到百万石，一年就达到 1.5 亿斤，数量非常庞大。当时从南方运往北方的商品，主要有棉布、丝绸、茶叶、木材、纸张、瓷器、铁器等；从北方运回南方的则主要是棉花、干鲜果品和土宜。清代每年有 6000 多艘漕船行运，由此不难想见，当时每年在运河上往返商品的数量之巨。经过中国大运河的连接，中国经济最发达地区的商品交流彻底活跃起来，形成了纵贯南北的中国大运河商业带和经济带。

有专家研究认为，明清时期明文规定漕船可以顺便带一定的土宜产品，兑完漕粮后，还可以满载私货而回，进一步加快了各地商品的流转，促进了沿运河地区商品经济的发展，甚至促进了明后期资本主义萌芽的出现。当然，对于漕运允许携带的商品种类，政府也作出了规定，不是想带什么就带什么的。一般比较沉重的商品，还有政府专营的商品，比如竹木、盐、酒等都是禁止贩卖的。所以一般漕运贩卖的多是一些轻便的日用品。

而更多的时候是另一种情况，市场有需求，而政府又不让夹带，这样就产生了非法的漕船夹带商业活动。非法的商业活动是指除了政府允许的商业活动以外，一些漕军出于对利益的更高追求，不惜违背政府的命令，私自进行一些违法的商业活动。主要包括沿途多次进行交易、帮助商人携带货物、超额运输货物、买卖漕粮等。

沿途多次进行贸易是指在运粮途中多次停留，方便倒卖货物。因为运粮路线基本都是固定的，但是他们为了方便倒腾货物，不惜一遇到市镇就停上一段时间，然后进行商品交易，"但遇市镇，湾泊买卖，延住日久"（李想《明代漕军的私货贸易活动及影响》），非常耽误运粮的行程。

帮助商人携带货物是指漕军把一些商人的货物放到漕船上，然后替他们进行运输。明代的商税很重，而漕军运货则不需要交税，这些商人便和漕军勾结起来，利用他们运货来逃避重税，然后给予漕军一部分钱财作为报酬。相较于自己从事商业活动，漕军只需要运货，不用采货和贩卖，省去了很多的麻烦，因此他们也非常乐意这么做。

清代，运丁漕运粮食时，漕船也可携带一定的土宜，也就是可以销售的免税商品，也称定制。清代前期漕船 7692 艘，每船载正耗米五百石，初定带土宜六十石。清雍正七年（1729 年）增为百石；又定"舵水土宜"二十石，每船运丁、舵工、水手合计共可带土宜一百二十石。一年额定所带土宜总数约为九十二万三千石，加上超出部分，当在一百万石左右。此后漕船所带土宜屡有增加，至清嘉庆时每船增至一百五十石，如此每年漕船所带土宜已远超一百万石。此外，漕船回空也可免费带货。清乾隆初年规定，"回空各帮例带米及梨枣之类"，其时漕船共计6300余只，其中江苏有2900余只，"漕船空重例俱准带货物，凡京城所需南货，全赖江南漕船带运，而江南所需北货，亦赖漕船带回。若漕船全停，不惟南北货物不能流通，与丁船亦多未便"，向来出运，"回空亦许带果物六十石，江西土产磁器、夏布、竹木等项，北省所出黎（梨）枣等物，俱藉漕船往来携带，以供南北民用。今若令行停运，不但弁丁舵水人等概置空闲，与南北货物阻隔，市侩借此居奇，未免于民用不便"。如此，漕船回空所带梨枣等北货，总数则在四十万石左右。正耗漕粮，加上土宜与回空带货，总数在七百五十万石以上。由此可见，运河流通货物的总量，其中在官方免税的运量在清代可能并不在纳税商品之下。

大运河漕运促进了商品的流通，使得漕运成为沟通南北经济的大动脉，对促进运河地区的经济发展起到了重要作用。特别是明文规定漕船可以顺便带一定的土宜产品，兑完漕粮后，可以满载私货而回，进一步加快了各地商品的流转，促进了沿运河地区商品经济的发展。

2. 服务漕运直接催生了大运河商业

漕运船只在行驶过程中，需要停靠码头，补充给养，采购食材及生活用品。因此催生了运河码头上直接服务于漕运的行业，这些服务行业就衍生出运河边的商业雏形：物资供应行业、船舶修理行业、餐饮行业，甚至娱乐行业。由此各色人群汇聚运河沿线，从事商业以及其他各种服务性的活动。商人与贩夫既包括各大商帮，也包括贩夫走卒；既包括坐贾行商，也包括各种服务性从业者。不少人群从传统生活秩序中"溢出"并结成新的生活共同体，倚食运河，极大地推动了大运河区域消费市场和商业的繁荣。在大运河所经的码头，人们集居此处谋生，或从事饮食住宿等服务行业，或向往来公私客商、军丁人员销售生活用品，成为流动的商业人口。久而久之就形成了集市和城镇。

漕运人员要吃饭，而且最好是吃加工快又方便携带的食品。而运河两岸很多特色饮食的出现多与运河有关，如天津的杨村糕干，便是明朝永乐年间从浙江绍兴余姚县北迁来到天津定居的杜家兄弟，看到杨村镇漕运繁忙，往来船夫与客商都是以米为食的南方人居多，吃不惯北方的面食，于是灵机一动，参照南方人的饮食习惯，把米碾成面，和以白糖蒸成糕干，沿街叫卖，果然成为南方来的船夫、纤夫爱吃的食品。

与此类似的还有山东张秋小吃壮馍。明清时期，张秋镇作为运河九大商埠之一，

张秋壮馍

八方辐辏，商贩往来，行船、经商的人，都需要方便携带和存放的食品，于是有心人便琢磨出张秋壮馍，这一手工制作的小吃原料为发酵面与未发酵面，将两者混合，揉成饼状，用特制三层平底锅烙烤，三十分钟才能烙熟一张。张秋壮馍表面撒以芝麻，熟后味道香醇，可以存数月而不变质，最适合长途行船的人携带，食用时香酥可口，再配上北方常用的鱼汤、羊汤，更是人间美味。

托板豆腐是山东德州、临清一带运河沿线的传统小吃。最早也是在运河码头销售而出名的。因卖主总是把切好的豆腐放在一块特制的长方形木板上，托着在运河码头沿途叫卖而得名。船民们需要吃时，切出一块，放在碗中，用酱油、葱蒜等佐料调和好，船民端着碗站着就能吃。当年，在临清等地，码头上随处可见手捧托板豆腐，吃得满口香甜、津津有味的船民及漕兵。

德州扒鸡也来源于运河码头为漕运人员服务的商业活动。德州扒鸡又称德州五香脱骨扒鸡，远销海外，被誉为"天下第一鸡"。元末明初，随着漕运繁忙，德州成为京都通达九省的御路。为了给漕船和商船上的人们提供方便携带的食品，挎篮叫卖烧鸡的老人，经常出现在运河码头、水陆驿站和城内官衙附近。此烧鸡就是经过细加工的烧鸡，其形态侧卧，色红味香，肉嫩可口，作为后来扒鸡的原型，初露头角。到了清代，随着运河经济的发展，这时的德州城进入鼎盛时期，已成为中国33个大城市之一。水陆通衢，商贾云集，四乡货物集散于此，出现了"南来北往客如云，饭馆客栈多如林"的局面。烧鸡已不仅仅见于餐桌，而且步入社会。臂挎提盒叫卖烧鸡者多了，

德州扒鸡

开始有名的是贾姓人家，后来比较有名的是外号叫"徐烧鸡"的徐恩荣家，还有西面张家等，开门面设店铺者屡见不鲜。德州扒鸡的特点是形色兼优、清淡高雅、五香脱骨、肉嫩味纯、味透骨髓、鲜奇滋补。造型上为两腿盘起，爪入鸡膛，双翅经脖颈由嘴边交叉而出，全鸡呈卧体状，色泽金黄，黄中透红，远远望去

似鸭浮水,口衔羽翎,十分美观,是上等的美食珍品。正是为大运河漕运服务,才衍生了德州远近闻名的扒鸡文化,浓浓的鸡香,飘逸德州城。

为了让商人们有地方谈生意,大运河沿线茶馆生意又繁荣起来。南方的运河城市如扬州、苏州,茶馆林立。随着茶叶的普及,北方人也开始有了喝茶的习俗,不但酒后饮茶已经成为习惯,而且泡茶馆的风气也在北方流传开来。据记载,清代临清人就有一日三茶的习惯。在大运河经济兴旺时,北方的运河重镇如临清、聊城、济宁的茶馆很多,成为人们谈生意和解决问题的商业场所。

扬州的魁龙珠茶也是大运河商业的产物。这魁龙珠茶以一江水泡三省茶,分别由安徽的魁针、浙江的龙井、江苏的珠兰以一定的比例混合制成。魁龙珠的形成也来源于运河文化的交流融合。在清代,来自各地的商人在扬州聚会时会带上各自家乡的名茶,浙江人会带上龙井,安徽人会带上魁针,而江苏人会带上珠兰。大家围坐在一起品茶,各自夸赞自己家乡的茶好。有人建议何不将大家带来的茶合在一起,混合后看看能泡出什么味道来。于是就有了这种"魁龙珠"茶:有龙井的味、珠兰的香、魁针的色,融浙、苏、皖名茶于一壶。泡上一杯,色浓,味美,入口柔和,解渴去腻,而且耐泡,连冲四次也不减色。头道茶,珠兰香扑鼻;二道茶,龙井味正浓;三道茶,魁针色不减,色香味俱佳。此后,魁龙珠茶就成了扬州富春茶社的特色茶,与富春点心相配,吸引了来自四面八方的客人。

围绕船只服务的行业还有很多,如修船的、补网的、修帆的、卖日用品、卖生产工具的,都是由服务漕运而产生的行当。为适应漕船这种白天行船、晚上休息的交通方式,还产生了一些特殊的商业服务模式,窑湾古镇的"鬼市"也是因为服务漕运人员而产生的。

服务漕运还催生了运河沿线最

扬州的魁龙珠茶

骆马湖边的窑湾古镇

早的一批商业城市，漕粮发运的集散地、漕船中途休息的漕运码头所在地都是商品经济发展最早的地方。其中大的城市有扬州、润州、真州、楚州、通州等，小的市镇有瓜洲、窑湾、夏镇、南阳、张秋等。

3. 全国性的物资调配带来商业繁荣

由于中国南北方经济的差异性很大，经济互补性也比较强，客观上有加强南北商业交流的需求。大运河作为一条重要的交通干线，连接中国的北方和南方，连接了海河、黄河、淮河、长江、钱塘江五大水系。它不仅提供了便捷的交通运输手段，也极大地促进了中国古代的商品流通和人员流动。在为中央政府调集漕粮物资的同时，也为商业繁荣提供了基础条件。政府利用大运河全国性地调集漕粮，而市场这只无形的手也利用大运河通过商业化的规律交流互换，达到了南北调配物资的效果，大运河成为全国性物资交换的主要通道。从杭州西兴码头的繁华喧嚣，再到临清商贸的蓬勃发展，大运河这条串联南北的黄金水道，滋养了沿岸城市的商业繁荣与文化昌盛。

明朝至清朝中期，大运河沿线是最为重要的经济带，也是全国商品生产和商品流通的晴雨表。大运河成为全国最为重要的南北物货调配的大通道，明清两朝每年征缴相当于现今江苏、安徽、上海、浙江、江西、湖南、湖北、山东和河南9地的漕粮400万石，正米加上耗米，实际达到600多万石。在运送漕粮的同时，大运河也是商品流通的大通道，漕船夹带加上回纲，促进了商品的流通。到了明清两朝，商船也可以在大运河全线行驶，极大地促进了商品流通。在这南北物货汇聚的大通道上，全国各地商帮如安徽商人、山陕商人、闽粤商人、江浙商人、江西商人等极为活跃，从事食盐、棉布、丝绸、粮食、木材和书籍等大宗商品，以及矿产、颜料、皮毛、果木等土特产品的经营活动。大运河沿线的商业活动,营造出丰富璀璨的大运河商业文化,书写了大运河文化的绚丽篇章。

明中期的张萱说:在运河中,"吴艖越艘,燕商楚贾,珍奇重货,岁出而时至,言笑自若,视为坦途"。明嘉靖、隆庆时江西人李鼎说:运河中,"燕赵、秦晋、齐梁、江淮之货,日夜商贩而南;蛮海、闽广、豫章、南楚、瓯越、新安之货,日夜商贩而北……舳舻衔尾,日月无淹"。直到清乾隆末年,乾隆帝也感慨:"向来南省各项商贾货船运京售卖,俱由运河经行。"

商品经济的繁荣进一步促进了运河市场的发展。大运河的贯通,使原有的相对孤立的经济区域开始密切地结合起来,使原有相对封闭的区域市场皆被交织在水运交错的联运网中,从而使各个区域市场皆成为全国市场的一个重要组成部分。《宋史·食货志》中《漕运》篇在讲述漕运主要地区时,说道:"江南、淮南、两浙、荆湖路租籴,于真、扬、楚、泗州置仓受纳,分调舟船溯流入汴,以达京师,置发运使领之。诸州钱帛、杂物、军器供亦如之。陕西诸州菽粟,自黄河三门沿流入汴,以达京师,亦置发运司领之。粟帛自广济河而至京师者,京东之十七州。由石塘、惠民河而至京师者,陈、颍、许、蔡、光、寿六州,皆有京朝官廷臣督之。河北卫州东北有御河达乾宁军,其运物亦廷臣主之。广南金银、香药、犀象、百货,陆运至虔州而后水运。川、益诸州金帛及租、市之布,自剑门列传置,分辇负担至嘉州,水运达荆南,自荆南遣纲吏运送京师。"这实际上说明了大运河连接全国各主要经济区的大概情况。

宋代所形成的北方市场、西北市场、川蜀市场、东南市场以及外贸市场等区域市场,正是通过南北运河将之紧密地联系在一起,初步形成了统一的全国市场。尽管这种联系因地域之别还存在各自之间的差异,商品流通的规模相对来说也较小,互通有无、共同发展的作用还非常有限,比之成熟的全国统一市场尚有差距,但是这种联系对促进各区域经济乃至推动全国整个社会经济的发展,其积极影响则是毋庸置疑的。

明清时期,中国大运河更是南北商业交流的大动脉,运河北段也允许行驶商船。明代官员李东阳在《重修吕梁洪记》中写道:"东南漕运岁百余万艘,使船往来无虚日,民船贾舶多不可籍数。"这些商船一般由民间自行打造,运载量不如漕船,但装载的货物却纷繁复杂,包括粮食、水果、棉花、瓷器、丝绸、布匹、杂货等。

到了清代,运河上的商船也十分壮观,朝鲜使臣李遇骏在通州见到一艘南方来的商船,上下两屋,成为楼船。这些南来北往的商船满足了沿线城镇的需求,并通过市场调节,实现了全国性的物资调配。

明代运河地区棉花、蚕桑、果树等商业性农业的发展,棉纺织、丝织、出版印刷、

大运河上的货船

砖瓦制作等手工业的发展，都离不开运河的沟通作用。随着运河南北经济联系的加强，运河地区逐渐形成了一个统一的区域市场。北部地区作为农业生产基地，是江南手工业产品的销售和原料生产市场；同时，江南作为手工业生产基地也是运河北部地区农产品销售和加工生产市场，从而实现了自然资源的重新配置，优化了运河地区的经济发展，促进了运河地区商品经济的发展。

这在运河北部地区表现得更为明显。如在山东东昌府的高唐农村市场，"缯绮自苏杭、应天至，铅铁自山陕至，竹木自湖广至，瓷漆诸器自饶、徽至，楮币自浙至，凡日用所需，大率出自江南"。在兖州府的农村市场也是"服食器用，鬻自江南者十之六七"。由于区域市场的形成，加速了市场经济因素向农村地区的渗透，自然经济因素逐渐衰退，商品经济因素日渐增长。据记载，在运河北部地区的农村，不少地方的农民，凡"日用所需，皆俟开市日而民咸趋"，以"仰食机利"，与市场的联系大为密切，在市场经济利益的驱使下，"民逐末利"者日多，"逐时营殖"者日盛，商品经济呈现出前所未有的兴盛与活跃。

自明永乐初大运河全线贯通后，大运河作为南北交通大动脉，不仅是朝廷漕粮的运输线，而且也成为沟通南北经济的主要通道。从南北两地流通的商品构成看，运河北部地区输出的商品主要是棉花、麦豆及干鲜果品等农产品，而运河南部地区输出的商品则主要是棉布、丝绸、铁器、瓷器、纸张、茶叶、竹木等手工业制品。

大运河上的商品种类主要包括三个方面。第一，政府规定漕运军随漕船所带的土宜。明清两代都规定漕运军卒随漕船北上时，可以随船搭载一定数量"土宜"，沿途贩卖，"免其抽税"。这种土宜的数额曾不断地增加。明弘治规定每船"不得过十石"，明嘉靖时增至四十石，明万历时再增至六十石；在清代，康熙时增至六十石，雍正时增至一百二十六石，乾隆时又准江南、浙江漕船厂每船增带四十石，嘉庆时增至一百五十石，清道光时增至每船土宜一百八十石。清道光年间漕船"以六千三百二十六艘计，共有免税土宜百一十三万八千六百八十石"。第二，漕船至京师卸粮后，回空船所载各类货物。回空船所载商货主要是农产品及农副产品，如梨、枣、核桃、瓜子、柿饼、豆、麦、棉花、烟草等。第三，民间商船运带的商品。在大运河上运行的民间商船为数并不多。因为每年十一月开始会通河临清以北段会结冰，次年一月解冻，一年不到8个月的通航时间，这段时间内主要供漕船航行，民船很难挤入。商人进行商品贸易，主要与运军漕丁合作。因为一则商船在此河航行，宕延时日，运输成本太高。二则商船过各钞关的通关手续十分麻烦，同时还要遭受钞关官员、地方官吏的敲诈勒索。故而民间商人在大运河的贸易活动大受限制。

大运河促进了商品交流与贸易活动的发展。各地的商品通过大运河连接，大大加强了区域间的联系与交流，推动了贸易的繁荣，进一步推动了中国社会的经济发展。

湖丝重镇南浔镇

第二节 中国大运河商业的特点

中国大运河文化不仅代表乡土文化，而且代表以交流、开放、融合、进步为特点的商业文化。大运河的商业是在社会生产力发展到一定时期的条件下产生的，因此，中国大运河商业又有其鲜明的特点。

1. 大运河通过串联五大水系，中转接续全国其他地区的物货流通，促进了全国性的商业大循环

大运河将许多自然水道连通后，使原有相对孤立的经济区域开始密切结合起来，使原有相对封闭的各地市场交织在一起，形成了一个全国性的水运交错的市场网络。水路交通载重量大，价格低廉，为商业发展提供了十分有利的条件。大运河全线贯通后，运河作为南北交通大动脉，既是朝廷漕粮的运输线，又成为沟通南北经济的主要通道。"燕赵、齐梁、秦晋、江淮之货，日夜商贩向南；蛮海、闽广、豫章、南楚、瓯越、新安之货，日夜商贩而北"（李鼎《李长卿集》卷19）。通过大运河，南北经济交流日益频繁，商品流通空间活跃。

主要表现在以下三个方面：

一是大运河接纳了另一大通道——长江的商品流量。自明代中期起，长江运输兴起，长江上游以至川楚云贵地区的木材、矿产等，通过荆州、九江、芜湖等港口，顺流而下。川湖所产楠松等木，既通过大运河运到北京，供宫殿营建之用，又供江南地区造船制器、制家具之用。因此，明代"自江、淮以至京师，簰筏相接"。湖广地区的漕粮也通过长江南下，集中在真州仓，然后沿大运河北运。而淮盐也通过大运河运到真州，然后溯江而上运往湖广、江西等地。明后期，江南部分地区也需要上江之米。如安徽庐州出米，"吴楚间上下千里，皆资其利"。到了清前期，来自长江上中游的上千万石米粮经由

大运河与长江交汇处

江南运河源源不断输往苏州、杭州，难以计数的竹木、板材依次流经江宁、镇江进入大运河，运往江南各地，粮食甚至接济浙东、福建等缺粮地区。直到清咸丰初年，安徽巡抚李嘉端奏称："芜关税课，全赖川、楚、江西货物，前赴浙江、江苏仪征、扬州、清江浦等处，转行五省销售。"毫无疑问，明清时期长江下游的物货，几乎全部进入大运河南北分流输向各地。

二是大运河承载了中原乃至西北地区的流通商品。隋唐宋时期，大运河通过与丝绸之路的连接，运来了中原、西北甚至西域的商品。元明清时期，江南与江淮、中州乃至西北地区的商品流通，有相当部分是通过大运河完成的。清乾隆后期，凤阳关税务王懿德奏："凤阳关税钞，米、豆十之七八，杂货止十之二三。全赖上游豫省陈州、汝、光、固等处出产米、豆，以及凤、颍、泗州各属所产粮食岁丰年稔，客商运往江苏货卖，而下江杂货亦藉回空船只顺便贩运，往来纳税，上下流通，钱粮始能丰旺。"

三是大运河转运福建、浙东地区的流通商品。明代嘉靖至万历年间时人王世懋说："凡福之绸丝，漳之纱绢，泉之蓝，福、延之铁，福、漳之橘，福、兴之荔枝，泉、漳之糖，顺昌之纸，无日不走分水岭及浦城小关，下吴越如流水，其航大海去者，尤不可计，皆衣被天下。所仰给他省，独湖丝耳。红不逮京口，闽人货湖丝者，往往染翠红而归织之。"浦城即福建建宁府浦城县，是浙江与福建之间的通道，其东北有柘岭，即分水岭，与浙江处州府丽水县（今丽水市）分界。在海运大兴以前，福建的大部分商品通过此道输入江南，然后再通过大运河运往全国各地。

通过大运河的沟通，不仅大运河南北两地的经济联系大大加强，而且也扩大了与全国各地的经济往来，市场规模不断扩大。江南地区作为全国经济的中心，吸引各地商人来此进行经济活动，其市场辐射面之大自不待言。甚至运河北部地区，也成为各地商人竞相追逐的市场。在直隶河间府的城乡市场上，"行货之商"皆为来自各地的客商。据明嘉靖《河间府志》载，来自南京、苏州、临清的商人以"贩缯者"居多，来自河南卫辉、磁州及天津的商人以"贩粟者"居多，来自饶州、徽州的商人以"贩瓷器、漆器之类"居多，来自沧州、天津的商人以"贩盐者"居多。另外，临清、真定及泊头的商人也在河间地区从事"贩铁""贩木"等生意。山东运河地处大运河的中转地段，更是集中了来自全国各地商人在此从事中转贸易。如在临清，"十九皆徽商占籍"。另外，来自闽广、江浙、两湖、辽东及山陕等地的商人也活跃在临清的转贩市场上，他们把棉布、丝绸、铁器、瓷器、纸张、皮货、药材、茶叶、竹木等货物，通过大运河源源不断运到临清，然后就地销售或再转贩到其他各地，致使临清成为当时北方地区最大的中转贸易市场。地处山东运河中段的张秋镇，也是一处"缟縠南北，

"百货所居"的转贩贸易的起落地。各地商人通过张秋段的大运河与大清河商路之便，纷纷将各自的商货运抵张秋，像"齐之鱼盐，鲁之梨枣，吴越之织文纂组，闽广之果布珠玑，奇珍异巧之物，秦之屬罍，晋之皮革，鸣棹转毂，纵横磊砢，以相灌注"。其他像济宁、台儿庄等沿运河城镇都是各地商人从事长途贩运的中转市场。

2. 大运河通过连通陆海丝绸之路，促进了古代中国的对外贸易，促进了中外经济的交流，在构建世界贸易大循环中发挥了重要作用

随着大运河的出现，洛阳逐渐成为中国的政治中心和经济中心，丝绸之路的起点移到了洛阳。同时由于大运河的串接，洛阳成为陆上丝绸之路的起点，也成为了通往海上丝绸之路的出发地。大运河成了陆海丝绸之路联结的纽带。大量的外国商人从陆海丝绸之路——尤其是中唐之后——主要通过海上丝绸之路来到中国经商定居。在中外贸易往来的发展过程中，外国的土特产大量运到南北运河区域，而中国大运河区域盛产的丝织品、铜器、瓷器和先进的生产技术也由此传到世界各地。

唐朝时，日本来中国的路线已增加到三条：一条是北路，经朝鲜半岛西渡黄海，至登州上岸，再由青州、济州、汴州达于洛阳、长安；二是中路，由日本直接跨海西行，至长江口岸及苏北沿海一带登陆，入扬州、楚州，通过邗沟和通济渠继续行船，经汴州、洛阳西达长安；三是南路，从日本横越东海，南下明州（今宁波）及浙江沿海登陆，溯钱塘江或浙东运河经越州（今绍兴）至杭州，由此经江南运河至扬州，再循邗沟、通济渠西去长安。其中，后两条线路都与大运河密切相关。从唐贞观四年（630年）至唐乾宁元年（894年），日本前后派遣十九次遣唐使，其中十六次成行。前七次皆由北路入唐，后九次则走中路或南路，公元八世纪以后皆走南路（本宫泰彦著、胡锡年译《日中文化交流史》）。

唐朝后期至宋元时期，封建统治者对大运河的依赖日益加强，中外经济文化的交流也更加频繁。在古老的亚洲大陆两端，阿拉伯人立足于两河流域的古驿路和地中海，将陆海丝绸之路在西方的两个终点联结起来，并进而延伸到了北非、欧洲。在亚洲的东部，中华民族则依靠大运河来沟通中国的自然水系，并使横贯亚洲大陆和海洋的古代交通路线在东方的终点闭合而延伸。尤其是海上丝绸之路逐渐成为政治、经济、文化交流的主渠道时，大运河在中外交流史上的地位和作用就更加突出。因此，从这个角度来说，隋唐大运河的开凿和贯通，对整个人类社会的发展，乃至现代文明世界的形成，都做出了不可磨灭的贡献。

大运河在运输粮食的同时，也运输丝绸等其他畅销品，供中外贸易之用。到了

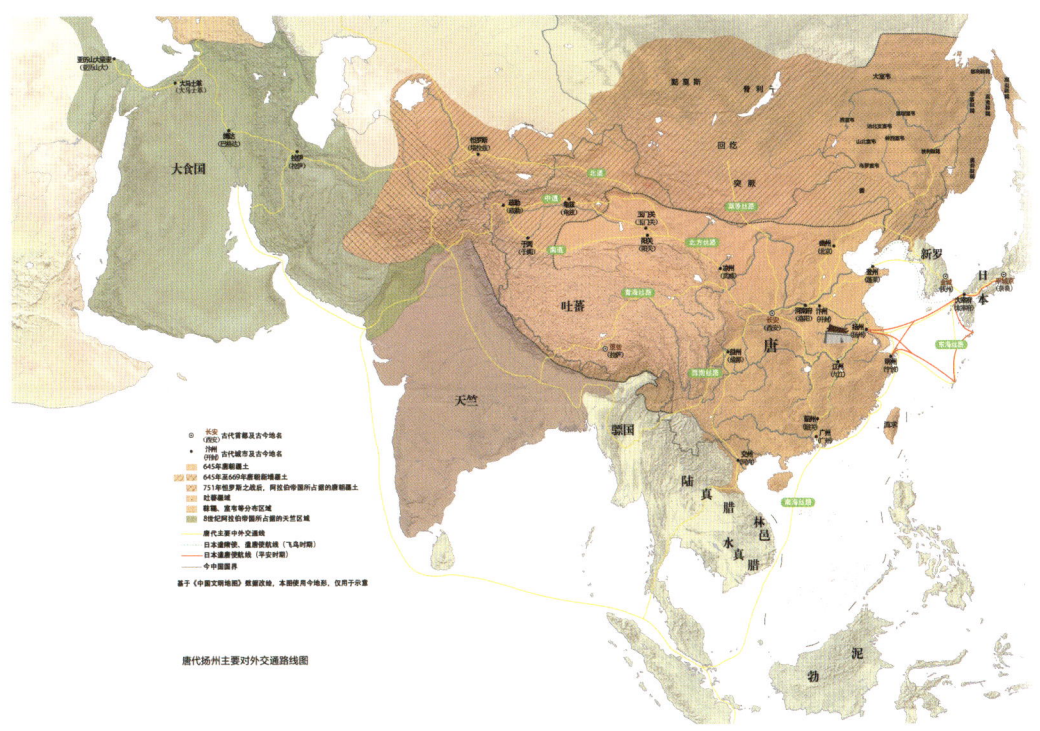

唐代扬州主要对外交通路线图

当时日本来唐的路线的南线和中线都与大运河密切相关

东汉定都洛阳后,早期大运河与丝绸之路的关系进一步加强。洛阳所需的粮食和物资,在长江下游通过汴渠运来,在关东主要通过齐鲁地区的济、泗、菏等水系运输而至。这条济水、泗水和菏水水道,在西汉时便是漕粮等重要物资运输的重要线路,船舶经这条水道,溯黄河,进入渭水,然后抵达长安。到了隋唐时期,南北大运河形成后,大运河与陆上丝绸之路的联系便更加清晰。作为大运河通往海上丝绸之路的联结点,杭州也是当时重要的对外贸易港口:"东眄巨浸,辏闽粤之舟橹;北倚郭邑,通商旅之宝货。"(《全唐文》卷895)海外的商人如日本、朝鲜、大食、波斯等国的商人来往不绝。在中外贸易的推动下,杭州已是"灯火家家市,笙歌处处楼"的繁荣景象。

唐朝时期,中亚、西亚、北非各国,与唐朝的经济文化交流相当频繁。这些地区的国家与唐朝的交往,主要通过西北地区延伸到国外的丝绸之路。这些国家虽与大运河无直接关系,但西域的丝织品等有许多都从江淮地区通过大运河辗转运达,与大运河仍有间接的联系。唐代中期后,与丝绸之路各国的贸易交往也需要通过大运河。

到了两宋,随着经济与政治中心的南移,海外贸易更加发达,大运河与海上丝绸之路的联系也更加密切,中外经济文化交流空前繁盛。宋初对外贸易主要有四条路线,其中南路、东路都要经过运河,或由汴河、真楚运河、江南运河、浙东运河至泉州、明州、杭州、海盐、华亭等沿海港口,与日本、高丽进行贸易,或从泉州、明州等港口出发,与东南亚进行贸易,各沿海港口的货物都是通过运河运输的,大运河成为对外贸易的前沿地区。

《马可·波罗游记》封面

中国与东亚、南亚和北非、欧洲地区都进行着经济文化往来。在安徽淮北市柳孜运河遗址发掘的宋代沉船中发现的瓷器及扬州段运河中发掘的沉船中的瓷器,都与"南海一号"沉船中的瓷器十分相似,说明大运河确实是为海上丝绸之路输送物资的补给线,是海上丝绸之路在陆路的延伸段。意大利的马可·波罗出身巨商家庭,他与父亲、叔父来中国就是为了做生意。在中国宦游十七年,他走访了大运河沿岸的许多城市,后来回到欧洲,在《马可·波罗游记》中对这些城市的气候、物产、风俗习惯、宗教信仰作了记载,展示了元代运河和城市的生动景象。他对中国的市场尤其感兴趣。他认为"元大都在当时是世界上最大的城市之一,也是最为先进和繁华的都市";他赞誉杭州是"世界上最美丽华贵之天城",对杭州的描述具体到了西湖边的交易习惯和街道路面。

明清时期,杭州的丝绸除大量贩往国内各大市场外,还通过海运商船"转贩往海澄贸易,遂搭船开洋往暹罗、吕宋等处发卖,获利颇厚"。杭州附近江南运河支流顿塘运河沿线的南浔镇盛产湖丝,由商船往来销售丝中极品辑里湖丝。明清时期,南浔作为江南蚕丝名镇,通过运河,将这些湖丝销售到欧洲各地。当时,在欧洲市场,辑里湖丝是最受欢迎的商品之一。

3.大运河商业的发展在繁荣市场的同时促进了沿线商贸城市的形成与发展

大运河不但给城市带来了商品、技术和文化,而且给运河城市的构建方式和运行机制,以及城市居民的意识形态带来了变化。由于中国南北方经济条件差异较大,经济互补性也比较强,客观上有加强经济交流的愿望。虽然大运河开凿主要是为了漕运,但漕运中的私货运销活动却刺激了沿岸地区的商业发展,也给大运河沿线带来了大量的人流,而且各王朝为了维持漕运的运转,也必须适时开凿和疏浚河道,从而提供了城市兴起所需要的交通条件,为城市兴起聚集了相当数量的物质产品和居民人口,于是在大运河沿岸的一些水陆交汇点或交通枢纽地区,就兴起了一座座商贸城市。这些城市因运河而生,依运河而存。

不同时期的大运河都会带动一批商贸城市的兴起,而其在大运河商业体系中的重要程度,也往往决定了这些城市的规模大小和繁盛程度。大运河自春秋时期初创开始,即推动着沿线商贸城市的兴起与发展,而隋代大运河的开通更是掀起了大运河沿岸工商业城市发展的第一波浪潮。隋唐大运河不仅带动了东南地区的开发建设,提高了东南地区经济文化水平,而且促进了一批沿岸城市的兴起与繁荣。汴州、宋州、扬州、润州、常州等是当时最著名的运河城市。宋代以汴梁、杭州为中心的运河体系的建立,以及农业、手工业的进步,将运河沿岸城市的发展推向一个新的阶段。汴梁、杭州、苏州、扬州、真州、楚州等是这一时期运河城市繁荣发展的见证。

大运河沿线的众多城镇,由于漕运的影响而逐渐发展成为工商业发达的地区性中心聚落。位于大运河与长江交叉口的扬州,自隋至清,一直是中国大运河的要地。扬州城与大运河的邗沟段同期修建,至今可见运河对城市格局的影响。唐代的扬州就是全国最发达的商业都会。元代,则成为重要的国际性都会。明清更由于盐业的发达而更加繁荣。苏州、杭州繁盛的历史也与公元 6 世纪江南运河的开通息息相关。宋代的

运河城市扬州夜景

苏州城更以水系为脉络,河道为骨架,塑造了杰出的水陆双棋盘式格局,将大运河之水引入家家户户门前,形成了独特的"水陆相邻、河街平行"的住居模式。农业、丝织业的发达加之漕运带来的便利和商贸机会,使苏杭两地在宋代即被誉为"天上天堂,地下苏杭",以形容其富庶与美丽。明清时期,苏杭两地更成为工商业极为发达地区。北方的天津、南方的宁波(明州)均是中国大运河与海运的交汇点,也由此而成为历史上全国南北货物的集散地与重要的对外港口城市。

随着社会经济的进一步发展,中国大运河成为联系全国经济的交通大动脉,在大运河沿岸形成了一批转口贸易城市,促进了运河沿岸城市商业的繁荣。由于漕运的需求,深刻影响了沿线工商业城市的形成与发展。围绕漕运而产生的商业贸易,促进了大运河沿线地区的兴起、发展与繁荣,造就了中国大运河沿线地区一个个繁荣的市镇,形成了大运河经济带、商业带。

以江南运河为纽带,自北向南将常州、无锡、苏州、嘉兴、杭州等著名城市贯穿其中。最初城市、乡镇因大运河而兴起,其后城市沿大运河扩张,与大运河沟通。大运河为城市提供水路交通,形成了大运河穿过城区并与城河水系沟通的格局,城河也成为大运河体系的重要组成部分。城河往往具有为城市输水、排涝的功能,南北沟通的大运河与城河相通,作为城市水系的调蓄,使城河的功能得到更好地发挥。

大运河的建设和发展推动了城市的兴起和经济的繁荣。许多城市沿河而建,形成了繁荣的商业市场。沿河城市的商业繁荣,带动了周边地区的发展,形成了城市的集

大运河与海上丝绸之路的交汇点宁波

聚效应。明朝时期，在大运河沿线兴起了一批工商业城市，如通州、天津、临清、济宁、张秋等成为运河北部的经济中心，而南方的扬州、苏州、杭州等商品经济则更加繁荣，甚至出现了资本主义的萌芽。

大运河还促进了一批商业市镇的形成。宋元时期的运河市镇除部分市镇或侧重于手工业，或侧重于经商贩

江南运河边的常州篦箕巷

运外，大多是综合性的小城市。如河南商丘附近的河市镇，离宋州5里，位于汴河之滨，自宋初以来，"舟车所聚，四方商贾孔道也，其盛非宋州比"；湖州乌墩镇、新市镇，"井邑之盛，赋入之多，县道所不及"；杭州附近的北关镇，"物货辐萃，公私出纳与城中相若"；海盐澉浦镇，更是"人物繁阜，不啻汉一大县"；还有秀州青龙镇，也是"为海舶辐辏之地，人号小杭州"；明州鲒埼镇"并海数百里之人，凡有负贩者皆趋于此""日益繁盛，邑人比之临安"。据估计，北宋时期市镇商税收入已占到整个商税收入的16%以上。而一部分市镇的工商税收则要超过它所隶属的州县城商税岁额。以京东地区为例，当时位于交通枢纽的信阳、涛雒诸镇的商税额已超过京东地区的近80个州县城税额。陈村、永丰、马家庄、王相公庄等镇的商税额也已超过京东地区的近半数州县城。工商市镇的商税收入带动了整个大运河地区税收的增加。到北宋熙宁十年（1077年），排在税收收入前十名的正是大运河所经的几个主要地区。直到元代仍然如此。据《元史·食货志》所载元天历年间的商税额统计，排在全国前三位的地区即为江浙地区、河南两淮地区及今山东地区。

中国大运河博物馆展示的盐船

明清时期，运河市镇更加繁荣，徽商在淮扬地区的聚集，促进了运河地区商业的发展，形成了团、场、坝、市、镇等多层次的市镇类型；而华北地区运河城市的商业规模、市场网络以及市场层级进一步发展，一批商业市镇尤其是设有税关的商业城镇，成为以中转批发贸易

江南运河边的商业古镇濮院镇

为主的流通枢纽城市。明清两代漕运船只北上或回空船南返，都要在沿线各城镇停泊，明永乐二十一年（1423年）规定"淮安、济宁、东昌、临清、德州、直沽，商贩所聚。今都北平，百货倍往时，其商税宜遣官监榷一年，以为定额"。这说明从北京到杭州的大运河形成之初，沿线城市商品流通已经十分繁荣，以致需要定额征税。同时也反映漕运军丁水手也乘机出售携带的南北货物和购买各地积集来的土产杂货，而各地商贾客旅也纷纷云集，与运丁水手和押运官吏进行贸易。同时，也吸引了大量流动人口从事装卸和搬运工作。由官吏、富商、军丁、役夫等不同层次的人，组成一大群不同层次的商业群体，吸引了各种消费行业集中于这些城镇码头经营谋生，于是沿运的城镇码头便成为南北物资集散地和贸易市场，同时也是各类服务行业的集中地，从而促进了大运河沿线各城镇商业的繁荣。

第三章 中国大运河商业城市

中国大运河是以满足都城的物资需求为主要目的，通过将政治中心与经济中心联系在一起，促进了中国的经济发展，东部农业发达地区成为中国经济最发达的地方，并催生了一批商业城市。吴晨在《京杭大运河沿线城市》序中说道："一部浩浩荡荡的运河史，也是运河两岸的城市发展史。城市在广阔的空间中沿着运河的脉络展开，而运河文化的基因则顺着流淌的河水渗入到城市的每一个末梢之中，使得每一座城市从社会结构、经济形态、民风民俗，到城市的性格与气质，都被深深地打上了运河的烙印。中国大运河与运河城市是一体同胞，唇齿相依。"（吴晨《京杭大运河沿线城市》）自中国大运河于隋代全线贯通之后，作为中国古代具有战略意义的交通大动脉和商业纽带，对于此后沿线商业城市的发展产生了巨大影响。

第一节　中国大运河城市概述

诗云："十里人家两岸分，层楼高栋入青云。官船贾舶纷纷过，击鼓鸣锣处处闻。"人群聚集和财富的积累，直接导致了一批大运河商业城市的兴起，如洛阳、开封、杭州、北京等，另外还有造船工业基地镇江、工商业城市天津、近代民族工业的发祥地无锡等重要城市。

唐宋时期的大运河，一般都穿城而过，百姓夹河居住，显示着城市依靠河流兴起的迹象。"如果我们把唐宋运河比喻成一条碧绿而柔软的彩练，那么，大运河沿岸的城市就是串在这条彩练上的一颗颗明珠。从西京长安和东都洛阳向东南，沿着通济渠、邗沟、江南河、浙东运河分布的重要城市有汴州、宋州、宿州、泗州、楚州、扬州、润州、常州、苏州、杭州、越州和明州等。在这些城市中，最富庶、最重要、最著名的是扬州，或者说，在这串明珠中，最硕大、最美丽、最有光彩的一颗是扬州。"（阎守诚《隋唐小说中的运河》）

元代大运河的重新开通和南北取直，为中国大运河沿线城市发展开辟了一个新的时代。尤其是自明中叶以后，随着封建社会商品经济的进一步发展，社会生产力水平有了较大提高，社会分工进一步扩大，手工业诸如冶炼、制瓷、纺织、造船、

天津南北运河交汇处

染色、制盐、造纸等行业有较大发展,国内外市场不断开拓,由此将运河城市发展推向一个繁荣发展阶段。在当时全国著名的工商业较发达的30多个大中城市中,就有顺天(北京)、镇江、苏州、松江、淮安、常州、扬州、仪征、杭州、嘉兴、济宁、德州、临清13个运河城市,几乎占了半壁江山。

明清以降,随着城市的不断发展,大运河担负的运输任务越来越重,穿城而过的运河,对于船只特别是大船的航行颇为不便,河道的疏浚、拓宽也很受限制,因而逐渐改道为绕城而过。中国大运河江南运河段主线基本将江南地区主要的城市串联起来,对城市的发展繁荣起到了推动和支撑作用。大运河对城镇的形成和发展的影响主要表现在对自然环境的改造和对社会形态的影响。江南地区一直是我国经济、文化比较发达的地区,江南运河串联的城市多是太湖地区乃至全国的重要城市,大运河的沟通促进了城市的发展,城市的繁荣也对运河功能的发挥具有促进作用。当时人称:"常州为江左大郡,兵食之所资,财赋之所出,公家之所给,岁以万计。"

邹逸麟教授在《舟楫往来通南北》一书中分析,大运河对城市的催生分为两类,一类是原已为州县级政区治所所在,由于运河所经,商业繁荣,城市更为兴旺。如济宁是会通河开通后最早兴起的城市。元为济宁州,清代升为直隶州。明清时期济宁地处漕运中枢,是漕船南北往返重要的停泊码头,又是总河衙门所在,有重大的官吏机构,物资需要当甚于其他地方。官私商贾都麋集于济宁进行贸易。一类是原为县级或县级以下的一些居民点,逐渐发展成为重要商业城镇。如天津一地兴起与大运河有密切关系。天津在元时为直沽寨,为南北运河交汇处。明代的天津卫,原为军事据点。清雍正年间升为天津府并置附郭天津县(今天津市),成为一级政区治地。原因是南方各种物产往往先运至天津,然后再贩运至京师。天津"城西北沿河一带,旧有杂粮店,商贾贩粮百万,资运京、通,商民均便。河东新创杂粮店,商贾贩粮通济河东一带村庄"。天津城北门外是南北运河交汇之区,"百货倍受往时"。因为天津"为漕运孔道,冠盖之所,往来商贾之所辐辏,舟车络绎,百货骈填,鼓瑟管弦之声不绝于耳"(清乾隆《天津县志》)。直至民国,天津仍是北方第一都会,实因天津地处大运河和北方诸水交汇处。还

曾经夜夜笙歌的扬州历史建筑

有山东峄县原远离运河，自开㳑河以后，峄县为运河所经，粮艘过境，运丁水手"多挟南货以易邑煤米"，商旅"岁时往还不绝，奇物珍货衍溢"，本地的麦豆及煤炭诸物易得善价，而行销数千里。清"乾嘉"时，"县当干道，商贾辐辏，炭窑时有增置，而漕运数千艘，连樯北上，载煤矿动数百万石，由是矿业大兴。"（清光绪《峄县志》卷7）

第二节　隋唐大运河的中心城市洛阳城

洛阳在秦朝初年是吕不韦的封地，吕不韦一改秦国奉行的重农抑商政策，采取鼓励工商业的措施，从全国各地调集众多工商业者来到洛阳，在建设洛阳城的同时，扩充洛阳市场，铸造钱币，使得洛阳商业活动频繁，奠定了洛阳商业城市的基础。西汉的洛阳城是以西周洛邑为基础修建的，城内有"洛阳市"，所有商业活动都在"市"内进行。市场管理的最高官员是市长，下设市吏、市掾，检查交易情况，评定物价，维护市场秩序。洛阳商业的发展，造就了一大批著名的商人，如从事长途贩运的师史，经常带着数十人的商队来往全国各地经商。东汉定都洛阳，建国不久，刘秀就着手兴修运河，先在洛阳开凿了阳渠，接着治理汴河，使洛阳漕运与鸿沟水系相连接，江淮地区的粮食与物资可通过水运直达洛阳，也促进了洛阳商业的繁荣。东汉时洛阳的商业十分发达，市内设有三个大型的商业贸易市场，城西的市叫金市，是洛阳最大的综合性商业市场；城东的市叫马市，又叫建阳市；城南的市叫羊市，又称南市。汉明帝时，又在城东设粟市，专门经营粮食。东汉的洛阳因商业贸易繁荣，吸引了各地的商客，外国商人也纷纷前来做生意。洛阳城外，有专门接待边疆少数民族和外国商人的"胡桃宫"。

西晋时，洛阳城中重新建起金市、马市和羊市。北魏孝文帝迁都洛阳后，洛阳进入繁荣昌盛时期。北魏的洛阳城是在汉魏洛阳城的基础上建立起来的，城中的居民区称里，商业区称市，西出西阳门有"大市"，市周围有八里，专门居住工商货殖之民。东出青阳门有"小市"，洛河以西有"四通市"。

隋唐两代虽然以长安为都城，但洛阳都是作为陪都而存在。由于大运河带来的繁荣，无论是从经济上，还是政治上看，洛阳的地位一点不低于长安。作为隋唐大运河的中心点，漕运的终点，通济渠与永济渠交汇于洛阳，洛阳尽享大运河的滋养，成为全球的政治经济文化中心。

据《隋书·炀帝纪》记载，隋炀帝于隋大业元年（605年）下令开建东都洛阳城的同时，下令开通济渠、修浚古邗沟。当年八月这两条运河就建成通航。负责规划的宇文恺根据洛阳山川、河流的自然条件，集政治、经济、对外交通和观赏于一体，把东都洛阳城规划设计得十分宏大。隋大业四年（608年），隋炀帝又下令开通了永济渠，形成了以洛阳为中心，向东北（永济渠）、东南（通济渠）辐射的庞大的中国大运河网络。洛阳成为全国水陆交通枢纽，工商业空前繁盛，逐渐成为全国的商业中心和对外贸易中心。同时，皇帝还下令把洛阳故城的居民及各地富商大贾等迁入新城，使洛阳人口达到百万以上，规模在当时的世界上首屈一指。

　　因为是大运河的中心枢纽，唐代洛阳的商业格外繁荣。当时的商业交易在丰都、通远、大同三市中进行，特别是通远市靠近漕渠，"其内郡国舟船舳舻万计"，经漕渠入运河，"可通大船入市"。东都商业繁荣，丰都市"东西南北居二坊之地，其内一百二十行，三十余肆。市四壁有四百余店。重楼延阁，互相临映，招致商旅，珍奇山积"。（《太平御览》卷191）唐贞观四年（630年），又治洛阳宫。唐显庆二年（657年），洛阳宫复称东都，唐高宗在位期间，曾7次到洛阳。武则天执政十余年间，只有两年时间在长安，其余时间都在洛阳。唐玄宗于开元年间曾5次到洛阳。足见洛阳作为东都的地位不可动摇。唐代对洛阳的建设，促进了洛阳的经济发展和商业繁荣。

　　唐代大运河的沟通使政治中心与经济重心密切联系在一起，位居大运河交汇处的洛阳的重要性再次突显，城内中外商贾云集，手工业发达，城内市场甚至远较长安大。无论是各地的漕船还是商船都集中在洛阳。为了适应漕船停泊的需求，唐代在洛河北岸、瀍河下游、洛阳北市的西北，引漕渠的水开了新潭，用以停泊各州的商船。货物运输

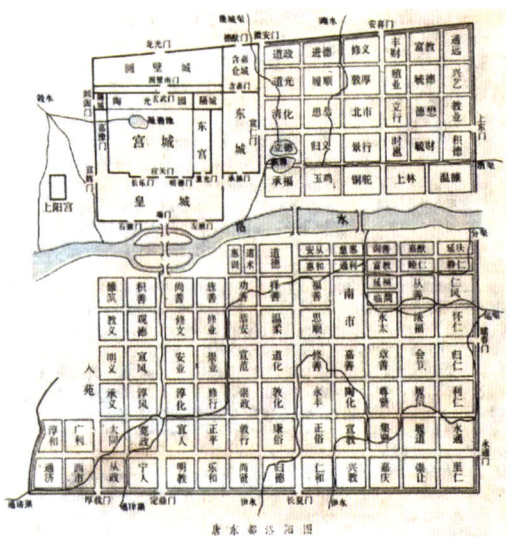
唐东都洛阳城分区图

武则天在洛阳建的天堂

的发达,使洛阳商业十分繁盛,设置的三个集市,仅南市就有"一百二十行,三千余肆,四壁有四百余店,货贿山积"元《河南志》。因为漕渠与汴河、永济渠的贯通,因此这里成为商品集散地。全国各地的商品通过运河运到这里,再通过漕渠运进洛阳三市,洛阳三市的商品通过运河运往外地销售,甚至外国商船在这里也相互转销。

唐代洛阳城既是大运河的中心,又是丝绸之路的东端起点,成为外国人的聚集地。中外商人和货物或由陆上丝绸之路从河西走廊来到洛阳,或由海上丝绸之路从泉州、明州沿大运河,经杭州、扬州、汴州来到洛阳,洛阳成为当时的国际大都市。河南省考古工作者在洛阳老城北山脚下的唐墓中,发掘出波斯萨珊王朝的银币,这是外国商人在洛阳进行商业活动的有力见证。同时,中国的货物也在洛阳集散,然后沿大运河来到明州(今宁波)、泉州,再由海上丝绸之路运往国外。

洛阳隋唐大运河博物馆

第三节　与大运河同生共长的城市扬州

扬州地处中国大运河与长江的交汇处,自春秋吴国于公元前486年开邗沟、筑邗城起,扬州既是与大运河同生共长的城市,也是大运河的咽喉之地。扬州的商业繁荣始于汉代,汉代的吴王刘濞在扬州"开山铸钱,煮海为盐",造就了扬州的第一次繁荣。

扬州作为城市的兴盛始于隋唐,隋代大运河的开通使扬州成为全国最重要的水陆交通中心之一。南北商人和物资多在此总汇,江淮荆湖与岭南的物产,特别是东南一带的海盐,大都在此集散。唐中后期,扬州不仅是唐朝财赋所赖的重镇,而且也是商贾如织的国际大商埠。美国学者爱德华·谢弗在《唐代的外来文明》中写道:"8世纪时,扬州是中国的一颗明珠。扬州的富庶与壮美,首先要归功于它处于长江与大运河结合部的优越地理位置。长江是中国中部众水所归的一条大江,而大运河则是将全世界的

扬州唐城遗址博物馆

物产运往北方各大城市的一条运河。"

扬州是大运河这条彩练上最耀眼的明珠，是唐代南北水路交通枢纽和财货集散中心。唐朝中央政府必须倚仗江淮地区的财富，而江淮以南八道的漕粮都要从扬州北上，以致"舟船的桅杆密密麻麻，车辆的轮毂像鱼鳞一样集中"（清康熙《扬州府志》卷4）。唐代淮盐转运使设在扬州，全国十三巡院中有七个属江淮，所产淮盐多在扬州集散。此外，茶叶、蜀锦、药材、瓷器、藤纸等货物都在扬州集散，扬州的铜镜、丝织品、造船业都十分先进，共同促进了扬州的经济繁荣和手工业的兴盛。当时有"扬一益二"的说法，即天下富庶，扬州第一，益州第二。由此可见，当时扬州经济之富庶。

宋人洪迈曾说："唐世盐铁转运使在扬州，尽斡利权，判官多至数十人。商贾如织，故谚称'扬一益二'，谓天下之盛，扬为一而蜀次之。"（洪迈《容斋随笔》）扬州之所以获得"天下第一"的盛名，是因为它地处长江三角洲的北端，是运河与长江交汇的十字路口，是南来北往、西去东下的水陆交通总枢纽。优越的地理位置使扬州在唐代成为繁荣富庶、人物荟萃的著名城市，即除了都城长安和洛阳，扬州十分繁盛。

扬州也是对外贸易的国际港口，大批外国商人定居于此。早在唐朝初期，就有波斯、大食的商人沿着大运河来到扬州经营珠宝业，以至于扬州的珠宝业成为波斯人的专营，扬州至今还有"波斯献宝"的俗语。

运河城市扬州夜景

宋元之时，扬州商业繁盛依然称著于世，有"天下转漕，仰此一渠"之说。是时，"百川迁徙贸易之人，往往出其下，舟车南北日夜灌输京师者居天下十之七"（沈括《扬州重修平山堂记》）。明清时期，优越的地理位置使其成为当时漕粮北运的门户，扬州的经济和文化再度出现空前繁荣，"四方客旅杂寓其间，人物富盛，为诸邑最"。作为两淮盐运使的驻地，扬州集中了大量的盐商及其资金，成为全国的金融中心，时云"扬州富甲天下"。扬州的商业除盐业外，米行、木行，以及造船、南北货业、铜器业、茶食业、刺绣、漆器等手工业也很有名

明代以后，扬州利用临运河、近长江、地连淮南盐场之便，再次成为富商巨贾毕集之地。扬州商贸经营以盐木为大宗。盐为淮南盐场所产，由扬州通过运河和长江向江南及安徽、两湖等地转贩；木材则由长江和运河从江南、湖广一带贩进。频繁的流通贸易，促进了扬州钞关商税的增长。据《续文献通考》载，明万历时扬州的钞关商税银为13000两，到明末增加到25600两，增长近一倍，这仅是一般商货税额，盐税尚未计算在内。由于扬州的商贸兴盛，所以城内的牙行经纪为数众多。据明万历《扬州府志》记载，在扬州，"四民自士农工贾而外，惟牙侩最多。……扬州、瓜（洲）仪（真），经纪不下万数"，也从一个侧面反映了扬州商贸经济的繁荣兴盛。

明末清初，扬州因战乱而化为废墟，但由于其漕运枢纽地位和盐业发达，经济迅速得到恢复和发展。清朝将漕、盐、河称为"东南三大政"，扬州兼三者之利，号称东南一大都会。同时，清代对漕船携带土宜的限制逐渐放宽，土宜数额伴随商品经济发展屡次增加，为扬州带来各种物资，使扬州成为当时全国商品经济最为发达的城市。

据统计，到清后期，仅江苏苏松道、浙江、江西、湖南、湖北通过扬州漕船总计2659艘，共计运丁26590名，这些数量巨大的运丁及众多官兵为扬州带来巨大商机。扬州的繁华使其成为达官、富商、缙绅、豪门的聚居之地，各色商业服务行业如商铺、茶馆、酒楼、戏园等鳞次栉比，城内园林名胜，甲于天下。正是商人们助推扬州进入到一个空前发展的时代，扬州不仅是当时中国的八大城市之一，人口多达50万，现代学者曹聚仁曾评价："扬州成为世界城市，有一千五百年光辉的历史，比之巴黎、伦敦史早。它是我们艺术文化集大成的所在，比之希腊、罗马而无愧色"（徽商之四《无徽不成镇》）。

扬州盐商倾情倾力回报社会，加快完善基础设施，热心公益慈善事业，维持社会秩序稳定和谐，有力推进了运河城市品质的提档升级，提升了城市可持续发展的能力。在拥有惊世财力之后，名震四方的棠樾鲍氏（歙县人）家族、"以布衣上交天子"的盐商江春（歙县人）、著名盐商藏书家马氏兄弟（马曰琯和马曰璐，祁门人）、乐善

好施的盐商江应庚（歙县人）等，都不惜捐斥巨资用于建桥筑路，疏浚水道，修治码头，特别是兴建私家园林、豪华别墅，还建设公共建筑徽州（新安）会馆以及私塾、书院等，直接促成了扬州园林"以园亭胜""扬州园林甲天下"局面的形成，"推动了扬州的城市建设和经济繁盛，带动了城市建筑业、金融业、饮食业、服装业、首饰业……相关产业的发展"。清康熙、乾隆皇帝数次南巡均以扬州为主要驻跸之地。两淮盐商为接待帝王南巡，大建宫室、园池、台榭，对扬州城市的发展起了重大作用。

扬州明清城东门

扬州瘦西湖

第四节 繁华的汴梁城

唐以后大运河体系的改变使长安、洛阳地区逐渐丧失了全国经济的支撑，由长安和洛阳构成的经济文化轴心区不复存在。五代及北宋虽然仍立国于黄河流域并基本维持了汴梁（今开封）与洛阳的两京格局，但却被赋予了新的内涵，洛阳逐渐丧失其政治中心的功能。随后继起的南宋、金、元、明、清政权彻底改变了中国古代都城的分布格局，正式开启了都城发展的运河时代。

公元960年，赵匡胤建立了北宋政权，为能较容易地取得江淮地区的巨额漕粮，选择了地处大运河东南部分北端的重要位置的汴梁为国都。当时开封的水运交通条件十分优越，除汴河（宋朝对通济渠的称呼）外，还有向南经陈、蔡地区通往淮河流域的惠民河，向东经曹州通往齐鲁地区的五丈河，以及向西经中牟通往荥阳的金水河。这一以汴河为主的运河系统构成以汴梁为中心的放射状河网，为北宋漕运的发达和京师汴梁的繁荣，提供了良好条件。而汴梁作为漕运中心和水陆交通枢纽，还发挥了集东南之粮饷御北方兵马的重要作用，在兵事紧急的时候将漕粮转运到国防前线。汴梁以"水陆所凑，当四会五达之通"的地位，成为经济发展、文化繁荣的城市。经过北宋的整治，汴河担负着大部分的漕运任务，成为维系北宋政权生存的交通大动脉。汴梁经济发展水平及人口数量都超过了隋唐时期的长安与洛阳，随之达到了鼎盛阶段，成为世界上规模最大、最繁荣的城市之一。

汴梁作为北宋的都城，不但是当时全国政治、经济、文化、交通的中心，也是当时世界上人口最多、经济最发达的城市之一。从人口数量来说，据《宋史·地理》所载，开封府在宋徽宗朝有 26 万多户，近百万人口；据《太平寰宇记》记载，开封人口最多时达 150 万以上。据记载，北宋汴梁城手工业相当发达，官营手工业和民间手工作坊都很多，汴梁是当时全国四大印刷中心之一，同时食品加工业、金属酒具制造业、织染业、刺绣业、酿造业、制药业等都十分发达。

汴梁是当时全球最大的消费城市，市场十分繁荣。当时汴梁城中店铺达六千多家。京城中心街道称御街，宽两百步，路两边是御廊。北宋政府允许市民在御廊开店设铺，沿街做买卖。为了活跃经济文化，还放宽了宵禁，城门关得很晚，开得很早。夜市在开封更为兴盛，没有时间限制，甚至形成通宵达旦的交易盛况。宋人孟元老所著《东京梦华录》中多次记载汴梁的夜市，如记述"州桥夜市"："自州桥南去，当街水饭、爊肉、干脯。王楼前獾儿、野狐、肉脯、鸡……直至三更"。在朱雀门至龙津桥一带，也是一处夜市中心，在夜市酒楼里"灯烛荧煌，上下相照，浓妆妓女数百，聚于主廊檐面上，以待酒客呼唤，望之宛若神仙"。

汴梁城的娱乐区被称为"瓦子"。据记载，当时整个汴梁城里，瓦子一共有 6 个，在内城和廓城的各地段均有分布。并且，除了宫城以外，全城各个地段都有酒家、食肆和商店，而这些店铺最集中的地方在沿汴河分布的干道上。据记载，汴梁的医药店铺、书肆、邸店、酒楼等都十分繁荣，仅较大规模的店铺就有 6400 多家，另外还有小商小贩八九千人。《东京梦华录》提到的 100 多家店铺，其中酒楼和饮食店就占了半数以上。据记载，北宋时期，政府积极鼓励商业贸易。到了夜晚，街上华灯璀璨、人声喧哗。《水浒传》描写道，连宋徽宗本人也抵御不住这夜晚的"诱惑"，跑出宫来和李师师约会。大运河不仅成就了开封的繁华，更提振了整个北宋的活力。从今天的开封山陕甘会馆，可以想象当年漕运给开封城带来的繁华。

当时汴梁是天下富商大贾所聚之地。

开封的宋城御街

开封清明上河园

据说,当时每天有成千上万头猪被赶入城中的肉市待宰,每日消耗的鱼达数千担。还有作为说书游艺场所的"瓦肆",大的可容纳数千人。《东京梦华录》记载:"(汴梁)东华门外,市井最盛……凡饮食、时新花果、鱼虾鳖蟹、鹑兔脯腊、金玉珍玩、衣着,无非天下之奇。"时令瓜果、新鲜蔬菜上市,如茄子、瓠瓜之类,每对价格可达到三五十文,各个饭店还争相以高价购买。越贵越有人买,可见汴梁当时市场的繁荣程度。

宋代漕运是经过城里东南角的汴河流入京师的,所以,汴河大街的仓储区和商业区是全城最繁忙的。北宋张择端的著名画作《清明上河图》描绘的正是汴河大街的繁华景象。今天开封市按照这幅名画,修建了清明上河园,向游客展示当年的繁华。

第五节　南宋的中心城市临安城

临安(杭州)始兴于隋代,隋开皇九年(589年),废钱塘郡,置杭州府,杭州成为隋唐大运河最南端的一座城市。隋唐大运河的南北贯通和东南经济的迅速发展,尤其是江南运河与钱塘江及浙东运河的沟通,使杭州从一个滨海小邑一跃发展成为重要的商业都会。唐朝时,杭州已成为国内外通商门岸,贸易兴盛,呈现出"骈樯二十里,开肆三万室"的繁荣景象。钱镠建立吴越国,以杭州为都城。经钱氏数十年的经营,使杭州成为一座规模宏大的名城,并在北宋时期成为全国最重要的工商业城市之一,是对外贸易主要港口,经济、文化十分繁盛。通过浙东运河既连接了海上丝绸之路,又使杭州成为兼具河港和海港双重功能的运河城市。

1132年,在经过开封陷落后的数年颠沛流离之后,宋朝统治者终于在杭州安定下来。宋高宗到杭州后,将杭州升为临安府。考虑到临安自身优越的经济条件和物质基础,以及它作为江南运河、浙东运河及钱塘江三条水路交汇点的便利水运交通条件,1138年南宋朝廷正式将其定为行在,成为南宋的首都。宋高宗定都临安后,立即大兴土木,营建宫室殿堂。南宋绍兴时期,"大凡定都二十年,而郊庙、宫省始备焉"(《舆地纪胜》卷1）。后来，又扩建了宫城及东南外城，兴建了一批殿阁堂园，使临安成为一座南跨吴山，北至武林门，左靠钱塘江，右近西湖，气势宏伟的大城市。

南宋政权偏隅南方，北有强敌，但仍然维持了150多年，且经济持续发展，全靠其坚实的财政基础的支撑。而正是大运河对于各地财赋的转漕，

南宋的临安城遗址

才保证了朝廷的财政需求，并成为其布达政令、遣发军旅、流通物资的重要通道。

南宋经济、文化、社会各方面的高度发展，促成了京城临安的极度繁荣，临安很快就有了"天堂"的美誉。当时临安手工作坊林立，生产各种日用商品，是全国最大的手工业生产中心。手工业门类齐、制作精、分工细、规模大、档次高，以丝绸、印刷、制瓷、造船以及军器制造业最为显著。当时，临安有专门刻印历书、茶引、盐钞的作坊，专门印制纸币"会子"的纸局就有工匠1200多人。

同时，临安还是当时全国商业最为繁华的城市。据《武林旧事》等书记载，南宋时的临安商业有440行，各种交易甚盛，万物所聚，应有尽有。临安的商业发达还表现在其营业时间的延长，诸店铺或摊贩营业，除日市外，还有早市和夜市，以致"买卖昼夜不绝""冬月虽大雨雪，亦有夜市盘卖"（《梦粱录》）。城内城外集市与商行遍布，天街两侧商铺林立，早市夜市通宵达旦；城北运河樯橹相接、昼夜不舍，城南钱江两岸各地商贾海舶云集、桅杆林立。

临安工商业的发展带动了一大批城郊镇市的兴起，使其南、西、北三面各数十里之内，都呈现出"人烟生聚，市井坊陌，数日经行不尽"的景象。同时，临安市场向四方辐射，南抵福建、广东，北通淮南、淮北，西连四川，特别是通过大运河漕运物资，带动了运河沿线城市的发展，扬州、建康、镇江、明州、越州、台州等地都成为临安货物的供应地。经过南宋政权一个多世纪的精心营建，临安发展成为百万人口以上的大城市，鼎盛时曾达到160万人，成为当时亚洲各国经济文化的交流中心，城市规模遥遥领先于世界其他城市。甚至在1274年被蒙古军队攻陷后，依旧能够看到昔日的繁华。《马可·波罗游记》称杭州为"世界最美丽的华贵之天城"。

元代，作为大运河上的重要节点，杭州依然保持南方工商业中心的地位。明清以降，杭州除短时间因遭战争破坏而经济萧条外，多数时间都保持了工商业繁荣发展的局面。

杭州古街

经过明初以后的恢复，至明"嘉万"时期，杭州城内"井屋鳞次，烟火数千万家""城内外列肆凡四十里"，已是现出鼎盛的景象。据明万历《杭州府志》记载，在杭州的市场上，各种丝织品，各种金银制品、服饰鞋帽、锡铜器具、图书古董、日用百货应有尽有。其中贸易量最大的是丝绸，其次是各种手工制品。杭州即为丝织生产中心城市，自然吸引各地商人来此从事丝绸贸易。即使"秦晋燕周大贾，不远数千里而求罗、绮、缯布者，必走浙之东也"。杭州的丝绸除大量贩往国内市场外，还通过海运商船"转贩往海澄贸易，遂搭船开洋往暹罗，吕宋等处发卖，获利颇厚"。另外，像布席、脂粉、折扇、漆器、金银锡箔等商品，也是贸易的大宗，销售市场远达海外的日本诸国。

明万历以后，杭州恢复了昔日的繁盛，商店沿街长达几十里，百物辐辏，商贾云集，千艘万舳，往回不绝。由于经济的高度发展，夜市又开始兴起，"每至夕阳在山，则樯帆卸泊，百货登市，故市不于日中而常至夜分，且在城阛（城门）之外，无金吾之禁，篝火烛照如同白日"。清乾隆年间，杭州发展成为中国三大丝织业中心之一。其他手工业如棉纺织业、制伞、剪刀等也很兴盛。当时的杭州城郭宽广，居民稠密，南北长达30余里，成为全国著名的工商业大城市。

清代杭州兼有内河航运与沿海海运之便，可"南连闽粤，北接江淮"。方便畅达的交通，促使杭州成为南北商货贸易的中心。在外运商货中，除本地生产的丝绸、锡箔、纸品及其他日用杂货外，来自湖州的绉纱、毛笔，嘉兴的铜炉，金华的火腿，台州的金橘、鲞鱼以及绍兴的老酒等，大凡"擅土宜之胜而

杭州西湖风光

为四方之所珍者"(陆以湉:《冷庐杂识》卷8),都源源不断运抵杭州,通过运河或海运向各地转贩,其中有大量丝绸进行海外贸易。

第六节 元明清大运河的中心城市北京

随着大运河在隋代的开通,第一次开辟了从江南直达涿郡(今北京南郊)的运道,解决了漕运问题,提升了北京地区的政治、经济和军事地理价值,为其上升为全国政治中心奠定了基础。隋唐王朝对东北高丽的多次用兵,都以北京为基地。

鉴于北京的交通发达、物产丰富,1153年,金统治者正式将都城迁至北京,改称中都,并随即恢复了以中都为中心、以御河(即隋唐时的永济渠)为主干、以黄河北流诸水为辅的漕运体系。1264年,在即将重新统一中国的前夕,忽必烈下令在金中都东北郊另建新城,并于1272年把新城命名为大都,定为全国的都城。元大都的确立与兴建,使北京由北方区域中心第一次上升为统一国家的政治经济文化中心,成为北京城市发展史上的一次飞跃,对中国历史发展产生重要影响。

元大都之前的金中都参照北宋都城汴京(即今河南省开封市)的规划和建筑式样,在辽南京城的基础上,在东、西、南三个方向往外扩展,共动用了120万人,历经两年才宣告完成。元大都仿造金中都,也是三重:大城、皇城、宫城。大城相当于主城区,三教九流都可以入住。大城呈南北长方形,其中南城墙就在现在的长安街。大城规划中注意了商业的布局,总面积达到50平方千米,在当时是世界上有名的大都市,放到现在都是规模很大的新商业城区。

从元大都到北京城的演变反映了中国封建时代元、明、清三个朝代传统文化的高度发展,也反映了中国各民族劳动人民的智慧和创造才能。元大

元大都遗址

积水潭码头就是今天的北京什刹海

都奠定了今天北京城的基础,它不但是当时中国最大、最繁华的城市之一,也是当时世界上公认的最大城市之一。它规划科学,建筑规模、布局安排、建筑艺术等充分利用了地理条件和人才优势,不仅在中国都城建筑史上无比辉煌,而且在世界都城建筑史上也占有不可磨灭的重要地位。

元代大运河的开通,建立起元大都与中原和南方地区的内河、海上交通网,发达的交通和繁荣的商业,使元大都成为北方最大的城市,人口增加到四五十万。元大都作为元朝当时最大的城市之一和世界闻名的商业贸易中心,商业店铺、戏馆酒楼林立,百货云集。当时有鼓楼、斜街、羊角、枢密院角四大市场,另外还有30多处物流集散之地。其中斜街也就是今天的鼓楼西大街,当时作为元大都最为繁华的商业区,设有大运河的终点积水潭码头,南北货物都在这里吞吐。

所以当时人说:"东面到大海,西面越过昆仑山,南面到交州、广州,北面抵达大漠,舟车所通的地方,货物和珠宝全部往大都集中。"(程钜夫《雪楼集》卷7)无论是当时的皇亲国戚、中外巨商、达官贵人所需要的高档商品,还是普通百姓所需要的盐、粮、油等日常用品,都应有尽有。意大利旅行家马可·波罗称赞元大都是"商业繁盛之都",说"外国巨价异物及百物之输入此城者、世界诸城无能与比"(《马可·波罗游记》)。据《元史》记载,元文宗天历初年,全国商税收入为76万余锭,其中元大都税额就达10万锭,这从一个侧面反映了元大都商业的繁荣。

后来,明清两朝相继建都北京,继续沿用元代大运河作为连接北方政治中心与江南经济中心的水运通道。为了确保这一交通大动脉的畅通,明清两朝都不遗余力地经营运河,使运河的功能和作用得以充分发挥,进而将古代运河的发展推向一个高峰。而作为元、明、清三朝都城的北京,素有"漂来的城市"之说。大运河每年为北京运进数百万石粮食,还把南方的其他物资,如木材、铜、铁、铅及百货等,源源不断地运来。可以说,没有大运河,就没有北京那些金碧辉煌的城阙和宫殿,也就没有北京历史上的兴盛和繁华。

北京作为清代商贸经济中心城市,凭借四通八达的水陆交通干线与全国各大市场保持密切的经济联系。各地商品通过运河水路与各条陆路源源不断转输京城，致使城内商贸经济异常繁盛。就商业区而言，最繁华的地区不在达官贵人聚集的内城，而是集中在交通便利、地界开阔的正阳、崇文与宣武三门以外的地带。如在正阳门外，清乾隆时，在正阳门外的大栅栏一带，商店林立，市招繁多，酒楼茶肆，鳞

北京故宫

次栉比，一些著名商号店铺多在此经营。像经营金银宝饰的敦华楼、元吉楼，经销绫罗绸缎的广信号、恒丰号，贩卖锭青梭布的陈长庆布号，营销满袜朝靴的三进号、天奇号以及"六必居"酱园、"同仁堂"药店等各大商号无不集中在这一带。（潘荣陛《帝京岁时纪胜》）就连大栅栏附近的街巷，也是"万方货物列纵横"（杨静亭《都门杂咏》），商号店铺接踵排列。正阳门外西南隅的琉璃厂（即厂甸），从清康熙以后逐渐形成了专营图书古玩的商业街；到清乾隆年间，这一带遂成为"图书充栋，宝玩填街"（潘荣陛《帝京岁时纪胜》）的商业文化区了。在清代中期，大栅栏一带已发展为北京最繁华的商业区，所见"市廛铺户，装饰富甲天下"，"银楼、缎号以及茶叶铺、靴铺，皆雕梁画栋，金碧辉煌，令人目迷五色"（杨静亭《都门纪略》卷3），充分展示了各商家的富足与豪华。至于城内的商业，虽不及城外繁华，但这时也形成了几处规模较大的商业区。如在城南的隆福寺和城西的护国寺以及东单、西四一带，都是商家云集、生意兴隆"极热闹"（得硕亭《草珠一串》）的商业区。

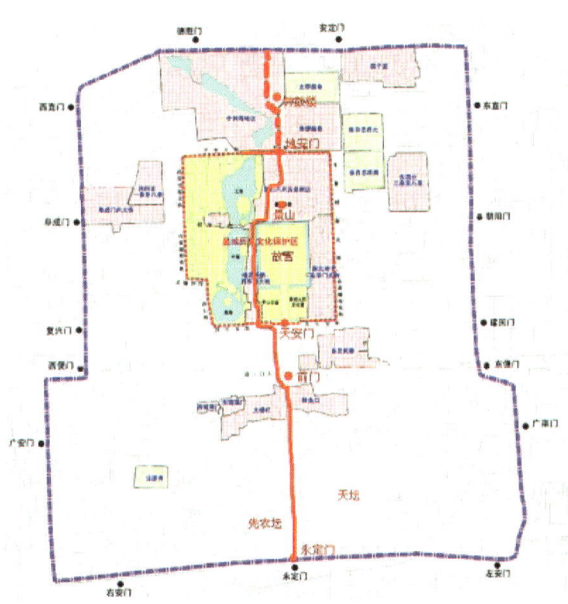

北京中轴线示意图

第七节　其他运河城市

1. 因大运河形成的水陆双棋盘格局城市——苏州

苏州古称吴会,位于大运河与娄江交汇之处,濒太湖,依长江,素为江南水陆交通枢纽,土地肥沃,物产丰饶。苏州建城后,历代统治者以苏州为起点,陆续向西、北、东、西北、南等方向开凿运河,构成了苏州与外界联系的四通八达的水道。其中,向北、向南两个方向的运河经隋大业年间的进一步开凿,成为大运河江南段的重要组成部分。运河之水,一部分汇入护城河,一部分先融入城内水系,以三横四直的主干水系构成主要水网,成为城市居民重要的生活水源,然后再从城门汇入运河。优越的地理自然条件与方便畅达的交通商道,促成了苏州在明代成为全国工商经济的中心。

唐宋以降,随着经济重心的南移,苏州经济快速发展。明嘉靖以后,苏州的城市经济渐趋鼎盛。据王世贞说,当时苏州无论财赋之所出,还是百技淫巧之所萃集、驵侩诗张之所倚窟,都堪称天下第一雄郡。在周围长达40里的城区内,东部是以手工业生产为主的手工业区,西部是以商业为主的商贸区。在东区,"半城大约机户所居",这里"比屋皆工织作""大户张机为生,小户趁织为活",构成了一个丝织商品生产的新天地。除丝织之外,各种器具及手工艺品制造也相当发达。据明正德《姑苏志》所载,在苏州城内,有铜作、刺绣、银作、针作、染作、酿造、铁作、木作、竹作、泥水作、窑作、玉作、制笺、制衣、印刻等制造业。不仅品种繁多,而且名品名人辈出,"俱可上下百年,保无敌手"。发达的手工制造业及名目繁多的各色商品,吸引各地富商大贾趋之若鹜,自然也促进了苏州商贸业的繁盛。在西区,其民多"居货招商,闾阓之间,望如绣锦""商贾多聚于西"。西城的阊门、金门及胥门一带是商业繁华的闹区,明崇祯《吴县志》说:"金阊一带,比户贸易,负郭则牙侩辏集。"由于这一带"货物店肆充溢""贸易镪至辐辏",故有"天下财货莫不聚于苏州,苏州财货莫不聚于阊门"之说。而阊、胥二门以西,多侨居客商,这里"庐舍栉比,殆等城中",是又一繁华商业区。

从阊门到枫桥,地近运河浒墅关,南北商船多于此装卸货物,商贸也颇为繁盛。明嘉靖时人郑若曾记述:"自阊门至枫桥将十里,南北两岸居民栉比,而南岸尤盛。凡四方难得之货,靡所不有,过者灿然夺目。""上江诸郡及各省菽粟棉花贸易咸聚焉"。明末时人王心一也记道:这一带"错绣连云,肩摩毂击,枫江之舳舻衔尾,南濠之货物如山"。其中,货物数量最多的是米麦豆、鱼盐、木材、药材及其他日用商品。在苏州的市场上，不仅充斥着本地及外地的各种商品，而且还有大量的外国商品。据明万历时利玛窦的观察："经由澳门的大量葡萄牙商品，以及其他国家的商品都经过这个河港。商人一年到头和国内其他贸易中心在这里进行大量的贸易，结果是在这个市场上样样东西都没有买不到的。"真实地反映了苏州繁荣的商贸经济。

清代苏州商业以丝绸的经营最为兴盛，丝绸贸易在苏州占有重要地位。棉布业经营也相当兴盛，据碑刻资料记载，清康熙年间，苏州城内经销棉布店铺有76家（据《明清苏州工商业碑刻集》）。另从《盛世滋生图》看，在苏州的商业闹市区，集中绘有16家棉布店铺的画面，市招各样的棉布洋布，品种之多，规模之大，都足以反映棉布业的兴盛。从碑刻资料的记载中还可以得知，苏州拥有大量金银店铺、木器店铺、杂货店铺、粮食店铺、酱菜店铺、煤烛店铺、纸业店铺等，至于茶庄酒肆、春楼春院则更遍及全城，不可胜记。苏州的商业繁盛，除本地有着发达的商品生产作为基础外，也与畅达的水陆交通而形成的商品流通有着极密切的关系。来自全国各地的商人云集苏州经商贸易，致使"山海所产之珍奇，外国所通之货贝，四方往来千万里之商贾，骈肩辐辏"（沈寓《治苏》），从而更促进了苏州商业的繁荣。仅《姑苏繁华图》画卷中所表现的外地特产商品就有山东茧绸、濮院宁绸、汉府八丝、崇明大布、松江标布、京芜梭布、金华火腿、宁波淡鲞、南京板鸭，以及川广云贵的杂货、药材，分别来自鲁、苏、浙、闽、赣、川、广、云、贵九省。对此，时人曾描述道：苏州"控三江，跨五湖而通海，阊门内外，居货山积，行人流水，列肆招牌，灿若云锦，语其繁华，都门不逮"。（孙嘉淦《南游记》卷1）

至明清，苏州发展成为全国的棉织、丝织业中心和刻版印刷业中心及全国最大的粮食市场和丝棉织品贸易中心之一。明清时期，"苏州江南首郡，财赋奥区，商贩之所走集，货物之所辐辏，游手游食之辈，异言异服之徒，无不托足而潜处焉。名为府，其实一大都会也"（《镇吴录》）。作为粮食、丝棉织品贸易中心，苏州市场上不仅有全国各地的各种名优特产，而且还有大量的外国商品。与扬州、杭州、淮安一起被称为"天下四聚"。

苏州府是我国唯一拥有三个附郭县的府城。因为经济发达，大运河穿城而过，使苏州成为万商云集的繁华之地，至明清而一跃成为东南的一大都会和政治、经济、文化中心，商业达到了空前繁荣的程度。依靠运河的滋养，作为明清时期全国工商业最发达的城市之一，苏州到鸦片战争前夕，城市人口将近百万，成为当时世界上最大的城市之一。清代徐扬的《姑苏繁华图》充分反映了苏州的繁荣景象。

大运河苏州城区段

姑苏繁华图中描绘的苏州虎丘一带

2. 河运海运交汇的城市——天津

天津，又名直沽。1214年，为保障金中都（今北京城西南）及漕、盐储运安全，金朝政府在三岔口建立了军事设施直沽寨，成为天津城最早的建制。明初设卫，为军事要塞之地。"天津"二字由明成祖朱棣于明永乐二年（1404年）赐名，因当年朱棣起兵攻打朱允文时曾在此渡过海河，于是又称"天子渡津"。

作为河、海漕运的交通枢纽，元代重开大运河和开展海运，使天津一跃成为京师门户。漕运、海运相汇集，使其呈现出"晓日三岔口，连樯集万艘"（元代张翥《代祀天妃庙次直沽作》）的壮观景象。到明代中期，天津的商品经济出现飞跃发展，并由漕粮转运枢纽发展成为北方的商业重镇。至明正德时，天津已发展为繁盛的沿运海港重镇。此时，"粮艘商舶，鱼贯而进，殆无虚日"。城内店铺林立，货积如山，商贸兴旺。其中，贸易量最大的一是粮食，二是南货。粮食多为南下的麦豆，南货则多为由运河和海运而来的江南杂货。到明末，天津已有"虽为'卫'，实则即一大都会所莫能过"之说。

清康熙以后，"海禁"开放，天津不仅是北京地区的运河漕运转输重地，而且也成为北方最大的海运港口，南北内河与海运商船多以天津为商贸经营的中心。这时在天津的市场上，有来自福建的糖、鱼翅、橘饼、胡椒、鞭杆、粗碗等，广东的苏木、洋碗、烟草、茶叶、香料、药材、铁锅、铜锡制品等，江浙的丝绸、棉布、毛竹、纸张、绍酒、锡箔等，江西的各种瓷器和北方各省的毛皮、药材、粮食、干鲜果品及其他农副产品等。南来的商货多通过运河及陆路向华北及辽东等地转贩，而北方的商货则多通过海运及河运输往南方各地，天津由此成为北方最大的商品集散地。

频繁的商品转运，促进了天津商业的繁盛。如，在东门外沿河一带于明代形成的商业区，在清代时"米船盐艘往来聚焉"，其间"粮店、盐坨也鳞次其间"（《津门保甲图说》），较前代更加兴盛。原比较冷清的北门外沿河一带，到清中期也发展成为一处"商旅辐辏，屋瓦鳞次"，集"针市街""洋货街""锅市街"等多种商业街市的专业化商业区，被誉为"津门外第一繁华区也"（《津门保甲图说》）

由于天津兼内河与海运之便，具有发展商贸经济的环境优势条件，因此，在清乾嘉年间天津就设有9家"洋行""局栈'一类的商业机构，17家票号机构（王子健《天津之银号》）。此时，城内商家店号云罗棋布，从商人口迅速增长。清道光年间，城内商户已达5245户，占城内总户数的53%（《津门保甲图说》），并出现了一批腰缠万贯、家资雄厚的富商大贾。像拥有"船大数丈，九桅五帆"大海船数十艘的天成号韩家、米商正兴德号穆家，以及杨柳青的石家、土城的刘家等巨富，都跻身于"天津八大家"之列。

清代前期，支撑天津城市经济的行业主要是盐业、粮业与航运业。天津地处长芦盐区，不仅大量食盐在此集中运销，而且也是盐商集中之地。据清道光中期的统计，此时天津有盐商372家，仅每年纳课银即达"四十余万两"（《津门杂记》上卷）。雄厚的财力与奢靡的消费也刺激了城市商业经济的繁荣。天津作为转贩市场，流通量最大的商品是粮食，每年通过运河与海运流入的粮食估计不低于数千万石，仅每年通过海运输出的粮食即达千余万石（包世臣《安吴四种》卷1）。大量的粮食贩运促成了天津粮业的兴隆。在城内粮店林立，库仓充盈，并形成了西集、东集、河西与河东四大粮业集中区。各种商品的流通转贩离不开运输航运，因此，航运业在天津的经济中占有重要地位。据《津门保甲图说》记载，在清代中期，天津城内从事航运为生的船户多达673户，而在近海一带村庄的船户比例占到了26%~40%。另外，作为南北运河与海运的必经码头，天津每年还有大批外省商船在此从事航运生意。像闽广的海船来天津贩盐，"岁以为常""连樯排比，舵手人等约在一万上下"（《津门保甲图说》）。江浙商人乘沙船赴天津运麦豆者，"一年行运四回"（《皇朝经世文编》卷48），船只多达三千五六百号。这种"亘古未有"的航运盛况，极大地促进了城市经济的发展。到鸦片战争前，天津已完全确立了"聚天下之粟，致天下之货""蓟北繁华第一城"（《津门杂记》卷上）的商贸经济地位。

清代后期，天津凭借海运港口的优势，在大运河漕运逐渐走向衰退的情况下，城市商业经济依然保持发展的势头。不过随着 1860 年天津被迫成为对外通商口岸后，天津逐渐由一个封建的商业城市向半殖民地半封建的近代工业城市转变。据统计，从 1860 至 1908 年先后有 24 家外资企业在天津投资经营。外资企业在津兴办的同时，清政府在天津也先后创办了天津机器局、北洋水师大沽船坞、铸钱厂、天津铁路公司、电报总局等官办近代企业。这些近代企业尽管仍属于封建官府企业，不具备资本主义的性质，但它的产生对引进西方先进科学技术、培养和造就技术人才与第一代产业工人都起到了积极的作用，并为近代民族工业的兴起发展创造了历史条件，天津成为近代民族工业的发源地。

天津仿古街道

天津五大道的瓷房子

3. 明清大运河重要的商业城市——临清

临清又名清源，位于山东鲁西北卫河与运河的交汇地，是联结直隶、河南、山东三省的水陆中枢。安作璋先生在《中国运河文化史》中介绍："便利的交通与优越的地理位置吸引四方货物在此集散，至明景德年间已显示出'薄海内外，舟航之所毕由……商贾萃止，骈樯列肆，云蒸雾潏'（清康熙《临清州志》）的繁荣景象。明正德以后，临清的商业区由内城扩展至外城，城区达到了"延袤二十里，跨汶、卫二水"的规模，成为北方地区最大的商业名城之一。

明清时期，大运河与卫河在临清这里交汇，水运的优势带动了经济的繁荣。特别是自明永乐十五年（1417 年）会通河开通后，漕运兴盛，临清成为汇集 7 省漕粮北运的中枢和内陆通往北京的咽喉战略要冲。大小船舶成百上千，南来北往，络绎不绝。

据《明实录》及明乾隆《临清州志》的记载，在明嘉靖、万历时期，临清有布店 73 家、绸缎店 32 家、杂货店 65 店、纸店 24 家、辽东客店 13 家、典当铺百余家、粮店百余家、瓷器店数十家。此外，还有众多的盐店、茶叶店、估衣店、首饰店、绒货店等，至于酒肆饭庄、旅馆客栈，更是星罗棋布，遍及全城。明代，临清的商业营销量最大的一是布绸，二是粮食。布绸来自江南，临清是北方地区最大的棉布转贩市场。南来棉布，"北走齐鲁之郊，仰给京师，达于九边，以清源（临清）为转毂"。隆万时，临清有一布行，"岁入布百万有奇"。另有"一左元"布店，每进布"出银，必点一朱，"每年供记账用的朱砂就需二三十斤，棉布进销量之大可以想见。如果连同绸缎贸易量一并考虑，则为数更巨。大量的布绸贸易使得临清有"冠带衣履天下"的盛誉。粮食主要来自本地周围各县及河南、直隶地区，全城粮店百余家。最保守估计，年进销量亦不下近千万石。

作为大运河北部地区的商贸经济中心，临清的转贩贸易又特别兴盛发达。史载："临清为南北都会，萃四方货物，带鬻其中"。像江浙的茶叶，苏杭的布绸，无锡、广东的铁锅，江西的瓷器，陕西的皮货，辽东的毛皮、药材等，通过陆转水运，源源不断运抵临清，然后再由此向其他地区转贩。因此，在临清的市场上，活跃着来自全国各地的商人。其中，"十九皆徽商占籍"，势力最盛，其次为江浙及山陕商人。发达的转贩贸易，使得临清的客馆邸店及搬运业特别兴盛。据史料记载，在明代后期，临清城内大小店房有数百家，以供各地客商"居停商货"。而以搬运为生的脚夫即达三四千人。繁盛的商贸也促进了临清关税额的增长。在明万历时期，临清钞关的关税额由原来的四万两，增至八万余两，为全国各大钞关税额之首，故有"临清码头甲天下"之说。繁盛的临清商贸"万货鳞集，列肆如云，浓丽瑰琦，夺目薰心""诚繁华之地，贸易之所，天下之都会"。

临清得益于大运河的漕运发达而迅速崛起："地居神京之臂，势扼九省之喉"，繁荣昌盛达500余年，成为江北五大商埠之一。明代大运河全面通畅后日趋繁盛，四方物资汇集于此，人口急剧增长，集市繁荣，手工业发达，一跃成为区域性商业贸易中心。作为北方最大的粮食市场，临清每年贸易量达千万石之巨。此外还有不少的盐店、典当店、皇店、官店、旅店、榻房等。大大小小的商业街市

会通河临清段

从临清路牌可以想象临清当年的市场繁荣

几乎遍布全城,店铺种类、数量繁多。明清时期城内店铺在五六百家以上,如加上各种类型的市集商贩、作坊店铺,临清各种商业店铺可达千余家。商业的兴盛还带动了手工业的发展。临清的制砖业、毛皮手工业十分发达,砖窑多达380余个,工匠近万名。临清工商业的繁荣给人留下深刻印象,明代著名的传教士利玛窦曾说:"临清是一个大城市,很少有别的城市在商业上超过它。不仅本省的货物,而且还有大量来自全国的货物都在这里买卖,因而经常有大量旅客经过这里。"(《利玛窦札记》第四卷第四章)

明清时期,临清正是凭借大运河漕运兴盛而迅速崛起,经济发达,文化繁盛,成为当时中国三十个大城市之一,是重要的商贸流通中心、税收中心、最大的贡砖烧造中心和中国北方曲艺的发祥地,素有"富庶甲齐郡""繁华压两京""南有苏杭,北有临张"的美誉。

4. 大运河的河道管理机构所在地——济宁

济宁古称任城,位于山东运河的南部,"其地南控徐沛,北接汶泗",为南北大运河的咽喉之地。作为运河中枢,凡"贸易于两淮三吴者,联樯大舶,必驻济宁",因此在明代中期济宁就已是一座"江淮百货走集,多贾贩,民竞刀锥,趋末者众"的商业性都会了。随着城市经济的发展,明中期以后,济宁的城区也不断扩大,在城南靠近运河码头一带,又形成了周围长达32里的郭城商业区。其间,店铺林立,市肆栉比,"其居民之鳞集而托处者不下数万家,其商贾之踵接而辐辏者亦不下数万家"。"江淮、吴楚之货,毕集其中",是全城商贸的中心。同临清一样,作为转运贸易的主要码头,济宁是鲁西南地区最大的商货集散地。据万历《兖州府志》载,当时兖州府地区所用的"江南之材,从河入漕;山西之材,从沁东下,由济濮故渠入漕……服食器用,鬻自江南者十之六七"的商品货物,皆由济宁转输而来。而鲁南及西南地区出产的煤炭、棉花、梨枣、毛皮、药材、粮食等,也都运集济宁,通过运河转输江南等地。

由于济宁"南控徐沛，北接汶泗"，为水陆交通咽喉之地，方便的交通与地理位置的优势吸引各地的工商业者多在此从事各种经济活动，因而城市经济极为繁盛。清康熙时，出入济宁的"车者、舟者、负者、担者，日不下千万计"（徐宗干《济宁州金石志》卷5），所见是"南船北马，百货萃集，人物殷富，繁华之习，浸淫乡里"（乾隆《济宁直隶州志》卷7）。仅"本大货多"的行业就有"十八行"，所征收课税银"一千二百一十八两有奇"（清乾隆《济宁直隶州志》卷6）。清乾隆以后，济宁商贸更加繁盛，据档案材料记载，此时济宁城内有大小布店25家、绸缎店21家、药店4家、竹木铺14家、杂货铺35家，仅店铺的商税银即达7900余两，为清康熙时的6倍。至清代嘉庆、道光年间，烟草、皮毛、铜器、竹器、杂货、布绸、粮食、煤炭、药材、酿造、茧丝、车辆等都是济宁著名工商行业。如烟草业，清道光时济宁从事烟草加工业的有6家，雇佣工人4000余名，"每年买卖至白金二百万两"（包世臣《安吴四种》卷6）。加工出的烟草制品，遍及全国各大主要市场。再如药材业，从清乾隆以后，济宁逐渐形成鲁西南地区药材集散中心，城内有药材行栈百余家，零售药店五十余家，经营来自全国各大药材市场的药材，每天经销多达几十万斤，是全国十大药材市场之一。酿造业也是济宁颇具实力的行业，成立于清乾隆年间的玉堂酱园，到清道光年间已是拥有作坊300余间、雇二三四百人的大型手工工场了。资本也由清嘉庆年间的白银1000两，增至39万吊（约合银10万两）。所产酱菜、酒醋、油品除行销本地外，还远销京师、直隶、河南、安徽、江浙数省。其他如皮毛、竹器、铜作等都是颇具经济实力的工商行业。

作为运河南部的通商码头，济宁的转贩贸易也特别兴盛。来自江南的竹木、丝绸，闽广的红白糖，江西的瓷器，湖北的桐油，山西的铁器，都源源不断贩进济宁，加之本地区出产的烟叶、毛皮、粮食、果品、酱菜、煤炭等，再由济宁向周边地区转贩，直接贸易辐射遍及苏北、皖北、豫东及直隶南部的四省之地，区域商贸经济中心的地位与功能比明代又有了明显的加强与提高。

济宁作为会通河上的重要枢纽，城内外也是商业街区遍布，其人口比例最大的部分是商人，其次是手工业者，是一个典型的因转口贸易而发展起来的城市。对于济宁城市的商贸状况，《济宁直隶州志》记载道："济当南北咽喉、子午要冲，我国家四百万漕艘皆经其地。仕绅之舆舟如织，闽、广、吴、越之商持资贸易者，又鳞萃而猬集。即负贩之夫、牙侩之侣，亦莫不希余润以充口实。冠盖之往来，担荷之拥挤，无隙晷也"。从中可见济宁商贸之盛况。

5. 南船北马的分界线城市——淮安

淮安被誉为运河之都，这里是最早的运河古邗沟的终点。隋唐大运河的开凿给淮安的发展以巨大的推动力。淮安古称楚州，在隋代还属江都郡的山阳县。因地处淮河边上，是数川交汇的地方，淮、泗、汴、蔡、颖、涡等河都直接或间接地经过楚州而东流入海。楚州向北可通过汴、蔡等水与中原沟通，向南通过古邗沟到扬州。隋大业元年（605年），在发动通济渠工程的同时，又"发淮南民十余万，开邗沟，自山阳至扬子入江。"这样，山阳县成为连接中原与扬州以至江南的重要交通枢纽，得到迅速的发展。唐武德四年（621年）山阳县升格为东楚州；唐武德八年（625年），改称楚州。唐贞观十三年（639年），楚州有户3357、人口16262；到唐天宝元年（742年），有户26062、人口153000。在一百年间，户数增加了近七倍，人口增加了八倍多，发展的速度相当惊人。

明清两代在淮安设有漕运总督，总管天下漕粮。清康熙十七年（1678年），又将河道总督迁至淮安，清康熙、乾隆两位皇帝数次南巡，都曾在淮安指挥治水，淮安遂成为全国性的经济调控中心。作为运河航运交通枢纽，每年数以万计的商船、漕船云集淮安码头，牵挽往来，百货山列。水路交通的发达，也为淮安商业的繁荣提供了有利条件，明清时期，淮安与扬州、苏州、杭州并称运河沿线的"四大都市"，是当时具有全国影响力的特大城市。明永乐十三年（1415年）清江浦开埠后，由于南北运河运力不同，江南物资船运抵清江浦改为车马陆运，大量的北方人士乘车马抵清江浦换乘船只南下，清江浦成为转运的枢纽城市，因而淮安有"南船北马，九省通衢"之别称。

清雍正年间淮关监督唐英说："重运漕船过淮，自江广附带竹木、板片、铁钉、油、麻、

淮安清江浦楼

淮安清晏园

糖、纸、藤、绳、瓷器等货,沿途下卸,商客贩卖"(《续纂淮关统志》卷 11)。由于淮安居运道要冲,自然成为南北商货的集散地,因而也吸引了各地商贾在此从事经商活动。据调查,在清代的淮安,外省商人建的会馆即有定阳会馆、浙绍会馆、润州会馆、福建会馆、江宁会馆、四明会馆、新安会馆、镇江会馆及江西会馆。大量商人设立的会馆,也反映了淮安城市商贸经济的兴盛发展。

第四章 中国大运河商业市镇

大运河作为中国古代具有战略意义的交通大动脉，对于沿线市镇的发展产生了巨大影响。人们沿着大运河逐水而居，在沿运河而兴起的城镇中，有着鲜明的运河烙印。无论在北方还是南方，大运河都催生了一批商业市镇的繁荣，生动展现了大运河对商业经济的塑造。一个原本偏僻落后的乡村集市，因为来了商人，很可能就会成为一个有影响的市镇。如"天下第一庄"——台儿庄（今山东省枣庄市台儿庄区），傍水而筑、因河而兴，漕运繁盛之时有很多徽商集结在此，因此形成了以徽派建筑形态和元素为主调的古镇。运河古镇形成的原因各不相同，有的镇是因为交通枢纽带来的商业繁荣而兴镇，如徐州窑湾古镇、杭州塘栖古镇、微山南阳古镇、滑县道口古镇；有的是因为运河水工设施带来经济发展而兴镇，如扬州瓜洲古镇、扬州邵伯古镇、嘉兴长安古镇；还有的是因为特色产业而带来的经济繁荣，如扬州十二圩作为盐运集散地成为商业名镇，还有天津杨柳青因年画产业、南浔因湖丝产业成镇，邢台油坊古镇因油业、盐业兴镇；还有的是因为运河管理机构的设立而成为人口聚集、商业繁荣的古镇，如淮安河下古镇、阳谷张秋古镇、微山县夏镇古镇。

大运河古镇的临水戏台

第一节　因运河交通枢纽带来商业繁荣而兴镇

1. 道口古镇

河南滑县的道口镇是一座具有 1000 多年悠久历史的文明古镇，历来商贾云集，日进斗金，素有"小天津"之称。明清时期，道口镇随卫河航运兴起，作为航运中转站，水运通达，商业繁盛。清末民国初期，道口成为航运、铁路、公路等交通枢纽，商贾云集，贸易繁盛。

卫河（永济渠）滑县段北起浚县新镇双鹅头村，至安阳市滑县道口镇西部。历史上该段运河一直是华北平原上沟通南北的重要水道，对该地区的社会经济发展发挥了重要作用，并对沿线的道口镇、浚县县城等城镇的发展产生了巨大的影响。在卫河 283 千米长的干流中，道口段不过 4.61 千米，而因为占据了卫河的要冲，成就了道口镇历史的繁荣。

明清时期，河南滑县的道口镇随卫河航运兴起，和浚县一并作为航运中转站。在清乾隆年间，道口逐渐发展为商贸重镇，水路畅通，上可达百泉，下可达天津。到清代中叶，天津得漕运、海运和芦盐之利，已迅速发展成为北方的商业集散中心，形成了一个"天津经济圈"。史念海在《中国的运河》一书中介绍："大量天津进口的各色布匹和其他物品造就了运河边众多商业城市。"天津拉动了道口的发展。道口在这个经济圈中，地位相当突出，通畅的水路运输使道口古镇形成12条大街道、72条小胡同，并且四面还有七个城门、两个水门，俨然成为一个戒备森严的小城堡。道口也因此获得了"小天津"的美誉。清末民国初期，道口商贾云集，贸易繁盛。因特色"道口烧鸡"而闻名国内外，"道口烧鸡"以其独特的"色、香、味、型"四绝，被国家评为"中国名牌产品"，誉为"中华第一鸡"。

道口古镇

道口烧鸡

2. 杭州塘栖古镇

塘栖古镇位于杭州临平区，历史悠久，始建于北宋，自元代商贾云集，明清时成为"江南十大名镇"之首。大运河穿镇而过，使其成为苏、沪、嘉、湖的水路要津，杭州的北大门。因大运河的滋润，塘栖以其独特的地理环境，形成了一个著名的水路码头。四邻八乡的物产都顺着河流到这里来交易，"官舫运艘商旅之舶，日夜联络不绝，矻然巨镇也""同人之商于斯者，不下千数，休（宁）、歙（县）、绩（溪）为盛，婺（源）、祁（门）次之"。

据胡玄敬《栖溪风土志》记载：塘栖"财货聚集，徽杭大贾视为利之渊薮。开典、囤米、贸丝、开车者，骈臻辐辏，望之莫不称财富之地"。塘栖古镇店铺林立，百货充盈；其中以枇杷、甘蔗、荸荠、鲜鱼为大宗。清代至民国，镇内集市贸易尤为兴旺，朝市、晚市、香市、庙会支撑起半壁江山，塘栖遂成为江南水乡著名的水路码头。塘栖古镇还有着深厚的文化积淀，文化遗产众多，走在塘栖的古街上，一间间林立的店铺也让人回忆起水运时代的荣光，一旁的广济长桥、乾隆御碑也在默默向人们细说着塘栖当年的繁华。

3. 微山湖中的南阳古镇

微山县的南阳古镇位于南四湖北侧的南阳湖，由于大运河穿湖而过，所以，在这狭长的湖面上伴河形成了一个曾经显赫一时的运河名镇——南阳古镇。从地图上看，古镇是由东西长3500米、南北宽500米的主岛和多个自然的小岛组成的，周围碧水环抱，运河从中间穿过，小巧玲珑，犹如一幅美丽的水墨画。

南阳古镇是微山湖运河线上最有特色的历史城镇。在古代，城镇依运河而建。元至顺二年（1331年），这里建起南阳闸，开始建镇。明隆庆元年（1567年）漕运新渠竣工，南阳成了运送货物的码头，人口骤增，商业日盛，遂成市镇。清代以后，南阳为南北漕船、商船必驻之地，是湖区商货集散中心，南阳"渔船、酒船、商船、米面船往来相接，群聚檐桁林立如街市"。在鱼台县商贸业仅次于谷亭，有"小济宁"和"小苏州"之誉。清政府曾在此设守备及管河主簿。清乾隆帝下江南也曾在镇上逗留，并为马家店题写匾额。

南阳街有史以来就是以商贸交易繁华而著称的，至今仍然经久不衰。老街上分布着大大小小的店铺商号，现在仍可以查询出旧时的老字号名，还有清代钱庄、水神庙等遗迹。游客可一路游览南阳繁盛之时的遗迹，如皇宫所（现存）、皇粮殿、二爷庙、古运河闸、魁星楼、文公祠、大禹庙、杨家牌坊、不沾地旗杆等。还有据说清乾隆帝走过的、被珍藏了两百多年的门槛。

4. 苏北水域胜江南：徐州窑湾古镇

徐州的窑湾古镇位于中运河边，这里唐代时位于邳州、海州交界处，因周边窑多，

塘栖古镇

微山湖中的南阳古镇

故称窑湾。窑湾古镇素有"东望于海,西顾彭城,南瞰淮泗,北瞻泰岱"之说,号称"黄金水道金三角",有"苏北水域胜江南"之称。依托水运的优势,窑湾逐渐发展成为大运河上的重要码头和商业重镇。在明清漕运鼎盛时期,窑湾为南北水陆要津,往来船只南达苏杭,北抵京津,工商贸易曾昌盛一时。到民国初期,镇上常住人口达3万人,流动人口达1.5万人,故又被称为"小上海"。随着明清漕运和盐业的兴盛,窑湾商肆栉比,商贾云集,街上行人如织,水上舟楫连绵。清末民国初期,窑湾镇有商号、工厂、作坊等360多家,其中钱庄就有13家。东三省货物经窑湾远销南洋、日本等地。英国、法国、荷兰等国家的商人、传教士来窑湾经商传教,当年镇上设有美孚石油公司、亚西亚石油公司和五洋百货等外国公司。外国的汽艇、国内的小货轮在窑湾码头来往穿梭,河面桅樯林立,当时有商铺、宅院、教堂、庙宇8000多间。

窑湾古镇的商业遗存有吴家大院、赵信隆酱园店、中国典当博物馆、窑湾民俗博物馆、大清窑湾邮局、江西会馆、山西会馆、苏镇扬会馆、天主教堂等。窑湾因运河而兴,运河文化也孕育了窑湾独特的饮食文化,窑湾船菜就很出名。这种餐饮模式起源于明代,后随着漕运不断发展。由于窑湾靠近骆马湖,水产品丰富,水运也发达,于是人们便在船上烹饪,食客也在船上品尝菜肴,形成了一种以新鲜的水产品为主要食材的特色餐饮。至今,在窑湾还有吃船菜的习惯。

徐州窑湾镇

第二节 因运河水工设施带来经济发展而兴镇

1. 扬州邵伯古镇

邵伯镇位于扬州市江都区,这里曾是南北航运要道,商铺鳞次栉比,是大运河闻名遐迩的繁华商埠。"邵伯"镇名的由来,是因东晋太元十年(385年)著名政治家、军事家谢安于此筑"邵伯埭"造福于民而得名。

邵伯是大运河上南来北往船舶的必经之道，不仅是帝王们运送兵马粮草的主要通道，也成为周边地区经贸往来的黄金走廊。

漫步在邵伯古堤上，相隔二三十米便有一座码头直通邵伯老街，由北向南，分别是竹巷口码头、大马头、朱家巷码头和庙巷口码头。这4座码头便是被列入大运河世界遗产名录的邵伯古码头。根据考证，这些码头与古堤石工同为清康熙五十三年（1714年）修筑而成。虽历经300余年的风雨冰霜、脚踏足踩，却依然那么坚实平整。其中，大马头名声最响，规制最大，素有"邵伯大马头，镇江小码头"之誉。

这些码头是运河时代邵伯古镇繁盛的见证，当时，邵伯码头已成为南北商客舟船的主要停靠之处和大运河以东的里下河地区货物贸易的主要场所。据记载，除每年约有300多万石漕粮过境外，清乾隆年间，江南运往北京的白粮（即供皇室御用的粳、糯米）均集中于邵伯打包后北上；山东、河南、淮北的大豆和里下地区的稻麦也在邵伯集散。当时用于载货的"邵伯划子"不下百余条，他们往来于大江南北。

据《邵伯镇志》记载，除了以上4座码头外，自北向南还有蔡家巷码头、城隍庙码头、馆驿前码头、小坝巷码头、土码头、南米市码头及上下河客船码头等十数座码头，每座码头都有各自不同的主运货物，如蔡家巷码头、城隍庙码头、馆驿前码头、小坝巷码头主运食盐与粮食；竹巷口码头、大马头、朱家巷码头主运八鲜货和商店物资；庙巷口码头、土码头、南米市码头及上下河客船码头主运桐油、旅客行李和里下河地区出产的农产品。其中，馆驿前码头和大马头也是官用码头，馆驿前码头通往水陆驿站"邵伯驿"，大马头则直通邵伯巡检司。据记载，清朝名臣林则徐、曾国藩当年都曾由大马头登临邵伯。

正是这一座座林立的码头成就了邵伯曾经的繁华。虽然，1936年随着大运河上第一座现代化船闸邵伯船闸的建成通航，使得邵伯明清大运河故道失去了航运功能，邵伯码头群没有了昔日的繁盛，但却增添了今天的厚重。当地居民介绍说，清乾隆曾在此题写"大马头"，并留下诗句："太傅堤存绿水浔，惠方邵伯颂棠阴。兰舟缓过思遗躅，绝胜东山丝竹音。"

邵伯镇有众多的大运河遗产。邵伯明清大运河故道位于邵伯镇西，北至邵伯节制闸，南至南塘，长约2000米，宽约30米。该河道目前功能已废弃，但河道整体走向、河岸护堤及码头仍然得以保留。邵伯明清大运河的前身是邗沟的一部分。1600年，为避免湖面的风浪影响漕运，在邵伯湖东侧修建堤坝，使大运河的主航道与邵伯湖彻底分开，成为独立的航道。在故道旁的大堤上有清代维修时留下的"金堤永固""甘棠保障"两块石刻铭记。

邵伯古堤是位于邵伯明清大运河故道东岸的一段古运河河堤。邵伯古堤始建于宋代，用于防止邵伯湖湖水外泄，保持运河水位。明代以后，运河成为淮河的入江通道，河床逐年淤垫升高，运河逐渐成为悬河，对运河以东地势低洼的里下河地区形成巨大威胁，此段大堤作为防洪屏障被不断加高加固。邵伯古堤的修筑，使邵伯段大运河脱离湖面，成为独立航道。同时，古堤也是抵御淮河洪水、保障邵伯镇安全的重要屏障。古堤现存部分南北长 300 米，截面为梯形，下底宽 8 米，上口宽 2.5～3 米，高 5 米。古堤上有邵伯铁犀，是清康熙三十八年（1699 年）运河决堤以后，当时人们为了镇水于清康熙四十年（1701 年）而浇铸的，当时分两次浇铸一共浇铸了十六头，也是人们常提起的"九牛二虎一只鸡"，这些镇水猛兽分别置于大运河弯道水流湍急之处。

在镇西邵伯湖大桥上，可以看见一座建于民国年间的老船闸。据介绍，老船闸位于今邵伯船闸东侧的高水河边，民国二十五年（1936 年）建成并投入使用。当时的国民政府治淮委员会为了改善运河状况，以求灌溉船运之发展，利用"庚子赔款"的冲免部分兴建了这座船闸。这座由蒋介石题写名称的船闸为钢制闸门，附有启动机械，以四人之力摇把启闭，节时省力。邵伯船闸是中国最早的现代化船闸，是中国运河水运史上的杰作。目前，苏北运河航务管理处在邵伯船闸旁建了一个船闸博物馆，来展示运河上各个历史时期的船闸。

邵伯古镇

壮观的邵伯三线船闸

2. 扬州瓜洲古镇

从水工设施和交通枢纽双重的角度看，运河古镇中最出名的要数因渡成镇的瓜洲古镇。瓜洲古镇位于大运河与长江交汇处，由于瓜洲运河的开凿，瓜洲成为大运河的入江口和从扬州往镇江的长江渡口，致使瓜洲镇日益繁荣，成了"商贾云集，冠盖络绎，居民殷阜，第宅蝉联，甲于扬郡"的"江北第一雄镇"。

作为大运河南下入江的交通要冲，从唐代开始，沿运河行船北上，绝大多数要经过长江边的瓜洲古镇。瓜洲有"千年古渡"之称。自唐末，瓜洲渐有城垒，南宋乾道四年（1168年），瓜洲开始筑城。元代设置行省于此。明代，在瓜洲设置了同知署、工部分司署、管河通判署。明代瓜洲城周长一千五百四十三丈九尺，高二丈一尺。在瓜洲城东门外另筑有"鬼柳城"。这一时期，瓜洲城内大型建筑、私宅花园、庵庙、楼、亭、厅、堂等多达数十处。有建于明代万历年间

瓜洲古渡

的大观楼；有建于明代正统年间的江淮胜概楼；以及观潮亭、江风山月亭、曲江亭等。

清代设瓜洲巡检司署、操江都御史行台、都督府、提督府等。清乾隆二十三年（1758年）将巡视南漕御史移置瓜洲。清代设巡检行署、漕运府、都督府等。到清末城坍前，城内共有十四坊。其第九坊有民居数十间建在城上，故曰九坊城。城里有东西南北大街、镇庙大街、青石街、越河街等，当时活跃于全国的徽商这样评价全国的各大城市："今之所谓都会者，则大之而为两京，江、浙、闽、广诸省（会）。次之而为苏、松、淮、扬诸府，临清、济宁诸州，仪真、芜湖诸县，瓜州（洲）、景德诸镇。"

瓜洲从唐代直到清代都是文人荟萃之地。唐代的李白、白居易，宋代的王安石、陆游，明代的郑成功，清代的郑板桥等，都曾在瓜洲寻幽探胜，并留下了大量吟赋瓜洲的篇章。

3. 嘉兴长安古镇

嘉兴海宁西部的长安古镇也是因运河上的水利工程长安闸而出名。长安镇自古即为南来北往的水陆要冲，又名长河，因地扼其要，故名长安。唐贞观五年（631年），当地设桑亭驿（后称义亭驿），唐开元十一年（723年）设长安市。南宋建都临安后，长安镇因西接临平驿，北连石门驿，成为了迎送官员、传达公文的必经之地。南宋诗人范成大、陆游、杨万里等道经长安镇，皆有诗文传世。特别是范成大从家乡吴县往来临安时，数过长安镇，留有不少脍炙人口的诗篇，反映了当时繁忙的航运景象。

走在老镇上，会发现老宅特别多。2012年1月海宁市在开展历史建筑普查时，曾统计了长安镇上有345处古建筑，其中的陈家民宅、汇丰南货店、和平街徐氏民宅、虹桥、

长安古镇　　　　　　长安闸遗址

杭辛斋旧居、仰山书院、长安茧库等具有较高的文物价值，还有始建于后唐的觉皇寺、观潮景点老盐仓等历史遗迹。另外，"三闸两澳一坝"那复杂而完善的系统也在诉说着长安镇旧日的商业繁荣，佐证着长安闸坝在大运河历史上的重要科学价值。

第三节　因特色产业而闻名的运河古镇

1. 因丝织业而闻名的湖州南浔古镇

湖州南浔镇位于頔塘东端，是頔塘故道上最知名的运河古镇。南浔镇原为一村落，于南宋时期发展扩大，成为市镇。明正统、弘治时即为南北商贾荟萃、货物交流之地。南浔镇从明代起即为丝绸集散贸易的中心之一。本地所产"七里丝"（又称"辑里丝"）尤为著名。明朱国祯说："湖丝惟七里尤佳，较常价每两必多一分……用织帽缎，紫光可鉴。"明"隆万"时期，当地"机杼之家，相沿此业，巧拙百出"，生产各种丝织产品，以致"各直省客商云集贸贩，里人贾鬻他方，四时往来不绝"，极为兴旺。明嘉靖时，四乡"左右越墟，出贩者晨驰夕鹜，肩摩迹累"，凡"丝缕粟米皆聚贸于此"。15—19世纪，由于蚕桑业、手工缫丝业的繁荣，依靠大运河支线——頔塘运河的交通便利，发展形成了基于頔塘运河的独特十字港架构格局。20世纪初，南浔古镇依托大运河及周边地区发达的蚕桑与农耕经济，作为名甲天下的南浔辑里丝的主要产地和集散地，聚集了国内最大的丝商群体，南浔也因此一跃而成为江南重要商业城镇。

南浔镇区内保留着明清历史的风貌，较完整地体现了清末民初南浔古镇的街区格局和历史风貌。镇区内相关建筑遗产保存完好，重要保护建筑作为博物馆向公众开放，其余民居建筑基本保持了原有的居住功能。

南浔古镇是因大运河（頔塘）而起源、发展、兴旺的商业市镇的典型例证。大运河及周边地区发达的蚕桑经济，依托大运河的商业运输功能，支撑了南浔由一个小渔村发展成为历史上的一个经济重镇。

南浔是中国近代史上罕见的一个巨富之镇。在这个熙熙攘攘的古镇上，有着号称"四象"的江南四大首富。又有如《红楼梦》中宁国府、荣国府那样号称"八牯牛"的大富之户，还拥有充满了民间嘲讽意味的号称"七十二只金黄狗"的豪门、财主。

南浔古镇内拥有南浔张氏旧宅建筑群、南浔丝业会馆及丝商建筑、南浔粮站总粮仓、生计米行等商业遗存。古镇内传统民居清丽典雅、别致内蕴，大宅园林在中国传统建筑形式中，大胆而巧妙地渗透和融合了西方建筑风格，形成了一种独特的中西合璧式江南宅第建筑艺术。

南浔还有一座民国年间的藏书楼——嘉业堂。此楼规模宏大，藏书丰富，原楼与园林合为一体，以收藏古籍闻名，是中国近代著名的私家藏书楼之一，也是运河上著名的私人藏书楼。楼上为"希古楼"，存放经部古籍。外面一间为"黎光阁"，存放珍本《四库全书》1954册。里面正房名"求恕斋"，原存放史部古籍。

站在大天井中四望，只见凡朝向天井的库房均安装的是落地长窗，窗多，便于通风采光，足见建楼的巧匠思虑缜密。所有楼堂斋室都陈列着大理石屏风、书桌、茶几和香妃榻等红木家具，一派清代厅堂的风格。底层正厅为"嘉业堂"，悬挂清宣统皇帝御赐"钦若嘉业"九龙金匾一块，楼下窗格都用"嘉业堂藏书楼"篆字样作为装饰，廊外铁栏用"希古"两字作花饰，巧思匠心，殊饶别致。

据说，1949年解放军南下时，周恩来同志十分关心浙江两大藏书楼（南浔的嘉业堂和宁波的天一阁），曾请陈毅司令员派兵保护。故解放军专门派一连战士驻守藏书楼，保护了这批珍贵书籍。解放后，楼主人将藏书捐赠给浙江图书馆，由当时浙江图书馆和嘉兴地区图书馆派干部接收。接收时藏书有十一万册左右，杂志三千余册，红梨木书版三万余块。这些宝贝今天都存放在浙江和嘉兴的图书馆、博物馆。

湖丝重镇南浔镇

2. 因年画而闻名的杨柳青古镇

位于天津市西青区的杨柳青镇,因杨柳青木版年画产自这里而名扬天下。明永乐年间,大运河的全线贯通以及天津漕运的兴起,使杨柳青镇成为南北商品交易的重要集散地,周边地区的木版年画艺人先后迁居杨柳青镇。后来,人们发现杨柳青镇外盛产的杜梨木非常适宜雕版,杨柳青木版年画随即兴起,出现了"家家绘点染,户户擅丹青"的繁荣之势。天津杨柳青木版年画与苏州桃花坞并称中国版画的"南桃北柳"。年画也催生了杨柳青这座运河商业名镇。

3. 因盐业而闻名的仪征十二圩镇

太平天国运动后,因瓜洲码头坍塌,两江总督曾国藩重新选址,将淮盐总栈定在了仪征十二圩。清同治十二年(1873年)十二圩开埠,直到1937年被日军占领,承担淮盐监掣、入江重任达60多年,其间商贾云集、市井繁华,沿江列樯蔽空,有30多个船码头。这些码头,大多是淮盐销岸的运商们建起来的。十二圩成为清末淮盐汇集转运的重镇,被称为"食盐之都"。

十二圩古镇在它的繁盛时期,凭借食盐储运,在金融、商业、文化、教育、医药卫生等各行各业均出现了欣欣向荣的盛况,早在清光绪年间就建起了发电厂、电报局、短程铁道运输系统、照相馆等新式工商服务业机构,各种公会组织就有十多个,民族资本也有一定的发展,十二圩甚至还办起报纸《圩钟报》,被人们称为"小上海滩"。

十二圩设立两淮盐务总栈时已实行北盐南济政策,除江苏一部外,湖南、湖北、江西、安徽四省行销北盐极旺。据《两淮盐志》记载:清光绪年间淮南盐因停灶似虽锐减,但每年运往十二圩淮盐总栈转运外销之南盐仍有四十万引之多。若再加北盐,其数字之大可以想象。按淡旺年平均估算,每年经十二圩淮盐总栈转运外销之盐,约

杨柳青古镇

十二圩古镇的盐运码头旧址

在四百万担以上,而年税收约二千万银圆。当时的十二圩有 15 万人口,有近 400 家注册的商铺和 2000 多名店员,江面有 2000 多艘巨大江船和 5 万多名劳工,作为数省食盐供给基地,可称得上是一个"经济特区",繁盛一时。

如今的十二圩建有盐文化展示馆,向全国各地的游客展示着其一段的辉煌商业文化。

4. 因油业而闻名的油坊镇

河北邢台市清河县油坊镇位于卫运河畔,大运河油坊码头是明清时期大运河漕运重要码头。《中国经济年鉴》称,油坊"为直隶河间、南宫、山东夏津、邱县(今属河北省)各处通商之中枢,银钱杂货之大宗交易,皆定期为之。届期货品辐辏,商贾云集,河之左岸为民船停泊之所,常川来往者在四五百只左右"。曾经的油坊古镇内店铺林立,并有多家出名的老字号。明清之交,山西人还在油坊镇建起"山西会馆",会馆内设有戏楼。在大运河的流水声中,油坊镇迎来了她的黄金年代。这里满河船桅、纤夫盈堤,沿岸纤夫起航的号子声声动十里。小船划向大船,大船靠向码头,游商走贩的吆喝声此起彼伏,是一派热闹繁华的景象。"商人嗜利暮不散,酒楼歌管相喧阗"便是对其最贴切的描述。

益庆和盐店为大运河油坊码头存盐的货场,是清代道光年间由山西蒲州商人所建,占地近十亩,遗址现存清道光年间盐店账房 5 间,都是典型的清代建筑风格,距今已有近 200 年的历史,是清河县境内现存最早的房屋建筑,也是大运河的重要遗产之一。

邢台油坊镇

第四节　因管理设施带来的人群集聚而成镇

1. 通州张家湾古镇

北京通州的张家湾古镇是因为运河管理机构的设立而成镇的。张家湾位于北运河边,是因航运而繁荣起来的大运河码头。辽代萧太后运粮河的河口即在此处港湾。元世祖建立大都城,粮用依赖江南。元至元二十二年(1285 年),万户侯张瑄首次指挥海船运输漕粮自渤海溯海河而上,再沿潞河(时称白河)逆流至此湾,然后换成小船,

通州张家湾古镇的通运桥

或调用大车陆运到大都城。元代大运河开通后，河运、海运漕粮都要经过张家湾才能转运至大都，皇家码头的功能进一步强化。同时，张家湾还要接纳水运而来的商货和行旅，也因此成为商贸货运和客运码头，这种情况一直延续了近250年。一直到清嘉庆七年（1802年）潞河（北运河）改道才停止使用，用作大运河北端码头达700多年。这里因而形成巨大的村落，因张瑄督海运到此而命名为张家湾。明清时镇内商号林立，有"大运河第一码头"之称。明嘉靖三十一年（1552年）筑张家湾小镇，在此先后设有漕运通判衙署、巡检司、宣课司、大通关、防守营、驿站等漕运衙署，还有各类仓场、诸多坐商，商业经济十分发达。

明嘉靖四十二年（1563年）冬，鞑靼骑兵来犯，因张家湾存储大量粮食物资，明世宗提前派兵守护；第二年春，官员极力请求建城被批准（明嘉靖皇帝还带头捐钱3万两银子），3个月后张家湾城修建完成。明万历年间，为保证码头上货物的运输，太监张华奏请将南门木桥改建为石桥，请建一座三官庙以镇桥，对张家湾城进行修整，明万历皇帝敕准。改建工程于明万历三十一年（1603年）正月动工，明万历三十三年（1605年）十月建成，并由明万历皇帝赐名为"通运桥"。通运桥石桥南北向，三孔联拱式，中券较高，桥中券阔9米，侧券阔7米，运船穿洞不必免帆，正券当中圆肩之下两壁各嵌一块碑记。桥端部两侧，傍岸各建一块石壁平顶高台，这是其他古代石桥没有的，乃客船码头，客人上船南去或下船入京均经此处。由于历史上屡遭战乱及破坏，致使张家湾城仅存南面城墙遗迹。现存南城门和东边120米城墙。

2. 聊城张秋古镇

张秋，地处临清、济宁之间的运河与大清河的交汇处。张秋镇因为地跨运河，为寿张、阳谷与东阿三县分属，明代即为江北商贸首镇。张秋镇宋元时称"景德镇"。明弘治七年（1494年），运河决口，景德镇惨遭淹没，临塞决口告成后，更名安平镇。明末又改称张秋镇。

张秋原本是很普通的市镇,因为来了徽商,经济社会发展走向繁荣昌盛,被称为"江北小苏州",享有"南有苏杭,北有临(临清)张(张秋)"的美誉,这得益于它既是一个典型的"三界首"市镇,为东阿、阳谷、寿张三县所共辖,又是"漕河要冲",位于会通河和大清河交汇处,不过"张秋商业的繁荣几乎完全依赖于运河交通与外来商人",如徽商在这里除了从事棉布生意之外,重点经营绸缎业,"盛时江宁、凤阳、徽州诸绸缎铺比屋居焉,其他百货亦往往辐辏,乃镇之最繁华处"。

明代,因大运河的开通,张秋成为南北交通要道:"镇夹运河而城,旧为贡道之通渠,实扼南北之咽喉,襟带济汶,控引江湖,盖鲁齐间一重镇也。"张秋镇地处寿张、东阿、阳谷三县交汇处,三县鼎峙,横跨运河,地理位置极为重要,素有"南北转运锁钥"之称,自明代以来就为政府所重视。明景泰年间,寿张、东阿、阳谷三县主簿分署张秋,张秋始立三县管河主簿厅。明成化年间张秋又设有都木分司署。自明弘治四年(1491年)后,"张秋河厅始有专设,注以通判任"。至明嘉靖四十三年(1564年),又添设捕盗通判用以弹压一方,这样张秋又设有捕务管河厅署。此外,在张秋的管理机构还有都察院、布政司、巡检司、税课局等。

明弘治年间张秋就已是一座"夹渠而室者以数千计,五方之工贾骈集而滞鹜其中"的商贸重镇了。明"嘉万"时期,张秋镇的商贸经济达到鼎盛。据清康熙《张秋志》记载,其时,镇中专业化商业街巷多达二三十条,如,"盐店街""行盐贾人所聚也";"清香市街""市香者肆列居之";"竹竿巷""诸行杂货所集也";"南京店街""江宁、凤阳、徽州诸缎铺比居也,其地百货亦往往辐辏,乃镇之最繁华处",镇内拥有二三十种规模大小不等的各种商行。其中,交易最盛的是屠宰、粮食、杂货与绸缎四行。全镇有牙行二三十个,仅牙行经纪人即多达280人。时称:"商贾刀泉贸易,肩相摩。万井乐业,四民衣食于阛阓者不啻外府"。作为"缟縠南北,百货所居"的张秋镇,也是长途贩运的中转起落地。于慎行在《安平镇志序》中说:张秋"北二百里而为清源,而得其贾之十二;南二百里而为任城,而得其贾之十五;东且三百里而为深口,而盐荚之贾于东兖者十而出其

张秋古镇

六七"。张秋不但通过运河吸收来自临清、济宁的商货，而且还利用通大清河之便转输从渤海湾盐场来的食盐。便利畅达的商路交通致使各地货物，像"齐之鱼盐、鲁之梨枣、吴越之织文纂组、闽广之果布珠玑、奇珍异巧之物，秦之罽毲，晋之皮革，鸣棹转毂，纵横磊砢，以相灌注"，然后再从张秋转贩其他地区。而周围地区的棉花、枣梨、阿胶等农特产品，也多在张秋集中由南下商船"贩鬻江淮"。因此，张秋的转贩贸易极为兴盛，被时人誉为"小济宁"。清代张秋经济继续繁荣，清代以后，张秋继续发挥"绾毂南北百货"的商贸作用，所见是镇内"半城乃商贾所聚，土产秸货为天下甲"（民国《东平县志》卷3），为临清与济宁之间最大的中转贸易市场。

3. 微山夏镇古镇

夏镇，位于济宁市微山县的昭阳湖东岸，大运河的一段南阳新河自西向东南蜿蜒穿过。明末文学家、书画家万寿祺的诗作《夏阳》描写道："夏阳全盛日，城阙半临河。夜月楼船满，春风环佩多。"与其他古镇相比，夏镇比较特殊，由戚城、部城（西城）和夏镇寨（东城）这三个部分组成。

明清时期，夏镇界连苏鲁，为两省分治，镇北属山东滕县管理，镇南为江苏沛县管辖，有"一镇区分南北疆"之谓。曾因清咸丰元年（1851年）黄河决口，沛县被冲，而作为沛县县城11年。素有"一步两省三座庙，一条大街两县分"之称。清代的宋思仁《过夏镇》诗写道："片帆风斜挂残阳，一镇区分南北疆。花色暗思滕县白，钟声遥送沛城凉。"

戚城在秦代就是戚县的治所。汉代戚城筑有土城墙，周长四里，建有砖石结构的四个门楼。南北朝时废戚县并入留县，这一区域的繁华渐渐消退。但到了明代，大运河改道东迁却使这里重新焕发生机。

部城原名夏村，明嘉靖年间新开了夏镇至南阳的运道——漕运新渠（也称南阳新河或夏镇新河），夏镇成为漕运码头，工商业日趋繁荣起来。明隆庆三年（1569年）改村为镇。同时，工部、户部分司移驻夏镇。明万历十八年（1590年），筑起四面土墙，建成四座城楼。清顺治十八年（1661年），又改建成砖城，因为是工部在此建的城，因此称"部城"。

运河东岸即夏镇寨，又名东城，约在清康熙十年（1671年）于运河东岸筑土圩成寨，故称夏镇寨。清咸丰时期，西以运河为障，筑三面城墙。清朝曾于此设置"夏阳巡检司"，也是运河管理机构。这样，就形成了"三合一"的夏镇。

自从漕运新渠通航后，夏镇商业也随之兴起。夏镇段的运河自西北向东南蜿蜒穿行，随着水运的繁荣，形成了一串以河为线分布的街道。一条古老的顺河街（原名运河涯）南端的小闸口，后来被建成夏镇闸。夏镇的商业在明万历年间，首先兴起于夏镇闸西，以服务于漕船和过往客商的饮食业为主。明万历十七年（1589年），夏镇各商号陆续设立，此时衙署所设官商店铺居多。后来沿着运河来夏镇经商的人不断增多，在夏镇北门外又发展起一条商业街——太平街。清"康乾"期间，夏镇闸口至水月庵间的平正街、一六街，运河东岸的顺河街、三八街、文昌街、盐当街，都是由于服务漕运的商业兴起而逐渐发展起来的。清康熙七年（1668年）地震，夏镇四门城楼震塌，城内和太平街的房屋大多数倒塌，居民和商户陆续移至大运河东岸。清乾隆年间在疏通运河时挖成一条半月形的河道，供漕船和商船停泊、绕行使用，后来人们围绕小河居住，房屋呈弧形排列，俗称"月河圈"。

清代，夏镇商贸颇为兴盛，从夏镇闸口向东至水月庵及运河东岸一带，是新兴商贸聚集地，商贸辐射达苏北鲁南数县地。[1] 到清末，来夏镇经商的人更多，形成了山西、河南、浙江、安徽、章丘五大商帮，经营的粮行、布店、药店、烟店、茶叶店、客房、银匠铺等达200余家。周边苏鲁皖三省的客商都来夏镇趸货，附近各县来夏镇开店销售土特产品的商人络绎不绝。夏镇成为了周围数百里内的商品集散地，

微山县夏镇古镇

4. 淮安河下古镇

"中国运河之都"——淮安，由于地处漕运枢纽、盐运要冲和河道治理中心，从末口到清口就有十多个城镇沿大运河主航道一字排开，"夹岸数十里，街市栉比"，河下镇就在这里。河下古镇位于淮扬运河的北端淮安市淮安区，这里是古邗沟的北端末口所在地。古镇形成于春秋末期，距今已有约2500年历史，河下曾名"北辰镇"，明清两代这里曾出过67名进士、123名举人、12名翰林，素有"三鼎甲齐全"之称。

河下古镇的发迹也源于运河管理机构的设立，清代两淮盐运使司在河下设分司，主管淮北地区盐政，河下成了两淮食盐的重要集散地之一，有"两淮盐，天下咸"之说。

---

[1] 参见《微山县志》《沛县志》。

河下古镇

当年盐运兴盛时,大运河、淮河上来往的舟船,去时载盐,返回时捎带石板压舱卸于河边,富有的盐商便购来铺路。数十年下来,这里的街道上就铺满了来自全国各地的石板。而石板上一道道深深的印痕正是当年一辆辆盐车碾压的痕迹。

河下古镇的主要商业点有湖嘴大街、状元楼、文楼等。河下美食主要有长鱼宴、汤包、茶馓等。

走在石板街上,阵阵油香味扑鼻而来,人人小小十多家茶馓店都在忙着炸制茶馓。两支长长的竹签,挑起细细的面条,三根一股,绕成梳子状,放入煮沸的油锅中,不一会儿,色泽金黄、造型漂亮的茶馓就出锅了。"淮安茶馓"细如线、黄如金,环环相扣、丝丝相连,吃到嘴里香、脆、酥、甜,还略有些咸味,这一美味也吸引了来自全国各地的游客。

到河下古镇,肯定要尝下淮扬菜。河下的厨师特别多,"会说淮安话,能把厨刀挎"。这一句当地流传的谚语不仅说明河下人对于厨艺的自信,更源于淮扬菜千百年的传承与发展。有首《淮阴竹枝词》唱道:"南船北舸此经过,去去来来唱棹歌。好记山阳城下泊,西湖湖嘴酒家多。"湖嘴大街上首创"屠龙绝技"长鱼席的宴乐楼与独创"面点刹尖"蟹黄汤包的文楼,以及经营清真看馔的武楼,即是个中翘楚。河下古镇成为淮扬菜的一个主要发源地之一。在河下,几乎每家都有几道拿手菜。

5. 惠山古镇

惠山古镇地处无锡市西、锡山与惠山的东北坡麓,距市中心仅2.5公里,大运河紧靠其北流经。它以地理位置独特、自然环境优美、古祠堂群密集分布为特色,是无锡老街坊风

惠山古镇

貌保存较为完好的唯一街区。古镇的文化底蕴丰厚，大运河支流惠山浜直达古镇腹地。两岸历史文物林立，人文荟萃。惠山古镇各行业会所占一定数量，其中山货公所、耍货公所、石作公所、盐业公所、建筑业行会、婺源会馆等，成为古镇亮点。

6. 崇福古镇

崇福镇古称语溪，又名御儿、语儿，是一座有着1100多年建镇史的江南古镇。其因梁天监二年（503年）建有崇福禅寺而得名。公元938年置崇德县；清康熙元年（1662年），改崇德县为石门县；民国二十五年（1936年），改名崇德镇；1958年撤销崇德县建置。

崇福因运河而生，依运河而兴，是典型的江南运河古镇。历史上，江南运河四次改道都与崇福有关。始筑于隋大业六年（610年）的大运河（镇江至杭州段），初名江南河，自北而来，直穿镇境，向南经长安闸循上塘河，至杭州西南大通桥与钱塘江连通。元末明初，为便于漕运，修筑了杭州武林港经北新桥至崇德县城的运河大塘。此后，运河在崇福镇南端分为两道，即南经长安闸的上塘河和西经塘栖的下塘河。第二次改道是在明嘉靖年间，为防御倭寇侵犯，崇德县城将穿城而过的直道运河改为回环绕城的弯道运河，与护城河合二为一，以水为障，既能通漕，又利防守。第三次改道就是1970年冬。为了提高大运河的通航能力，重新将运河截弯取直。第四次改道是1997年11月至1999年底，将运河西移，绕出崇福城区，河面宽度增至62米，达到四级航道标准，能通过500吨以下船只。

因运河改道，崇福留下了"四河并流"的独特景观。位于镇东明代绕城运河上的司马高桥[始建于明洪武年间，清光绪二年（1876年）重建]得以保存，现为江南运

崇福镇的运河

河唯一保存完好的单孔石拱桥。商业街崇福横街自宋、元两代开始形成,至明代基本定型。东出浒弄口,西至庙弄,全长345米,宽3米,至今仍保持着比较完整的明清街市风貌,被从事历史街区研究的同济大学教授阮仪三誉为"京杭大运河沿线历史风貌保存最为完整的历史街区"。崇福古城还是目前嘉兴市域范围内保存状况最好的古县城,不仅有崇德孔庙、文壁巽塔、崇福寺金刚殿、司马高桥以及数个古民居群、牌坊、碑刻等众多文化遗存,其传统格局以及城内道路、街巷、建筑、水系亦基本保持原有空间布局和尺度。孔庙前的文壁巽塔(笔)、仓沐桥(墨)、照屏(纸)和荷花池(砚),被邑人称为"文房四宝"。崇福镇的蓝印花布很出名。另外,崇福镇也产杭白菊。

7. 石门古镇

石门古镇

石门为浙江桐乡市古镇,镇东2公里处有国家级文物保护单位——罗家角遗址,其最早年代距今7000年左右,是良渚文化的遗址之一。可以用"一粒千年、一步吴越、一舟京杭、一笔人生"来概括石门的历史。春秋时吴越相争,"置石门为吴越限",在此垒石为门,故名石门,距今已有两千五百多年历史。大运河自南折东穿越镇区,形成了120度的大转弯,故别称"石门湾",而大运河120度的湾是石门独一无二的资源。石门,紧靠古运河,有古韵石门之称。也是当年乾隆皇帝南巡的必到之地。清乾隆十六年(1751年),乾隆帝南巡驻营于镇东(今石门丝厂址),占地54多亩。清乾隆帝六次南巡均驻跸于此,"龙舟凤船,曾此逶迤",更增添了石门镇的繁荣。

石门镇历史古老,名人荟萃,镇上的"缘缘堂"是著名漫画家丰子恺的故居。丰子恺曾说过"石门是个好地方"。石门又称"杭白菊之乡",拥有人类非遗1项(蚕桑丝织技艺)、国家级非遗1项(桐乡蓝印花布印染技艺)、省级非遗3项(曲艺三跳、彩色拷花、杭白菊传统加工技艺)。

8. 平望镇——四河汇集之京杭大集

平望镇位于苏州市吴江区中部,依水而建、缘水而兴、因水而美,素有"天光水色,一望皆平"之美誉。流经平望镇内的主要河道有大运河、太浦河、頔塘、烂溪、新运河、市河等。

大运河自此向南到钱塘一分为三,与太浦河纵轴交汇,形成了四河汇集、四水共流(京杭大运河、江南运河、太浦河、頔塘河)的独特禀赋,造就了水运时代"大商巨舶""百货凑集""可与通都大邑等量齐观"的"巨镇",被阮仪三教授赞为"大运河沿线历史城镇中,传统运河空间尺度保存最好、城镇与运河空间联系最为密切的一座"。明代时,平望镇就"居民千百家,百货贸易如小邑,大明弘治以来尤盛"。

平望镇

第五章 中国大运河商业设施

古代中国是一个传统的农耕文明社会,自古以来政府采取重农抑商的政策,而大运河区域却是商业繁荣的特例。中国大运河的开通,将沿线城镇连为一体,带来了南北经济、文化的全方位交流,南方的大米、茶叶、丝绸、陶瓷被带到北方百姓的家中,北方的松木、煤炭、皮货、大豆出现在南方的集市上。大运河促进着商业的发展,改变了古代中国人"轻商"的观念,带来了实用主义的商业文化。物资的交换带来了大运河地区商业的繁荣,也留下了一处处商业遗存,有运河管理机构,有运河当铺钱庄,有运河商业会馆,有运河商业住宅,还有运河商业街区。

第一节　中国大运河商业管理机构

为了维护经营秩序,保证经营的顺畅,同时也为了收取税费,自古以来,历代政府都在运河上设置了一些商业管理机构和服务机构,有负责管理漕运的漕运总督府、管理盐运的盐运使司,还有负责收税的钞关。

1. 淮安总督漕运公署遗址

位于淮安市淮安区老城中心的总督漕运公署,又称漕运总督府,毗邻淮扬运河老河道,是明、清两代主管南粮北调等漕运工作的朝廷派出机构,统管全国漕运事务的漕运总督的官署建筑群。

淮安自明初就是连接南北漕运的转输中心,淮安的经济发展与漕运密不可分。为

淮安总督漕运公署

了适应漕运之需，明政府特设漕运总督于淮安，督理漕政。淮安漕运公署的建筑，始建于南宋乾道六年（1170年）。公元12—13世纪（元代时期）这里是淮安路总管府。公元14世纪时（明初）陆续改为淮安府署、淮安卫指挥使司署。明万历七年（1579年），改为漕运总督府。直到20世纪初（清末）裁撤漕运总督，公署才逐渐废弃。

这里的考古发掘工作表明，整个遗址呈长方形，南北长133米，东西宽30.55米，整体分为东、中、西三路，中轴线上由南向北依次为大门、仪门、大堂、二堂、大观楼、淮河节楼、后院等，与南面的北宋镇淮楼、北面的淮安府署在同一条中轴线上。另外，遗迹下3米处发现有宋元代文化层。目前大堂、二堂、大观楼遗址已按原状保护。现存部分建筑房基、础石等遗址已经完成保护工程，并对外展示开放，可完整呈现建筑群总体格局。

在淮安漕运总督公署遗址旁，还有一座漕运博物馆，在这里可以全面了解运河漕运的历史。

2. 扬州盐运使司衙署

大运河也是盐运输的重要通道，在淮扬运河的另一端扬州，还有一处运河商业管理机构——两淮盐运使司公署遗址。

唐开元年间，江淮转运使在扬州"置输场、盐仓，以受淮盐"，使大运河沿线成为盐商汇聚、盐船密集的运输中心。古代东部地区最著名的盐场两淮盐场的盐几乎都是通过大运河运输的。随着两淮盐业的兴起，扬州就成为盐业中心，唐朝盐铁转运使司就常设在扬州。"两淮"指的是淮南、淮北，元、明、清三代，两淮盐运使司都设在扬州。两淮盐运使掌握江南盐业命脉，向两淮盐商征收盐税，下辖淮安分司、泰州分司等。

当时，盐铁专卖成为朝廷的一项重大收入来源。据史料记载，在唐朝后期，盐政的税收实际上已经达到了中央财政实际总收入的四成左右，成为当时唐朝的重要经济来源。唐朝以后的其他朝代大体上多遵循榷盐专卖制度。元世祖时，在扬州设立两淮都转盐运使司，明代设在扬州的两淮盐漕察院统辖江南、江西、湖广、河南四省的盐税收入。

"盐运使"，官名。始置于元代，设于产盐各省区。明清相沿，其全称为"都转盐运使司盐运使"，简称"运司"。其下设有运同、运副、运判、提举等官，有的地方则设"盐法道"，其长官为道员。这些官员往往兼都察院的盐课御史衔，故又称"巡盐御史"。他们不仅管理盐务，有的还兼为宫廷采办贵重物品，侦察社会情况。

到清代，因为盐业的专卖使地处运河枢纽的扬州聚集了大批盐商，催生了扬州的极度繁荣盛况。清道光年间全国九大盐区，总产盐量为580万引（当时每引为960斤），而两淮盐产量即达180万引，占全国总产量的三分之一。九大盐区总课税额为库平银九百八十万两，而两淮盐课税额为六百一十万两，占总课税额的62%。由此可见两淮盐课税收之巨大，成为当时清廷命脉攸关的收入。

扬州两淮盐运使司衙署

无怪那时的盐运使多向清廷奏称"两淮盐课，当天下租庸之半，损溢盈虚，动关国计"。千百年的盐运过程，使大运河沿线留下了众多的盐文化遗存。

位于扬州国庆北路的扬州两淮盐运使司衙署今天仅存门厅。坐西朝东，向着大运河的方向，悬山结构盖筒瓦，面阔三间，进深五檩，门厅两侧筑有八字墙，门前有石狮一对，保存完好。现作为东圈门历史文化街区的西入口景点，东圈门的城门巍然屹立，里面就是扬州盐商生活的历史街区。尽管扬州盐商已成历史，但他们创造的盐商文化已成为重要的大运河商业文化。

3. 祭祀盐神的盐宗庙

每个行业都有自己崇拜的神，盐商也不例外，有自己的盐神，分别是最早煮海盐的始祖夙沙氏、最早的盐商胶鬲和最早的盐官管仲。在扬州还有一座盐商祭祀盐神的盐宗庙，位于扬州市东南康山街的盐宗庙。从墙上的简介可以了解到，这座庙是清同治年间由两淮众盐商捐建的，是扬州盐商举行祭祖仪礼的场所。作为祠堂建筑，盐宗庙在布局上非常大气，前后三进房屋共有280多平方米。

走进第三进正殿内，三位高大威仪的盐宗雕像映入眼帘，这三位盐业始祖的雕像均采用汉白玉打造，神态栩栩如

盐宗庙供奉的三位盐业祖师

生,雕像两侧还布置了金色漆画,反映清代扬州盐务兴旺的历史盛况。据介绍,大殿里面最值得一看的是房梁上的彩绘,这种彩绘在南方地区已经不多见,而且原汁原味地保存了一百多年。

2014年盐宗庙随大运河成为世界遗产的一部分,如今建起了扬州盐业历史遗迹展示馆,成为对外展示大运河盐商文化的场所。

4. 十二圩淮盐总栈

在扬州段运河上,还有一个盐业遗址,那就是位于仪征的十二圩码头。仪征,历史上就是淮盐出江的枢纽,北宋行转般之法,东南六路漕船运粮到真州卸货入仓,再载淮盐返回;元朝在真州设淮南批验盐引所。太平天国运动后,由于原淮盐总栈所在地瓜洲连年坍江,两江总督曾国藩重新选址,将淮盐总栈定在了仪征十二圩。清同治十二年(1873年)开埠,直到1937年被日军占领,十二圩承担淮盐监掣、入江重任达60多年,其间建有30多个船码头。十二圩成为清末淮盐汇集转运的重镇,被称为"食盐之都",繁盛一时。在十二圩的两淮盐文化博物馆,有一张20世纪初的世界物产图,这上面就清楚地标出了十二圩是盐的重要出产地,与产黄金的南非、产羊毛的澳大利亚一样,当然这里说的是盐的集散地。这就是当地人传说十二圩是当时世界地图上唯一标出中国"镇"的地方的原因。

5. 阿城盐运司

在大运河山东段的聊城,也有一处盐运管理机构,就是阿城盐运司。

阿城盐运司位于山东聊城阳谷县阿城海会寺西侧,亦称运司会馆、山西会馆,是聊城运河沿线仅存的古代盐业管理机构遗存,也是明清时期聊城运河经济繁荣的见证。现存建筑有山门、前殿、后殿、配殿等。南北长72米,东西宽47米。盐运司建筑技法精湛,大殿柱础雕刻精细传神,木构件制作精巧,彩绘流畅生动。目前,盐运司已修缮完毕,并对外开放。

作为大运河重要的附属遗产,盐运司不仅是聊城运河沿线仅存的古代漕运管理机构遗存,也是明清时期聊城运河经济繁荣的见证。

6. 运河钞关

大运河作为南北经济大通道的功能,在关税征收方面有充分的反映。明永乐二十一年(1423年),山东巡按陈济言:"淮安、济宁、东昌、临清、德州、直沽,商贩所聚。今都北平,百货倍往时,其商税宜遣人监榷一年,以为定额。"明宣德四年(1429年),因商贩拒用正在贬值的大明宝钞,政府准许商人在商运中心地点用大

十二圩古镇的盐文化博物馆

阳谷县运河边的盐运司

明宝钞缴纳商货税款，以疏通大明宝钞，并趁机增税，这些征收商货税款的税关，就是"钞关"。这也是"钞关"名称的由来。为疏通钞法，朝廷在全国33个府州县商贾所集之处，增收门摊税课五倍，自北京至南京沿河设立钞关7处，即漷县、临清、济宁、徐州、淮安、扬州、上新河。明正统十一年（1446年）移漷县于河西务，并在长江沿线设立金沙洲、江西九江钞关，在运河沿线增设苏州、杭州两个钞关，其后兴革不一。到万历时，只存河西务、临清、淮安、扬州、苏州、杭州和九江7处钞关。7处钞关之设，反映出大运河是全国商品流通的主干，也是朝廷商品流通税收的最重要来源。每年这些税关征收的关税额在250万～300万两。明万历时期大运河商品流量占全国商品流量的近93%，长江商品流量仅占7%强，到明天启五年（1625年），朝廷加大税收力度，大运河商品流量比重减少到88%，而长江商品流量增加到12%，但运河商品流量仍占绝对优势。

清朝全国一共设立了49处税关，每年税收的总量为500万两左右。清前期，华北、江北的豆麦、杂粮、梨枣、棉花等，南方的丝绸、棉布、木材、瓷器、书籍、铅铜币材等，仍然通过大运河流通。山东、河南、安徽的豆、麦、棉花、豆饼、油、苎麻，山东的梨枣、烟叶、茧绸、腌货，河南的酒曲、棉花、钉铁、药材、碱矾、烟叶，江苏北部的酒曲、杂粮、腌腊制品，北方以至边境的皮张，新疆的玉石等，仍然通过运河大量南运；而江南的绸布、书籍、杂货、工艺品，仍然扬帆北上。据统计，清乾隆四十一年（1776年），经淮安北上的绸布船达376只，杂货船多达3896只。

淮安关的档案记载，清乾隆"三十五年过关客船一万二千六百四十八只，三十六年共过客船一万零四十九只，今年（乾隆三十七年——引者注）仅过船八千零八只"。其中过关豆船，清乾隆三十五年（1770年）多达9003只，清乾隆三十六年（1771年）"通计共过米豆船六千五百五十五只,较上届少过船一千四百只,共过豆饼船四百一十四只,较上届少过船六百三十四只"。可以计算而得,清乾隆三十五年(1770年)、三十六年(1771年)麦豆船只占到全部商船的70%左右。乾隆四十一年,共有7794只商船经过淮安关,其中米麦豆船7302只,是年经过淮安关的绝大多数是粮船。

清前期,作为粮食的饼豆成为大运河流通中比重最大的商品,占了关税的主要部分,而纺织品的比重日益下降。清乾隆时,浒墅关税额"资于谷麦米粮者十之六七,资于布帛杂项货物者十之三四";淮安关无论年岁丰歉,总以"豆货数倍他税,其余杂货较之豆税实不及三分之一"。现有研究表明,清前期大运河榷关的税收,大体上南下豆货占了60%。

清初运河七关全部保留下来,大运河沿线七个关就占其总税收量的50%～60%,证明运河经济往来非常繁荣和发达。关税在清朝基本上是按照商品价值的2%～5%来征收,通过关税的数据可以倒推出当时每年在大运河上行走的商品的价值是多少。当然,做推算时还要考虑到偷税漏税的情况。总而言之,大运河是沟通南北经济的大动脉,是一条经济之河。

明代八大钞关中,收税最多的是临清钞关。这是15—19世纪时期(明清时期)在大运河航线上设立的一个专门针对大运河上来往的商用载货船只征收船税的机构,隶属于户部,户部在此设立户部分司管理收税事宜。明代万历年间,临清钞关年征收船料商税银八万余两,居全国八大钞关之首,占全国钞关课税额的四分之一。临清钞关见证了通过大运河进行的规模庞大的水路运输量与繁荣的贸易活动。

据介绍,历史上的临清运河钞关相当壮观,是一组建筑群,自运河而西依次为河口正关、阅货厅、"国计民生"坊、关堞、仪门、正堂等。南北三进院落,置设穿厅、船料房、鼓铸坊等,占地40000平方米,厅堂坊舍四百余间。占地东西长130米,南北宽96米。现存有仪门、南、北穿厅,

今日的临清钞关

公堂、巡拦房、船料房、官属舍房等 80 余间古建筑，占地面积约 0.7 公顷，是大运河沿线保存最完整的钞关旧址。这里正在筹建中国税务文化博物馆。临清钞关见证了通过大运河进行的商业贸易和税收活动，是研究明清经济生活、大运河城市的形成与发展及中国税务史的宝贵实证资料。

在《清宫扬州御档》相关奏折中，明确记载经扬州钞关流通的商品种类繁多，尤以粮食杂货等项为大宗。从扬州钞关流通情况看，各地交流的商品种类琳琅满目，由南方销往北方的主要是各种手工业产品，

扬州钞关遗存

延伸阅读

扬州钞关及其功能

扬州钞关在城南运河边，建筑现已不存，地面上有一块巨石上写有扬州钞关。明清时期，扬州城南挹江门就是"钞关"所在地。

当时的钞关是船舶集中的地方，有商船，也有客船。明嘉靖《惟扬志》卷27 记载"留都股肱夹辅要冲之地，西京、诸省官舟之所在，东南觐贡之所入，盐舟之南迈，漕米之北运"，都要从这里经过。每每到了漕运的高峰期，"帆樯如林，百货山积"（明嘉靖《惟扬志》卷 27）。等待过关的行商往往在钞关附近的官店、私店内居住，附近商业和服务设施应运而生并迅速发展，形成了古时称"埂子口"，今为埂子街的商业街。

明代扬州关是明朝运河沿线七大钞关之一，而清代扬州关又是户部著名的二十四关之一。明清时期选择扬州作为征收商品流通税的榷关，是与扬州发达的水运和繁荣的商品贸易分不开的。通过大运河，仪征、瓜洲与扬州城相连，形成了以扬州为中心的以运河运输为特点的商业转运网络，扬州成为著名的商业转运中心。据清关税档案统计，清代前期，扬州关的年均货税在 18 万两白银以上，在二十四关中排名第二。

北方销往南方的主要是粮食和各种经济作物。扬州钞关主要是针对过关的米豆、棉花、饼、梨枣及杂项零星货物收税。

作为大运河沿线最重要的城市之一,来自各地的商品要在扬州关中转,扬州为来自各地的货物提供了一个很大的消费市场。同时扬州钞关也将运河沿线发达的工商业城市有机地连接在一起,形成了手工业市场、粮食市场和原料市场的一种互动互利的交换机制,促进了运河南北区间经济的发展,扬州钞关由此成为运河流域重要的商品流通枢纽之一,也在相当程度上维持了清代前期扬州的大运河中心城市地位。

第二节　中国大运河商业服务设施

1. 中国大运河第一钱庄

古代行商随身带着银两作为结算货币,随着生意越做越大,随身携带银两已很不方便,于是出现了为商人从事银钱兑换,存放款等业务的商业信用票号,即钱庄。当铺、钱庄、票号被称为"金融三姐妹"。在商业繁荣的运河沿线有众多的钱庄,而山东微山县南阳古镇就有座胡氏钱庄。

南阳古镇是微山湖上与古运河形成的一块孤岛,形成"岛在水中、河在岛上、镇在湖内"的独特景象。古运河从镇中间穿越,南阳古镇成为货物集散的重要商埠,兴旺昌盛达600余年,被称为明清时期运河四大名镇之一。

南阳镇现存的钱庄遗址为号称"运河第一钱庄"的胡氏钱庄。胡氏钱庄创建于清朝中期,是南阳古镇最早、也是现存唯一的钱庄建筑。它是由胡家典当生意发展而来。

南阳镇的清代钱庄

据说胡家历代以镖船押粮兼典当生意为生。在清康熙年间,胡家一个叫胡良玉的人被清康熙皇帝钦点为武状元,此人善良正直,疾恶如仇,有百步穿杨的功夫,因此当地的地痞恶霸不敢来犯,胡良玉也得到百姓的敬重。就这样,不仅有许多低层百姓拿些东西来此典当换些银两解燃眉之急,就连有钱人也把钱物送到这里保管。

南阳镇清代钱庄的匾额

尤其是在清朝中期,随着漕运的兴盛,南阳镇成为大运河上较大的商埠码头,在运河上南来北往做生意的南北商贾也经常把贵重物品和多余银两存到胡记当铺,后来当铺慢慢地发展成钱庄。同时经营与票号相同的业务。由于胡记钱庄在大运河沿线的夏镇、济宁、徐州、镇江、扬州等设立了30多家分号,所以被称为"运河第一钱庄"。

胡记钱庄为典型的四合院格局,由前厅、账房、银窖、银库、正房等几部分组成。前厅是办理业务的地方,也是客户主要接待区。整个院落保存完好,其规模和装饰都胜过其他房屋。墙上的匾写着"承诺守信",还有四个大铜钱上分别写着"一本万利""日进斗金""汇通天下""通财惠民"。

2. 高邮同兴当铺

做生意在资金周转不灵时,有些商人会典当货物,获取周转资金,待有钱时再将货物赎回,这就产生了当铺。运河沿线因商业发达,当铺众多。在淮扬运河沿线重要城市高邮的北门大街,就有一座建于清代早期的同兴当铺,相传为清乾隆时期的权臣和珅的私产。

穿过高邮北门大街,就来到了同兴当铺。根据《高邮州志(三续)》记载,清乾隆年间(1736—1795年)高邮有当铺6家,清同治年间(1862—1874年)增至11家。其中规模最大、最为出名的是同兴当铺。高邮同兴当铺从外面看像一座方形城堡,采用合院式布局,建筑面积2700平方米。房屋四周是高大的风火墙,东西留有宽大的巷道和两边房屋隔开,整个楼房给人以森严神秘之感。当铺共有房屋80余间,其中柜房3间,客房3间,存箱楼24间,号房30余间,另有更房、厨房及其他生活用房20多间。当铺内有5口水井,这是当铺专供防火用的。

高邮同兴当铺

据介绍，和珅倒台后，同兴当铺转为民当，并数易其主。清末民初马士杰成为当铺最大股东，后由何梓独家经营。民国十六年（1927年），当铺遭军阀孙传芳部抢劫而破产停业。后由宰姓"朝奉"等筹资复业。日军占领高邮时关闭。1949年以后被作为合作社的生产用房。2006年，高邮同兴当铺被公布为第六批全国重点文物保护单位。

2014年，在大运河申遗过程中，作为运河遗产的一部分，高邮当铺受到当地政府的重视，当地遗产保护部门组织对同兴当铺进行了整修，住在里面的居民搬迁了，恢复了部分建筑旧貌，现作为大运河当铺博物馆对外展出。

同兴当铺的存厢楼，这里又称首饰房，俗称走马楼，位于当铺的中心，是存放金银首饰和贵重物品的地方。楼为上下两层，平面呈"回"字形，由前后两进厅房及东西两侧厢房组成。前厅底层正中设大门，外有石库。东西两侧各置边门，门上饰"八仙过海"砖雕。中央为长方形天井，四周以高大的风火墙围合，东西两侧为巷道，便于防盗、防火。楼东为客房和柜房，四合院式，主要梁架上有鲤鱼、莲花等吉祥浮雕纹饰。在存箱楼南侧是柜台，专门用于接受当品，柜台很高，外面的人看不清里面的东西，同时也是为了安全。同兴当铺成为高邮旅游的主要景点之一，为研究当铺这一特殊行业的特殊设施功能提供了一个重要窗口，也为研究清代大运河沿线的典当制度及商业文化提供了实物资料。

高邮同兴当铺如今建成了运河当铺博物馆

第三节 中国大运河商业交易场所

1. 运河码头

运河商业都离不开码头,在大运河沿线布满了各类码头遗存,除了漕粮运输的码头,更多的是大运河上各类物资销售的码头。

(1) 邵伯大马头

位于淮扬运河扬州段邵伯古镇的邵伯大码头在大运河沿线很是出名。邵伯明清大运河故道东堤上共有四个古码头遗址,自北向南分别称为竹巷口码头、大码头、朱家巷码头和庙巷口码头。这四座码头是往来大运河南北的客商在邵伯镇的主要停靠之处,也是邵伯镇及大运河以东地区进行对外货物贸易的主要场所。邵伯镇在清代以前的繁荣,很大程度上依赖于这四座码头。

四座码头的功能各自不同,大码头和朱家巷码头主运八鲜货和商店物资,竹巷口码头是装卸竹木器的,庙巷口码头主要是运输粮、蛋、桐油等物资,同时大码头又是官商两用的。邵伯镇在清代以前的繁荣,很大程度上依赖于这四座码头。1936年运河改道之后,这些码头也被逐渐废弃,现作为遗址展示。

(2) 邢台油坊镇的码头

河北邢台市清河县油坊镇运河上的油坊码头,是明清时期大运河商业的重要码头。当时码头上舟来船往,商贾云集,是河北清河、威县、南宫、故城以及山东高唐、夏津、武城等运河沿线城镇的商品集散地,被人们誉为"北方的小上海"。现存码头6个且保存完好,主要有客运码头、百货码头、运粮码头、运盐码头、运煤炭码头等。

(3) 通州运河码头

《通州运河故事》介绍,在明清两代漕运的终点北京通州运河边就分布着各有分

邵伯大码头成了游客的打卡地

邢台市清河县油坊镇的益庆和盐店

工的几座码头：茶棚村的客运码头、东关土坝的漕粮码头，还有陈辛庄的水运码头。货运码头又分粮食码头和杂货码头，杂货码头中又因为装载货物不同，分为山货、竹货、茶篓的码头和专用于装卸瓷器的码头。当时，除了官府专用的码头外，一般的只是排桩码头——就是沿着河岸打下排桩，后面用树枝或木板拦住泥土，形成切面，方便船舶停靠；再搭上一块木板，把船和岸连接起来就成了码头。除了货运码头，通州还有客运码头和漕运码头，甚至还有皇家专用的皇码头。

通州客运码头

通州漕运码头

道口古镇古码头的步道

（4）道口运河码头

河南滑县道口古镇现存9个古码头，分别用来运输不同的货物。码头用规则的青石和白灰垒砌而成。此码头不仅设有防护门道和防洪闸槽，门道上方的镶阴刻匾额上还刻有"山环水抱"四个大字。

（5）商丘运河码头发现隋唐时期多个窑口的瓷器

隋唐大运河商丘码头遗址坐落在商丘市睢阳区商柘公路与105国道之间。隋唐大运河的开通，促进了运河两岸城市的发展，宋州睢阳城（今商丘）就是依靠着大运河逐渐繁荣起来，成为繁华的商业大都会的。到明代中期，隋唐大运河商丘段河道淤塞，该河道彻底废弃,后因黄河多次泛滥被掩埋于地下。2008年文物相关部门开始了对码头的挖掘工作。考古发现大量隋唐时期多个窑口的钧瓷、汝瓷、哥瓷等瓷器。

2. 西兴过塘行

西兴古镇是依托浙东运河源头而发展形成的商贸集镇,这里有一种特殊的商业模式——过塘

商丘南关码头遗址

行。过塘行,就是专替过往客商转运货物的"转运行",因为当时钱塘江与运河存在水位落差,船只不能直接驶入,因此,无论是从浙东运河过钱塘江北上,还是从京杭运河过钱塘江东去,货船都要将货物卸下来,用牛拉上来,要过浅滩,翻过塘,暂时存放在行里,第二天再从运河上运出去,所以叫过塘行。西兴过塘行,是西兴商业全盛时期的标志。西兴为浙东运河之起点,水陆之要冲,南北客商、东西货物都须集此中转,故过塘行布满西兴上街、下街。

《萧山县志》载:萧山在明万历间(1573—1619年)即有过塘行,清末民初,过塘行陆续增多。西兴正处于上海、宁波两个开放城市的中点,客货运输空前繁荣,过塘行便如雨后春笋般发展起来。在李维松先生的《萧山古迹钩沉》中了解到,当年的

西兴过塘行

水运码头西兴是多么的繁华,"街市坊肆栉比,集散两旺"。据《西兴镇志》载:自清末至民国时期,有过塘行72爿半。72爿半过塘行的经营范围各有分工,有过客人、过禽蛋的;过茶叶、烟叶、药材的;过牛、羊、猪、鱼秧的;过酒酱的;过棉花、蚕丝、绸缎的;过百杂、灯笼、木器、锡泊、扇骨的;过建筑材料的;过银圆的;另有孙家汇"黄鳝行",因不是常年有业务,故称半家。当时的过塘行从业人员达千人,上船下船人流如织,是西兴镇的第一支柱产业。

过塘行转运的客、货,一部分来自内河,通过西兴转运至中原一带,货物如茶叶、黄酒、锡箔、棉花、土布、水果、木柴、竹制品、萝卜干、霉干菜等;另一部分自钱塘江运入,如锡锭、香烟、火柴、洋布、颜料、肥皂、淮猪、湖羊等,再由西兴转运至宁绍地区。船舶停靠长达千余米,首尾相接,起航靠埠,上客卸货,昼夜不歇;运河里舟来楫往,吆喝声此起彼落,俨然一卷流动的《清明上河图》。清代米又山的《西兴夜航船》诗写道:"上船下船西陵渡,前纤后纤官道路;了夜人家寂静时,大叫一声靠塘去。"

3. 大运河货船运哪些货物

货船运输是运河的固有功能,除了漕运粮食的货船。到了唐宋时期,运河上还有很多装载其他货物的船。在宋代,货船的功能是运载香货杂色物件等。货船的舱室一般不开窗,船形制圆短,如三间大屋,户出其背,上下船要靠梯子。从《清明上河图》虹桥部分,可以看到水面上许多载重货船一艘紧接一艘沿汴河溯流而上,其中一艘正待穿过桥洞。明代货船运的物资逐渐增多,有丝织品、瓷器、鲜活食品、建筑材料,还有木材和生产资料。此外,还有药材、茶叶、荸荠、竹笋、荔枝、葡萄等时令鲜果和鲜鱼鲜肉、野味、香油、调料等。

4. 古代大运河上怎么为食品保鲜

古代大运河上也为皇宫和地方官府运送生鲜物品,在明代,仅是为皇帝运送鲜活物资的船就有160艘。因为运输时间长,在没有电冰箱的古代,这些新鲜食品的保鲜成了问题。古人很聪明地利用了冰。中国人很早就学会了储存和利用冰,历史上各个朝代都开凿了冰窖、冰井用于存冰和为食物保鲜。古代制冰方法主要是在每年的大寒季节凿冰储存,然后把冰块运输到深山和地下的冰窖里,以保持冰的低温。不过因为难以保存,当时的冰很贵,唐代夏天的冰价等同于黄金。因此,在大运河上运送的生鲜物资,只有皇家使用的才有用冰冷藏的条件。在北宋时,朝廷有专门设置的"冰井务"掌管冰事。为了给贡品保鲜,朝廷规定,沿途各地都要设置冰窖,以供过往船只冷藏食品。到了明代，已采用了在船上用冰保鲜的技术。明人何景云在一首诗中说道："白日风尘驰驿路，炎天冰雪护江船。"冷藏措施还是靠在大运河沿线设置冰窖，清代在京城就设有4处18座冰窖。依靠沿线的冰窖提供冰块保鲜，南方的生鲜物资可以通过运河送到京城，让皇家和贵族们享用到新鲜的水产、时令果品等。

为了让这些时鲜物品能够顺利到达京城，大运河上还有专门的贡品运输船。鲥鱼与杨梅、枇杷等江南新鲜物品，是皇家宗室最喜享用的食品，这是一种特殊物资，运送的船只称为贡鲜船只，为保证供应皇家享用，明时规定"凡闸惟进贡鲜品船只，到即开放，其余船只务要等待积水而行"。清初同样规定，贡鲜船不限时间，船到即启闸。这给大运河的通航带来很大麻烦。一是黄淮交汇口的清江浦通济闸，每年都在伏秋黄水未发之前筑拦河土坝，以遏黄流内灌。徐州城北的镇口闸即黄河和会通河交汇处，也要在黄涨之前筑坝遏黄。所以要求进贡的杨梅、鲥鱼船在五月初过淮，六月初一筑坝合口。趁伏水未发，早日进镇口闸河。而正常情况下，如明正德至嘉靖年间，五月份杨梅、鲥鱼已运到京师。到了明万历年间，进鲜每于采鲜既完之后，方行措办装具，附载货物，勾当稽留，运逾旬日，沿途淹顿，又致愆期，比至京师，则色味俱变。不仅没有让皇帝尝鲜，同时也会影响筑坝，造成黄河倒灌，淤塞运河口。因此，每年贡鲜船北上，都需要"明白开写数目，以凭沿河官司查照应对"，如每年起运各项物资若干起，用船若干艘，什么物品、多少杠，实用船多少只，以备沿河官员一一核对。

古代运河上的商船

今天大运河上的货船

第六章 中国大运河商业组织

明清时期，随着中国大运河商品经济的发展，开始产生了一些地域性或行业性的商业组织，而大运河商帮就是其中重要的组成部分。商帮是我国历史上由地域关系联系在一起而发展的商业集团。它们已经积累了大量资本，各自在所属地区具有相当发达的商业，在我国历史上产生过重要的影响。我国明代产生了五大商帮，分别是晋商、徽商、浙商、鲁商、粤商，此外还有一些小的商帮，如洞庭商帮、无锡商帮。其中，在大运河沿线活动较多的是晋商、徽商和鲁商。随着专业漕运队伍的出现，大运河上还出现了漕帮和盐帮，同时在运河第一城扬州，还出现了特殊的商人利益集团——扬州盐商。

第一节　中国大运河商帮

伴随着大运河商业的发展，到明清时期商品行业繁杂和数量增多，商人队伍日渐壮大，竞争日益激烈。一些商人利用天然的乡里、宗族关系联系起来，互相支持，和衷共济，于是就从市场价格的接受者变成为市场价格的制定者和左右者。这时就需要一个组织来规避内部恶性竞争，增强外部竞争力。商帮就在这一特定经济、社会背景下应运而生。

一、为什么会产生中国大运河商帮

随着大运河商品经济的发展，大运河上开始产生商帮。五大商帮中晋商出现最早，主要指山西及陕西的商人，他们以盐业、茶叶、票号为主，其中票号最为出名。在晋商称雄的过程中，一共树立了三座丰碑，分别是驼帮、船帮和票号。徽商即徽州商人，又称为"新安商人"，俗称"徽帮"，是旧时徽州府籍商人的总称。徽商最兴盛的时期在明代，经营范围以盐、典当、茶、木材为最著，其次是米、谷、丝绸、纸、墨、瓷器等。浙商一般指的是浙江籍的商人。浙江先后产生过湖州商帮、绍兴商帮、温州商帮、台州商帮、义乌商帮等。明代时，江浙一带是我国经济较为发达的地区之一，商品经济发达，也产生了我国早期的资本主义萌芽。后来到了清代，浙商成为我国民族工商业的中坚之一，为我国工商业的近代化发展起到了很大的作用。鲁商是明清时期山东的商业群体，他们以"德为本，义为先，义致利"的商业思想著称，具有深厚的历史渊源和强大的生命力。粤商主要指广东的商人。当时，我国的资本主义尚处于萌芽阶段，广东商人依靠广东的人文地理环境、发达的手工业以及与海外的密切联系，形成了我国的又一大商帮。粤商主要从事贸易和运输。鸦片战争后，随着商品流通的扩大、商品经济的发展，粤商与外国商人做生意的不断增多，形成了发达的海外贸易，导致大量的粤商向海外移民。

这五大商帮尽管形成和兴旺的时间并不相同，但它们先后支配了我国明代以来的民间贸易，并在一定程度上影响了全国的经济，构成中国民族商业的主干力量。大运河的北端点，明清两朝的北京云集了来自各省的富商大贾，因此，各大工商行业几乎全被各地商帮垄断掌握。如，银号业、成衣业、药材业等基本都是清一色的浙东商人经营，香料业、珠宝玉器业又以广东商人经营居多，而山东商人则把持估衣、饭庄及绸缎等行业。声势最显赫的当属山西晋商，他们不仅垄断了在京的票号、钱庄、颜料、染坊、粮食、干果及杂货等各行业，而且在其他经济行中也都有其踪迹（李华主编《明清以来北京工商会馆碑刻选编》，文物出版社1980年版），故向有"京师大贾多晋人"（徐珂：《清稗类钞》第二十册）之谓。大批地方商人行帮在京从事经商活动，致使各种工商会馆纷纷开设。

二、大运河商帮有哪些特点

五大商帮中与大运河关系密切的有晋商、徽商和鲁商。这里主要介绍晋商、徽商和鲁商的特点。

1. 纵横运河南北的晋商

通常意义的晋商是指明清年间的山西商人。晋商经营盐业、票号等商业，尤其以票号最为出名。晋商的兴起，首先是明朝"开中制"政策的实施，为晋商的发展提供了契机。由于晋南一带"地窄人稠"，外出经商成为人们的谋生手段，晋中商人当时已遍及全国各地，北京城曾流行这么一句话："京师大贾数晋人。"

随着商业竞争的日趋激烈，为了壮大自己的力量，维护自身的利益，晋商的商业组织开始出现。起初由资本雄厚的商人出资雇用当地土商共同经营，形成较松散的商人群体，后来发展为"东伙制"，类似股份制，这是晋商的一大创举，也是晋商能够经久不衰的一个重要原因。晋商作为地方性商业集团组织的出现虽在明代，但其发展的鼎盛时期则在清代，其重要标志就是会馆的设立。会馆刚开始是为联络同乡感情而设，到后来发展成为维护同行或同乡利益的组织。

晋商发展到清代，已成为国内势力最雄厚的商帮。晋商成功的根源在于"诚信"和"团结"的商帮理念。晋商的辉煌人物有乔致庸等。

大运河沿线是晋商经商的主要地区，据专家考证，从1656年到1888年，晋商建在全国各地的会馆有500余座，分别是山西会馆、全晋会馆、山陕会馆、山陕甘会馆等。

晋商的戏台

晋商建的山陕会馆

而如今保护相对完好的晋商会馆有多座在大运河沿线城市，如北京阳平会馆、三家店山西会馆、河南开封山陕甘会馆、江苏苏州全晋会馆、山东聊城山陕会馆、河南社旗山陕会馆、江苏徐州山西会馆、扬州山陕会馆等，其中大多数已成为国家级重点文物保护单位。

2. 崇文尚儒的徽商

徽商，即徽州商人、新安商人，是徽州（府）籍商人的总称，为中国三大商派之一。

徽商来自徽州，包括歙县、休宁县、婺源县、祁门县、黟县、绩溪县六县，即古代的新安郡。徽商在宋代开始活跃，全盛期则在明代后期到清代初期。徽商最早经营的是山货和外地粮食，如将丰富的木材资源用于建筑、做墨和油漆及桐油、造纸，这些是外运的大宗商品；茶叶有祁门红、婺源绿名品；外出经商主要是经营盐、棉（布）、粮食等。

在大运河沿线，徽商经营多取批发和长途贩运。休宁人汪福光在江淮之间从事贩盐，拥有船只千艘。

徽商还有一个很大的特点，就是聚族而居。聚族经商的结果，是在徽州形成了一些著名的商人家族，譬如歙县的汪氏家族、江氏家族、鲍氏家族，休宁的吴氏家族，婺源的朱氏家族等。以徽商最为集中的运河名城扬州为例，据清嘉庆《两淮盐法志》记载，从明洪武后期至清嘉庆前期，

徽商故里安徽绩溪老街

扬州小盘谷也是徽商在扬州所建

两淮共有陕西、山西、徽州籍科举职官四百余人,其中徽州人更是多达三百多人。清朝文人陈去病说:"扬州的繁华昌盛,实际上是在徽商的推动下出现的,扬州可谓是徽商的殖民地。……而以徽州人为主的扬州学派,也因此得以兴盛。"这很鲜明地说明了扬州学派与扬州徽商之间的关系:徽商在促进商业发展的同时,同样也参与和促进了学术文化的建设和发展,从而取得物质、精神文明双丰收。不仅扬州如此,其他运河城市如苏州等地的徽商也是如此。

徽文化塑造了徽商的品格——崇文尚儒,以儒家文化来指导经商。徽商之中,最著名的就是胡雪岩。胡雪岩祖籍徽州绩溪,出身寒门,历经清朝道光、清咸丰、清同治、清光绪四朝的乱世岁月。清朝历史上,只有清乾隆年间的盐商有过戴红顶子的,而戴红顶又穿黄马褂者历史上却仅有胡雪岩一人。徽州望族还有汪姓的汪应庚、汪廷璋多在两淮从事盐业。歙县江姓乡绅江春更领导两淮盐业近五十年,自清乾隆中叶后,两淮盐业几乎被徽商所垄断。

3. 货真价实的山东商帮

山东商帮又称鲁商。大运河是一条沟通南北的重要水路运输通道,元明清大运河横贯山东,临清、济宁、德州、张秋成为大运河建成后发展起来的商业贸易城市。南北的商品在这里交换,装船运往更远的地方。大运河还把山东各地的商人联系在了一起,为形成山东商帮创造了条件。

我国历史上就有"鲁人多厚道"的说法。正因为他们的这种性格,山东商帮的致富之道与其他商帮相比显得更为简单。他们有思想但并不圆滑,有经商的能力却不世故,有文化却不善于花言巧语。他们的这种性格给经商的成功带来了方便。在商业领域表现为货真价实,做生意不欺诈,并且服务周到,对客户礼貌有加……这些经营理念使他们更具竞争优势。

清朝末年,山东章丘县旧军镇孟家开的"八大样"绸布店不仅因为生意火爆而闻名于世，而且他们的经商理念也被后世所传颂。绸布店的老板十分注重培养学徒以及其对顾客的服务态度，对学徒入店后的第一次考核就是看他对顾客的服务态度如何。和气生财、热忱服务的思想正是考核合格与否的重要标准，也是"八大样"兴盛的原因之一。

鲁商集聚的山东南阳古镇

山东商人十分注重所经营产品的质量，认为质量是生意兴隆的根本。他们对产品质量有着严格的把关，只有合格的产品才能够流入市场。即使遇到原料短缺的情况，他们也不会把那些次等的原料制作成商品，宁愿花大价钱到外地去求购合格的原料，也要生产出合格的产品，更不会出现以假乱真、以次充好的情况。也正因为这样，山东商人开办的店铺回头客很多。

4. 其他商帮

（1）洞庭商人，靡远不至

这里的洞庭不是指横跨湖南湖北的洞庭湖，而是指太湖中的东西洞庭山。太湖中有七十二峰，其中洞庭山最大。洞庭山双峰并峙，就是洞庭东山和洞庭西山。太湖洞庭以其秀美绮丽的风光、丰厚富饶的物产吸引着古往今来的文人墨客，然而在明清时期，真正使洞庭两山闻名全国的，则是号称"钻天洞庭"的洞庭商帮。

自明中期起，随着大运河沿线商品经济的发展，在苏州西南太湖中的洞庭东西两山，崛起了一个闻名遐迩的商帮，称为洞庭商帮，也被称作"洞庭帮""洞庭山帮""山上帮"等。洞庭山人的从商活动，其实早在北宋年间便已开始，洞庭东西两山栽种柑橘等经济作物的历史可追溯至宋代，东西两山百姓的日常生活更是自然地与商业贸易有着极为密切的联系。然而，洞庭商人真正发展成颇具规模的商人集团，则是在明朝中期以后。尽管就兴起的地域范围而言，洞庭商帮可能是所有商帮中最小的，然而无论在商业资本之雄厚、活动范围之广泛，还是经营能力之强大等方面，都可跻身于"全国著名商帮之列"。"土狭民稠，民生十七八，即挟资出商，楚、卫、齐、鲁，靡远不到，有数年不归者"。明代弘治、正德年间内阁大学士李东阳也在其《怀麓堂集》中称洞庭人"散而商于四方,踪迹所至,殆遍天下"。由此可见,洞庭商帮是明清时期极有特点的商帮。明代的运河城市临清就有很多洞庭商人。洞庭商人翁永福先是在大运河上做布业生意,在北京发了一笔财。他的儿子翁参和翁赞子承父业,在大运河上经营绸布,因为经营得法,生财有道,总能得到数倍于本钱的利润,最终在山东临清立脚,规模大增,翁家成为远近闻名的"翁百万"。

(2)无锡商帮

清乾隆年间,无锡商人徐氏在苏州观前街创办了松鹤楼面店,从此生意越做越大,至今已有200多年历史。创建苏州松鹤楼的徐氏仅为明清时期活跃于江南运河地区,经营饮食、粮食贩运以及盐业生意的广大锡商群体中的一员。虽然相比其他商帮而言,无锡商帮较为后起,然而无锡"非求生于近邑,必谋食于他乡"的传统由来已久。在明朝后期,他们就已经以群体的形象活跃于商业领域。明代,无锡商人主要于江南从事盐业。进入清代以后,无锡商人在地域范围上更集中于邻近无锡的苏州等地,经商领域则集中于粮食贩运与粮食加工业、饮食业、食盐、生猪猪肉等行业。

徐氏开启了无锡商人在苏州经营面店的序幕,随后,来苏州经营面店的无锡人越来越多,并且在苏州成立了面馆业商人联合会。清乾隆二十二年(1757年)无锡面商的领军人物许大坤联合诸位苏州面业同行,从一户邹姓人的手中购置地产,共花费了七百四十两白银,于苏州宫巷建起了面业公所。这所面业公所的房产规模颇大,房屋坐东朝西,共计二十一间三披,另外还包括了一条备弄。此处房产专门用作面馆业同仁日常议事之所,并用于办理赈灾抚恤等各类慈善事务。由于在苏州经营面业的商人大多来自无锡、常州之地,许大坤牵头创办的面业公所为漂泊在苏州的无锡商人提供了一个可以依附的安身立足之地,既为同业之业缘联盟,又为同乡之地缘纽带,具有双重意义。聚集于苏州的无锡商帮,自清乾隆早期至清末民初,始终牢牢把持着苏州的面馆行业,此后由面馆业至酒楼餐饮业转型。在苏州的面馆行业最为兴盛时,苏州数得上字号的面馆多在百家之数,从业人数多达二三百人。苏州面业繁华至此,与明清时期大运河地

无锡商人经营的苏州松鹤楼

区的经济发达密不可分。苏州之所以商贾密集、货物辐辏，与大运河便捷的水陆交通有着莫大的关系。与无锡商帮对苏州面馆业的垄断情况相似的，还有常州商人对江南运河沿线生猪业的垄断。

三、大运河商帮对沿线商品经济的促进

大运河商帮对大运河沿线出产的物品销售发挥了重要的作用。明代万历时，浙江临海人王士性描述全国各地的商品都会之地，列举代表性商品，是"苏、杭之币，淮阴之粮，维扬之盐，临清、济宁之货，徐州之车骡，京师城隍、灯市之骨董，无锡之米，建阳之书，浮梁之瓷，宁、台之鲞，香山之番舶，广陵之姬，温州之漆器"，显然大运河沿线城市及其腹地所出商品最为突出，而经营这些商品的各地域商帮极为活跃，除了五大商帮，还有一些地域性的小商帮，是这些商帮支撑了中国大运河商品经济的发展。

明中期起，江南成为全国最大的棉布、丝绸和书籍等大宗生活和文化用品的生产基地，由于区域经济自然分工，产地与卖场的脱节，这些大宗商品和文化用品等均依赖各地域商帮远距离大规模的商业经营。

明代中期起，江南棉布销往全国各地，主要有两大通道：一条经大运河，一路北上经过齐鲁大地，供应北京，达于边塞九镇，以山东临清为转输中心；另一条出长江，经湖广、四川沿途销售到南方。松江、太仓等地所产标布，明后期都以沿大运河北上为主。人称"自来镖行自临清以达北都，边商自蔚朔以及宣大，无不贸易此中。其上海一邑，每岁布货镖商流通者不下百万金，即染青匠役亦有万人"。嘉定棉布，"商贾贩鬻，近自杭、歙、清、济，远至蓟、辽、山、陕"。明代常熟棉布，"用之邑者有限，而捆载舟输，行贾于齐鲁之境常什六，彼民之衣缕往往为邑工也"。而当时江南一带产棉花并不多，棉花主要产自河南、安徽一带。于是，当时人运河上就出现棉、布对流的局面，呈现"棉则泛舟而鬻诸南，布则泛舟而鬻诸北"的独特景象。销向全国的江南棉布，仅松江一地的产量，就可能每年高达三四千万匹，主要是通过大运河运往全国各地。

徽商、江南商人就以大运河沿线的城镇苏州、临清等地为根据地，长时期大规模地从事棉布贩运活动，而山西、陕西商人经由运河全线，长途跋涉，将江南棉布贩运到北方乃至中亚，福建、广东商人经由大运河南端，将江南棉花布匹贩运回乡，甚至将大量棉布运销到东南亚以至后来的欧美各国。清朝前期，徽商先是在江南各地棉布市镇开设字号就地踹染加工布匹，后来又将字号转移到苏州阊门外山塘，山陕商人则

在棉布产地坐庄收布。

沿大运河的商业还有丝绸贸易，明万历时杭州人张瀚得意地说：以苏杭为中心的江南大地，"桑麻遍野，茧丝绵苎之所出，四方咸取给焉。虽秦、晋、燕、周大贾，不远数千里而求罗绮绸币者，必走浙之东也"。清康熙后期，前往杭州采购各式绸缎的山西商人总结："各路商贾来杭兴贩绸缎，一省有一省所行之货"。江南各地丝绸销向全国，走的主要是大运河一线。在江南丝绸销向全国的贸易中，江浙和山陕商帮居于主导地位。

明中期起，江南是全国最大的书籍刻印生产中心，南京、苏州、杭州以及无锡、常熟、乌程等地，书籍刻印业发达，书籍品种繁多，数量庞大，远销全国乃至日本等国。北京则是各类书籍的集中之地，书籍主要来自江南和江西。江南书籍刻印业发达，但所需纸张几乎全靠从江西、福建和浙东各地沿运河输入。于是，江西、福建长汀、浙江龙游的纸商，湖州、杭州和江西等地的书商、书船活跃于江南各地、运河沿线。

明清时期，两淮盐场是最大的盐场，盐斤销往长江中下游广袤的六省之地。这一时期，河北、山东等地流行使用长芦盐场的盐，江南绝大部分地区流行使用两浙盐场之盐。而贩运、销售这些盐的商人多是徽州、山陕的商人，尤其是徽商，是大运河沿线实力最为雄厚的商人，他们的盐业运销几乎都通过大运河。

据学者研究，明中期起，江南由于食粮和工业用粮比重增大，已开始从长江中游输入粮食，从江淮、华北地区输入杂粮豆麦。先是徽商，继而是江西、湖南、湖北商人，后来是长江口两岸的苏、松、通、泰商人力从事粮食贩运，而山东、河南、江淮商人一直从事大运河沿线的相关贸易。于是，明代后期起，在原有大运河流通南布北棉格局不变的情形下，又增加了北方豆粮梨枣的南下。

江南造船业和木器制造业特别兴盛，而北京被称为"漂来的城市"，都城的营建需要大量的木材。徽州、江西等地木商将浙江、南直隶以及接邻的江西一带所产的杉、松等木，或循新安江水系，经钱塘江，抵达杭州，转运江南各地，或由长江，经芜湖、南京，抵达镇江、扬州，转入大运河，分销到大运河的南北各地；徽州、江西和湖广木商将湖广、四川、贵州接壤地区的楠、杉等木以及板枋等材由长江顺流而下，到镇江分流，经运河贩销到华东、华北各地。北京营造宫殿所需木材称"皇木"，明朝后期，徽州、江西等地木商则长年从事"皇木"的远距离贩运活动。而在北京通州运河边有个码头就叫皇木厂。因此，大运河商帮不但促进了大运河沿线的货物交流，而且促进了全国，甚至中外的贸易循环，进而推动了大运河沿线经济社会的发展。

第二节 漕帮与盐帮

作为漕运时代的遗存,大运河上还有一类特殊的商帮,即漕帮和盐帮。

1. 大运河漕帮

漕帮,即因漕运而形成的一种特殊商帮,在清雍正初年(1723年)取得合法地位,在取得合法地位后迅速发展壮大,改组后又转入地下。漕帮是清雍正四年间(1726年)翁岩、钱坚及潘清三人所创。徒众过去都以运漕为业,故漕帮也称粮船帮。大江南北,入帮者很多。漕帮是中国民间的统称,漕运停止后,漕帮发展成青帮,是清初以来流行最广、影响最深远的民间秘密结社之一。

明清两代依靠大运河南粮北调,供应京师和边防,维持漕运近六百年。围绕着漕粮的征收和运输,生成一套盘根错节的规则体系。因漕运汇集在一起的舵工、船员、纤夫构成了在大运河上讨生活的一个特别群体。这就是漕帮形成的社会基础。在漕运中,各地的运军和漕船,按所属地域营卫划分为不同的"帮",如德州帮、兴武三帮、凤中二帮、赣州帮等名目繁多,数以百计。当时大运河上共有粮帮"128帮半"。每帮所具有的漕船数目多少不一,多的有七八十艘,少的二十多艘。

漕帮内的资料讲述了漕帮成立的故事:清雍正年间,皇帝通令各省,挂榜招贤办理漕运。漕帮的三位祖师翁岩、钱坚及潘清得到这个消息,心中大喜,便到抚署揭了黄榜。那时河南抚台名叫田文镜。三人见了田巡抚,说了来历,便提出了整顿漕运办法。田巡抚大喜,当时与漕督同本上奏。雍正帝下旨,令三人归漕河总督张大有节制,并听命于勘视河工钦差何国宗指挥。三人便辞别田巡抚,来到清江浦,请见张漕台及何钦差。张何二人即命三人监造粮船,并督理浚河修堤工程。二人又请张何二人转奏,请恩准开帮收徒,以便统一粮务。清廷批准所请。这样就有了漕帮。

漕帮有三个特点:一是成分单一。以无资产的青壮年男性船工为主,并吸纳了一部分底层读书人。二是组织严密。有残酷的漕规、家法和江湖义

北京通州漕运博物馆讲解员正在讲解运河漕帮的历史

气维系着体系的严肃性。三是准军事化。有旗语、暗语和帮规,侧面表现了漕帮的准军事化部署。这些特点,为日后发展为陆上主流黑社会组织提供了基础。漕帮有严格的帮规,倘有人犯了"十大帮规"的第三条"不准扒灰倒笼",就会被处"死刑",缚在铁锚上烧死。

漕帮内又分为各个帮派,山东漕帮至清康熙年间号称"10帮半",有济宁前、后帮,临清前、后帮,东昌前、后帮,德州头、二、三、四帮。江苏则有21帮。漕帮以"江淮四"(在江苏21帮以内)为首,关于打旗就有严格规定:江淮四头帮在无锡兑粮。平常打八卦旗,初一、十五打杏黄旗;进京打黄色龙旗,出京打淡黄色凤旗。金顶金丝盘龙桑枝雀杆,上红下黑,三道紫金箍,清门锡壶顶,阴阳紫金所,如意头子,刘海戏金钱,双披红花,顶四飘带。

协公济约碑

漕帮各个帮派之间还有协约。山东临清发现的《协公济约碑记》记载:"合同议约,协运豫漕,山东德、临、平、任六帮,同事二百六十八人。曹晖等缘念乡里,有守望相助之谊,帮亲亦宜有休戚相关之道。"(李赛南《协公济约碑记与山东漕帮移聚临清初探》)

到了清末,漕帮逐渐减少至6帮半。漕运在清光绪二十七年(1901年)完全停止,漕帮被迫弃水上岸,到大运河沿线发展,凭借其严密的组织性和江湖义气,成为大运河沿岸地区的准军事化的黑社会组织。漕帮入民国后,正式改称清帮(青帮)。大运河沿线城乡是清帮居留和活动集中的地区。其中,运河沿线的邳州有清帮数千人,居留于四乡小集市茶肆、酒馆、赌场。进入民国后,商品经济的进一步发展,城市生活不断变化,那些离开漕运缺乏现代生产技能和文化适应的清帮成员,为了谋生和发财,便利用清帮组织从事贩卖毒品等非法勾当,并与各地流氓合伙开设赌场、妓院等,成为社会上的一股恶势力。那些继续在大运河上讨生活的清帮成员,也以各种不正当的手段,占据码头和航线,垄断水上运输。清帮在上海被称为青帮,出现了张啸林、黄金荣、杜月笙等大亨,一手遮天,直到民国结束。中华人民共和国成立后对这些帮会组织进行了取缔。

2. 大运河盐帮

盐帮的由来，有其特殊的历史背景和意义。中国古代的盐，从开采到贩卖是由官府控制，私人是不准进入这一领域的，这有明确的法律规定。但国家缺钱时，如果有商贾之流主动捐款，甚至主动承包完成工程，政府就颁发其一个贩盐许可证，准许其贩卖运输官盐，甚至还可以得到徭役减免等豁免。因此逐步演变为私人贩盐，这就为盐帮的形成提供了条件。

盐帮建立于汉朝的江淮流域，趁着经济富足的汉武盛世大行其道，四处贩盐得以蓬勃发展，因此最初的盐帮是正式得到官府认可的贩盐帮派。由于封建社会的法制不完善，官员间的相互勾结，官盐管理部门和盐帮之间产生了千丝万缕的关系，于是就有了所谓的"私盐"。

盐帮贩运活动路线分南北和东西两线，南北路线一般沿大运河北上至漠北；东西路线一般沿长江直到西北青藏地区。自古以来，盐铁官营，在封建社会，官僚体系腐化堕落，他们往往利用垄断盐业贸易的特权谋取私利，抬高盐价，利润十分丰厚。江南一带的富商巨贾多是草莽之辈，往往一起贩运私盐以牟取私利，这些私人的贩运团伙就被称为"盐帮"。

盐帮成员也产生于为私盐业主产盐的盐丁及运输盐的船工中，元末明初的义军领袖、地方割据势力之一的张士诚曾是盐帮出身，元至正十三年（1353年），因受不了盐警欺压，张士诚与其弟士义、士德、士信及李伯升等十八人率盐丁起兵反元，史称"十八条扁担起义"。

辛亥革命时的扬州军政分府都督徐宝山就是一个贩私盐的盐帮首领。清末，徐宝山在盐都仪征十二圩独占山头，长江流域上自芜湖下抵江阴等城市，千余里都是他的领域，船只多达七百多艘，弟兄上万。1911年辛亥革命爆发后，徐宝山抛弃满清政府，

扬州盐宗庙　　　　　　　　　　　　扬州徐园

率部并动员往日兄弟一起投身革命,任扬州军政分府都督。1912年元旦,中华民国临时政府成立,徐宝山被任命为第二军上将军长。孙中山辞去中华民国临时大总统后,据说徐宝山投靠了袁世凯,后被革命党人炸死。扬州瘦西湖的徐园就是徐宝山的私人园子,后来成为祭祀徐宝山的祠堂。解放后被收归国有。

如今,盐帮文化遗产成为发展旅游文化产业的资源,扬州卢氏盐商住宅成为扬州盐商生活展示馆和淮扬菜博物馆。

第三节　扬州盐商

与一般的民间经商不同,扬州盐商是指明、清两朝政权特许的具有垄断食盐运销经营特权的食盐专卖商人。他们依托扬州作为大运河枢纽的特殊地位,借盐业专营特权攫取巨额的商业垄断利润,成为显赫一时的豪商巨贾。清代扬州盐商最为闻名,主要有晋商、陕商、徽商及湖广、江西商人,其中一半左右是徽商。他们对扬州的社会经济文化都产生了重要的影响。

一、扬州盐商的由来

扬州盐商是因为盐业垄断带来的市场优势而发展起来的。扬州地处大运河的枢纽位置,在以内陆水运为主要运输方式的时代,是全国水陆运输的交通枢纽,又是食盐运输的主要集散地。早在西汉初期,吴王刘濞为了富国强兵,就在今天扬州以东的沿海地区设立了盐场,并凿通了茱萸湾(今扬州湾头镇),向东经海陵仓(今泰州)到蟠溪(今南通如皋陈家湾)的运盐河。这条河是邗沟的支流,后称通扬运河。通过这条河将食盐运到广陵郡,再通过大运河运到全国各地。扬州成为当时全国重要的食盐产销中心之一,吴国也因此成为当时最强大的诸侯国。

唐代的扬州是东南最大的都会,重要的漕运枢纽,也是盐业运销中心。"唐开元二十二年(734年),江淮转运使裴耀卿置输场、

老通扬运河就是始凿于西汉的运盐河

盐仓，以受淮盐[1]。扬州设转运使院专门运输淮南道扬州、楚州盐场生产的食盐。《嘉庆重修扬州府志》卷20《赋役·漕运》记载："扬郡为江淮津要，唐都关中……皆转漕东南，设转运、发运等使，驻节于此，以经理此事。"[2]说的就是当时的盐铁转运使常驻扬州，经办盐铁事务。另设扬子留后，专管囤积在扬州的各种物资，扬州成为当时盐商聚集的城市。特别是"安史之乱"后，全国经济重心南移，扬州更是贸易繁荣，商贾如织。设在扬州的两淮盐场成为全国主要的食盐产地之一，朝廷在扬州设两淮巡院，负责东南地区的食盐销售管理。经过著名财相，时任河南、淮南盐铁转运使刘晏的食盐销售制度改革，将官运官销部分改为商运商销，扬州成为盐商云集、盐监众多、盐船汇集的运销中心，江淮盐利收入出现了历史性的跳跃。到唐大历末年，东南地区的盐利收入达到了600万贯。《万历扬州府志》记载："刘晏增之六百余万缗。"[3]而当时唐中央政府每年的财政总收入才为1200万贯，也就是说，以扬州的两淮盐场为主的东南地区的盐利收入达到了唐王朝财政收入的一半。

也正是在唐代，以扬州为中心的两淮之盐除了保证当地的食用之外，后来还逐渐行销到巴蜀、湖广、赣闽等地。扬州盐商（也称为"两淮盐商""淮商"）开始真正崛起。由于关中地区原本从事农业、商业的富户们，都变换家产投资盐业进而成为盐商，因而出现了一些势力大、影响大、获得利润多的大盐商。随着盐商们获得的利润越来越丰厚，他们的地位也越来越高、影响也越来越大，盐商们的生活越来越铺张豪华、奢侈矜贵。从唐代推行榷盐法开始，盐商一跃而成为有别于其他诸如米商、木材商等的特权商人，成为一个新的特殊阶层——事实上，他们已经成为影响封建王朝政治、经济的一种举足轻重的力量。他们的生活方式，也直接影响着扬州市民生活和市民文化的形成，唐代大诗人白居易因此还留下了《盐商妇》的诗歌："盐商妇，多金帛，不事田农与蚕绩。南北东西不失家，风水为乡船作宅。本是扬州小家女，嫁得西江大商客。绿鬟富去金钗多，皓腕肥来银钏窄。前呼苍头后叱婢，问尔因何得如此？"[4]通过对衣食富足的盐商之妻的描写，揭示了盐商发迹是食盐官营的弊端之所在。

宋元之际著名历史学家马端临在《文献通考》中指出："本（宋）朝就海论之，惟是淮盐最资国用。"（马端临：《文献通考》）确实，在宋代，因为拥有当时先进的生产技术和制盐工艺，两淮一带的淮盐产区（主要是指扬州路治下的通州、泰州、楚州、海州和涟水军）海盐年产量约为65000吨，可占全国食盐总产量的40%左右，

---

[1] 王自立：《扬州盐业史话》，广陵书社2014年出版，第43页。
[2] 王自立：《扬州盐业史话》，广陵书社2014年出版，第44页。
[3] （明）杨洵修，扬州市档案馆编：《万历扬州府志》卷11，广陵书社2019年出版，第259页。
[4] 王自立：《扬州盐业史话》，广陵书社2014年出版，第4页。

所以《宋史·食货志》说："国家煮海之利，以三分为率，淮东盐利居其二。"《宋史·食货志》："折中法""官般官卖法"（简称"官般法"）的实施，特别是"折博仓""折博务"等机构的设立，使得扬州水路运输盐量又有了增加，更使得瓜洲、真州（今仪征）也逐步成为当时重要的海盐转运港口，极大地推动了扬州及周边地区商业经济的发展。

金兵南下的南宋时期，军事重镇、经济重镇的扬州成了宋高宗的"行在"，短时间内成为全国的政治乃至经济、文化中心。以扬州为集散中心的淮盐也继续成为南宋经济的重要支撑，榷货务、卖钞中心这样的中央机构也在扬州、真州设立了分支机构。但由于接连不断的宋金战争，扬州盐业经济逐渐萧条，扬州城也遭受浩劫，成为"废池乔木"的"空城"，词人姜夔因此留下著名的《扬州慢》这首词。

元灭宋之后，朝廷非常重视以扬州为中心的两淮盐业，在扬州设立了两淮都转运盐使司，并在真州等处设置了掌批验盐引之职的批验所。同时，当时日臻成熟的海盐煮煎工艺也促使两淮地区盐产量连续大幅度增加。因此，到元天历二年（1329年）时，两淮盐区29个盐场总产量最高已达到"额办正余盐九十五万七十五引，计中统钞二百八十五万二百二十五锭"，即当年产盐3.8亿多斤，按照每锭值银50两计算，即两淮盐运司下辖盐场当年的销盐总收入为1.425亿多两白银。为了减轻运输铜钱的负担，在扬州出现了最早使用的银元宝，也出现了金额较高的盐引，扬州的金融贸易因盐业而兴盛起来，扬州城市也因盐业发展再度繁华，来到扬州的意大利旅行家马可·波罗在其《东方见闻录》（《马可·波罗游记》）中夸赞说："此扬州城颇强盛……是偶像教徒，使用纸币，恃工商为活。"[1]

后来元朝政府想通过大量增发盐引，不断提高盐价，以增加盐课收入，造成了盐政制度的极大混乱。元朝前后期的盐价竟出现了近十六倍的差价，让百姓食盐、盐民产盐、盐商销盐都相继出现极大的困难，这终于激起了两淮盐贩张士诚、方国珍与其他农民起义军揭竿而起，最终由朱元璋的起义军推翻了元朝政权，因而有的史家称"元朝亡于盐政之乱"。

明朝盐务管理前后进行过三次变革，明洪武年间实施的是"开中法"，商人输送粮食去边关，到沿海换取政府的食盐。"中期是叶淇变法，商人向政府交纳银两换取政府手中的食盐。后期是'废中兴纲'，政府放权给商人买、运、销，这样的食盐制度一直延续到清朝道光年间。"[2] 无论是"开中法"，还是叶淇变法，均表明朝廷加

---

[1] 此处引自《马可·波罗游记》。
[2] 朱治泊：《扬州上下三千年》。

强了对食盐的管控，盐业交易设立专卖制度，这为盐商的崛起带来了机会。两淮都转运使司就设在扬州，扬州成为全国的食盐集散中心之一，每年缴纳的盐税几乎与漕粮相当。明代，两淮盐场又有增加、调整，已达到30个，每年的产盐总量约可达到1.5亿斤，可占当时全国产盐总额的三成，行盐地域继续保持宋、元时期的范围，因此，两淮盐业仍为全国盐业的重点所在。大批外籍商人来扬州谋生，很多成了盐商。西商、徽商很快成为了扬州盐商里的主流人群。据统计，明代前期扬州盐商主要是西商，也就是秦商、晋商；明中期到清中后期之时，徽商一直是两淮盐商的主体；清末则由于曾国藩的主政，湖广和江西的商人崛起。盐商的出现，使扬州时间汇聚了巨额财富。明代"于天下设转运使司者六，而两淮居其一，岁课百二十万余，几与漕米直等"[1]。盐商群体真正在扬州崛起，并以其地域结构的多元性、文化元素的多样性、组成人员的多重性而立足扬州，进而影响全国。同时，扬州的经济与文化也因此增添了更加丰富多彩的内容。

清朝康熙、乾隆皇帝各六次南巡，在扬州所花费的银两，多源自盐商。清初盐法沿袭明制，基本上实行引岸制度。盐商运销食盐，必须向盐运使司衙门缴纳盐课银，领取盐引（运销食盐的凭证），然后才可以到指定的产盐地区向灶户买盐，贩往指定的行盐地区。但领取盐引则须凭引窝（又称窝根或根窝），即证明拥有运销食盐特权的凭据。盐商为了得到这种特权，须向政府主管部门"认窝"。"认窝"时，要缴纳巨额银两。握有引窝的盐商就有了"世袭"的运销食盐的特权。

清代扬州盐商主要有窝商、运商、场商、总商等名目。他们在食盐流通过程中具有不同的职能，其中以总商的势力最大。

窝商也称业商。清初，无窝商、运商之分。有引窝的盐商都是自己运销食盐。后来，有引窝的盐商因资本短缺，无力贩运，遂将引窝租给无引窝的商人运销食盐，如此便有了窝商、运商之分。窝商并不经营盐业，而靠垄断引窝，坐收巨利。

运商也称租商。运商认引贩盐，先向窝商租取引窝，缴付"窝价"。然后，赴盐运使司衙门纳课请引，凭盐引到指定产盐区向场商买进食盐，贩往指定的销盐区（即"引岸"）。运商在食盐流通过程中起着食盐产地与销售地之间的桥梁作用。

场商是在指定的盐场向灶户收购食盐转卖给运商的中间商人。场商具有收购盐场全部产盐的垄断特权，并采取不等价交换的手法，残酷剥削食盐生产者而攫取商业利润。

---

[1]（明）杨洵修，扬州市档案馆编《万历扬州府志》。

设在扬州的两淮盐运使司衙署

总商又名商总。清政府盐运使衙门在运商中选择家道殷实、资本雄厚者指名为总商。其主要任务是为盐运使衙门向盐商征收盐课。总商与官府的关系最为密切，是盐商中的巨头。

盐商与朝廷及各级官府的关系十分密切。清康熙、乾隆两位皇帝屡次南巡时，长芦、两淮等地盐商承办差务，供给浩繁，以博取皇帝的欢心。此外，清"康乾"期间，清政府每遇重大军需、庆典、赈务、工程之时，盐商往往踊跃捐输巨额银两，多则数百万，少则数十万。清"乾嘉"年间，各地盐商报效捐输军需就达白银三千万两之巨。对盐商的报效捐输，清政府在政治上奖给职衔，使其本身官僚化；在经济上给予优恤，初则准其"加价"（提高官定售盐价格），继则准其"加耗"（增加每引捆盐斤数），甚至豁免积欠盐税。此外，遇到盐商缺乏资本，清政府又借给帑金，俾资周转，谓之"帑本"；盐商每年缴纳息银，谓之"帑利"。盐商和政府之间这些政治和经济的联系，说明扬州盐商是为封建政治、经济服务的商人资本集团。清政府规定，湖南、湖北、江西、安徽四省的食盐，都要从两淮盐区运出，因而四省盐商云集扬州，促进了扬州的繁华。到清乾隆、嘉庆年间，两淮盐区产量最高达二百万引，折合为七八亿斤，占全国盐产量的三分之一，是明朝最高产量的三四倍，由此政府从中获取了巨额的盐课收入。至清乾隆三十七年（1772年），扬州盐商年赚银1500万两以上，上交盐税600万两以上，占全国盐课的60%左右。清乾隆时期两淮巡盐御史李发元称："两淮岁课当天下租庸之半，损益盈虚，动关国计。"[1]扬州盐商可谓富甲天下，"扬州盐商"四个字也几乎就成了清代盐商的代名词。

盐商大批集聚扬州，服务于盐商的会馆应运而生。据统计，清代扬州，仅商业会馆就有上百家。在扬州有以生产流通的环节划分的厂盐会馆、盐务会馆等；有以地区划分的山陕会馆、新安会馆、湖南会馆、湖北会馆、江西会馆、浙绍会馆、嘉兴会馆等；还有兼多个地区盐务的，带有政府办事处性质的，如四岸公所、淮南公局等。

---

[1] 穆家良：《两淮盐业的历史脉络和深远影响》。

扬州厂盐会馆

二、扬州盐商代表人物

据清嘉庆《两淮盐法志》记载,从明洪武后期至清嘉庆前期,两淮共有陕西、山西、徽州籍科举职官四百余人,其中徽州人更是多达三百多人。自清乾隆中叶后,两淮盐业几乎为徽商所垄断。清代盐商的代表人物有黄至筠、江春、马氏兄弟等。

1. 黄至筠

黄至筠(1770—1838年),又叫黄应泰,字韵芬,又字个园。原籍浙江。父亲在河北赵州做官,他于清乾隆三十五年(1770年)出生在赵州(今天河北赵县)。黄至筠十几岁时,父亲去世,家产为人掠去。数年之后,他骑着一头毛驴独自进京,凭借父亲的朋友给他捎去的一封信,见到了在京的两淮盐政,被委任为两淮商总。从此以后,黄至筠就加入了扬州府甘泉县籍。

这时候正值清嘉庆初年,朝廷因军费开支增多,水灾急需处理,财政日益困难。为解燃眉之急,朝廷公开卖官,号召富人捐钱,然后赏给荣誉官衔。黄至筠前后捐资数十万两白银,清廷因此赐他"盐运使"的荣誉官衔。同时,清廷还邀请他进京祝寿,赏他到圆明园听戏,赐给他仆人。他的长子、次子,都因捐资而被赐给"郎中"的官衔。

作为清"嘉道"年间八大盐商之一,黄至筠与晚清著名富商胡雪岩一样都是"红顶商人",正二品顶戴,钦赐盐运使司盐运使,即选道加十四级,诰授资政大夫。一时间,黄至筠在扬州成了炙手可热的人物,上自盐政,下至商户,都要看他的动静。他也因此成为扬州的老百姓口中的热门话题。

黄至筠曾三度起落,其间都凭借他过人的毅力和高超的经商能力坐稳了两淮盐商首总。清道光年间,盐政改制,商总的作用大不如前,但扬州盐商仍将重大事务委托黄至筠处理。而黄至筠也不负众望,照常坐着轿子出入两淮盐运使衙门,出谋献策,当机立断,将扬州盐界的局面维持了一段时间。

黄至筠在扬州建有一所园林别业——个园,是扬州保存最完好的一所盐商私家园林,与北京颐和园、承德避暑山庄、苏州拙政园齐名,是中国园林的典范之一。黄至筠作为一名经商奇才,同时也是个有文化修养的儒商,在书画艺术方面有着很深的造诣,现个园抱山楼下的嵌壁石刻上,还存有他画的一幅扇面。

2. 江春

江春是扬州盐商的代表人物之一,祖籍徽州。祖父和父亲开始在扬州做盐商,到江春这辈,有文化又善于经营,清乾隆皇帝对他非常青睐。在担任"两淮盐业总商"的40年中,江春"练达明敏,熟悉盐法,才略雄骏,举重若轻",先后被清乾隆帝赏赐"内务府奉宸苑卿""布政使"等头衔,官至一品,并赏赐顶戴花翎,为当时盐商仅有的一例。据说,江春还是扬州民间传说中"一夜造白塔"的人物原型。传说清乾隆皇帝到瘦西湖,觉得风光很像北海,可惜缺一座白塔。江春为了迎合乾隆,连夜找材料,雇工匠造了一座白塔。第二天当乾隆再次来到瘦西湖,突然发现面前多了一座白塔,有人告诉他这是盐商江春连夜建成的,乾隆皇帝感叹:"两淮盐商之财力,伟哉。"

黄至筠的住宅扬州个园

江春建的康山草堂

3. 马氏兄弟

盐商马氏兄弟——马曰琯、马曰璐喜爱考校典籍，并称"扬州二马"。家中专设刻书作坊，经常出资为清贫的文士刻印书籍，比如刻印朱彝尊的《经义考》，就花去千金之多。当时的扬州名流如全祖望、陈章、陈撰、金农等都曾在他家教书。马氏兄弟与扬州八怪的交往尤为密切，常在小玲珑山馆谈诗论文，吟咏酬唱。

街南书屋是马曰琯、马曰璐兄弟的别墅，建于清雍正七年（1729年）。因建在东关街南，故称"街南书屋"。街南书屋内有小玲珑山馆、看山楼等十二景。清朝诗人、美食家袁枚在《随园诗话》中，将扬州小玲珑山馆、天津水西庄、杭州小山堂并称为"清代三大私家园林"。马氏刻书校勘精美，装帧时尚，当时被称为"马版"，享誉士林。马曰琯非常喜欢藏书，他家"丛书楼"中藏书多达10余万卷，有"甲大江南北"之说。袁枚曾用"供养文人过一生"来称赞马曰琯。相传清乾隆皇帝编纂《四库全书》时，命令全国藏书家把自己的孤本、秘本献给朝廷，扬州马家呈献了一千多种天下少见的书，入选《四库全书》的就有七百七十六种，朝廷为奖励马家，特赐《古今图书集成》一部，马家深以为荣。

马氏兄弟建的扬州街南书屋

三、扬州盐商住宅

盐商们富甲一方，对居住环境也力求品质和高雅。于是细腻的园林兴起，清雅的亭台楼宇筑成，大批的花匠、瓦工、木工等在这期间练就了高超的技艺，甚至形成了扬州盐商府邸文化。

1. 卢绍绪宅

盐商卢绍绪的住宅坐落在老城区康山街22号，始建于清光绪二十三年（1897年），由盐商卢绍绪购得康山街南北空地两块，在北面建造宅园，耗银7万多两，3年建成。是大运河扬州段现存规模最大的盐商住宅建筑，也是大运河沿线晚清盐商大型住宅的代表。现存建筑前后共九进,占地约 5000 平方米,主要建筑及园林有正厅、藏书楼、意园等。其中有个可供 100 人同时就餐的楠木大厅,叫庆六堂,又被扬州老百姓称为百宴厅。

卢绍绪宅

卢氏盐商住宅临街朝南的大门气派而考究,门楣上的砖雕异常精美,虽经沧桑岁月,但仍可辨出砖雕上神态各异的人物活泼灵动,栩栩如生。置身老宅,淮海厅、兰馨厅、涵碧厅、怡情楼,厅厅相连,厅堂阔大,可设宴百席,气派非凡。漫步宅内,从第一进到第四进,天井两侧分布着小型花园,假山、花草、布局风格各异,构思精巧。深入后院,意园里盔顶六角亭、石船舫、水池等相映成趣。卢宅前后进深达百余米,占地面积 6100 多平方米,是反映扬州盐文化的重要古迹。从外表看古宅青砖黛瓦与一般住宅无异,但置身其中,一种"藏富不露"的恢宏之气扑面而来。卢宅以绵延的建筑群落、精美的建筑风格成为诸多盐商住宅中最耀眼的一座。现作为扬州淮扬菜博物馆对外开放。

2. 汪鲁门宅

汪鲁门宅位于扬州古运河边,始建于清光绪年间(1875—1908 年),是江南典型的盐商大宅,建筑面积 1700 余平方米,布局规整严谨,体量宏大,用料考究,装修精致,是扬州现存面积最大的盐商住宅之一,见证了扬州运河时代的商业繁荣。

汪鲁门名叫汪泳沂,字鲁门,是安徽歙县人,后捐职南河同知。先官后商,抓住机遇,运筹商海而发家致富,在扬州购置房产,成为扬州历史上最后一批最有影响的盐商大亨之一。汪鲁门由于处理漕河政务得力,深得历任漕运总督器重,曾在山阳县衙任职。他与其他人协作,呈请盐署于淮北苇荡左营之地,开铺盐圩二十一条,创建同德昌制盐公司,后改名为大德制盐公司,又主营扬州七大盐业公司。

汪鲁门住宅原房主是刘赓唐,民国八年(1919 年),盐商字鲁门以白银 5500 两和大洋 9750 元从刘氏手中购得。

汪鲁门宅第为徽派风格，位于扬州南河下 170 号，宅第有九进房屋，依次递高，绵延百米，寓意着步步高升。宅第大部分建筑的结构为上楼下厅式样，每进房屋之间连接着一条回字形的通道，将楼上每个房间相通，形成"串楼"，这样的格局在老宅院中并不多见。值得一提的是，宅第的楠木大厅格外漂亮恢宏，彰显了晚清时期的建筑美学。楠木厅里面的横梁和柱子都是楠木构架的，保存了原有的建筑模式的样子，都是通过榫卯结构（没有用钉子或者水泥胶水）把它连接起来。

目前汪鲁门宅第仍保留着日军的金库。日本人当年占领扬州后，在汪鲁门宅修了一个金库，面积约为 20 平方米，方方正正。四周墙体分为两层，内层为钢筋混凝土结构，外层墙体是与汪鲁门住宅其他部位一样的砖墙。金库设置了两道铁门，今天依然可以看到铁门框近 30 厘米的厚度，外围是上下左右由粗铁制成的栅式门。这座拆了顶的"日军金库"作为"历史的见证"而被保留了下来。

大运河申遗过程中，扬州市遗产保护部门组织对汪鲁门住宅进行了维修，对本体部分进行了原状修复，对一些损伤的木构件进行了修补，损坏的地面重新铺设，并对过去修复时不规范的门窗形制进行了纠偏。同时恢复了东侧火巷，重建了花园，拆除了南侧部分违章建筑，打通了汪宅与大运河的物理联系。大运河申遗成功后，汪鲁门宅被用作扬州大运河盐文化展示馆，展馆内介绍了扬州的大运河盐文化。

汪鲁门盐商住宅记载了两淮盐业的经济兴衰、世俗民风、时事春秋，其沧桑旧事刻录着一段历史，是研究大运河盐商文化的重要实物依据。

汪鲁门盐商住宅

四、扬州盐商园林

扬州盐商对居住环境的追求，造就了名闻天下的扬州园林。

1. 个园

个园是清嘉庆二十三年（1818 年），两淮盐总黄至筠在明代"寿芝园"旧址上建成的宅园，占地 24000 平方米，建筑面积近 7000 平方米，为前宅后园式江南私家园林。

个园的春景

个园的住宅部分位于个园南侧，坐北朝南，占地3500余平方米，建筑面积3000平方米。住宅由西、中、东三路建筑组成，前后各三进，各路建筑间以火巷相隔。整体建筑群规模宏大，布局严谨。单体建筑体量宏大，用料考究，是扬州盛极一时的盐商文化和民居文化的珍贵遗存。个园的园林部分，以四季假山为主，结合园林建筑、植物配置及理水，是个园景色的精华，是扬州古典园林艺术的杰出代表。

个园以竹石闻名，连园子都取"竹"半，以之为名。三叶成竹，四季竹影斑驳摇晃。虚怀若谷，柔中带刚。纵生而有枝节，高风长青，就像淡然的君子。

2. 何园

何园是清同治、光绪年间湖北汉黄德道台何芷舠在明代双槐园基础上修建而成的私家住宅园林。南为住宅，北为花园，中西合璧。2005年，当时的中国文物学会会长、园林泰斗罗哲文称何园为"晚清第一园"。何园中的片石山房系石涛大师叠山作品，堪称人间孤本。何园原名"寄啸山庄"，园名取自陶渊明"归去来兮……倚南窗以寄傲，登东皋以舒啸"之意。何园的主要特色是把廊道建筑的功能和魅力发挥到极致，1500米复道回廊，是中国园林中绝无仅有的精彩景观。

何园复道回廊

3. 汪氏小苑

位于扬州东圈门历史街区地官第 14 号，占地面积 3000 多平方米，建筑面积 1700 平方米。汪氏小苑以住宅为主要部分，以园相辅。因面积不大，宅主姓汪而称为"汪氏小苑"。小苑整体布局规整，分为三纵三横，前后中轴贯穿，左右两厢对称，每进门相对。小苑四个角落分布着四个花园，住宅与庭园之间，既相互连通，又曲折多变，是大运河沿线具有代表性的晚清建筑。2002 年，汪氏小苑对游客开放。

扬州汪氏小苑

4. 二分明月楼

扬州二分明月楼，以徐凝的著名诗句"天下三分明月夜，二分无赖是扬州"而得名。建于清代中叶，其主先为员氏、后为盐商贾颂平。园中有山林一区、长楼七间，楼上悬清代钱咏书题"二分明月楼"匾额。"天下三分明月夜，二分无赖是扬州"是咏扬州的名句，后人便将"二分明月"作为扬州的代称。扬州独占明月风流，扬州文人以赏月吟诗咏怀为乐事。清代中叶，员姓豪门依唐徐凝诗意建成此园。园中有迎月楼、夕照楼、梅溪吟榭等建筑，匾额楹联皆为金农、郑板桥等名家手迹。

二分明月楼占地仅 1031 平方米，但通过月光、山色、水意、树影、亭阁、漏窗等交织互映，极富内涵。全园布置紧扣一个"月"字，众多姿态各异的月亮桥、月亮门、月亮窗遍布其中，独显扬州得月之势。至今园内有井一口，井栏上刻"道光七年杏月员置"，镌刻了园史。折角向东有黄石山一座，在山上依山势筑东阁三间，西向主楼和东部夕照阁相连，这样明月西沉时可依阁送月；西南角又置迎月楼三间，与东阁正好错开，又能遥遥相望，这样月上东山时可在阁中迎月。

二分明月楼

扬州盐商见证了18—19世纪扬州作为大运河沿线城市商业和城市生活的繁荣兴盛。扬州盐商住宅、园林等在短时间内聚集人力、财力形成，见证了清代前期大运河沿线发达的盐业经济所带来的商业文明和盐商资本集团的财富集聚对社会文化振兴和城市建设发展做出的特殊贡献。18—19世纪盐业经济成为国家经济命脉，扬州盐商控制利用盐业专卖垄断权，依托扬州便利的水运条件，使扬州一度成为大运河沿线乃至全国的盐业贸易中心城市，形成了以盐业经济为支柱产业的盐商社会生态和商业经济形态，对清代扬州城的社会生态、建设格局和居民生活产生了直接影响。

第七章 中国大运河商业会馆

中国大运河沿线还有一类商业机构，那就是会馆。会馆是外来人口的民间组织，是地缘共生的乡土关系在异地维系的纽带。在水运交通便利、商业发达、经济繁荣的大运河沿线地区逐渐发展出会馆、商行等商业设施，反映了大运河沿线经济的繁荣和由此而生的文化发展情况，见证了大运河带来的思想、文化、技艺的交流和汇集。作为中国古代最主要的商业线路之一，大运河沿线会馆的形成原因是河运发达带来的商业繁荣、商贸兴盛、商贾云集、商事众多，同一地域或同一行业的商人需要一个载体来相聚议事、交易，在这种历史条件下，会馆应运而生。

第一节　中国大运河商业会馆的分布与特点

会馆原本分两类：一类是旅居异地的同乡人在一个城市共同设立的机构，供同乡同业聚会，寄寓之用的馆舍；一类是同业或同地域的商人相聚议事、交易的场所，即同一地域的商贾交际聚会的重要场所。本章讨论的大运河商业会馆是第二类会馆，即商贾交际的场所。

1. 大运河沿线会馆的分布情况

大运河沿线会馆众多，北京有湖广会馆，天津有闽粤会馆，聊城有山陕会馆，开封有山陕甘会馆，淮安有润州会馆、江宁会馆，扬州有岭南会馆、四岸公所、湖南会馆、山陕会馆，苏州有全晋会馆、潮州会馆，杭州有绸业会馆，宁波有庆安会馆。

（1）北京的会馆

北京最早的会馆是建于明永乐年间的北京芜湖会馆。明清两代北京会馆繁荣："各省争建会馆，省设一所、府设一所，其至大具亦建一馆，大小凡四百余所。"到鸦片战争前，北京的"货行会馆之多，不啻什百倍于天下各外省，且正阳、崇文、宣武三

运河古镇窑湾的山西会馆

大运河沿线重要会馆遗存分布图

门外,货行会馆之多,又不啻什百倍于京师各门外"(《明清以来北京工商会馆碑刻选编》,清道光十八年《颜料行会馆碑》)。据《明清以来北京工商会馆碑刻选编》一书的调查统计,在北京成立于清代的各种工商会馆多达50余处,分别由山西、陕西、浙江、江苏、广东、福建、安徽、山东等省的商人所建,内涉颜料、桐油、纸张、杂货、烟叶、油盐、粮食、米面、生猪、酒业、糖饼(糕点)、药材、茶叶、生漆、铜铁锡炭、绸缎、布匹、珠宝、香料、成衣、描金、鞋帽、玉器、染坊、氆氇、典当、银号、钱庄、西金(锤金片)、雕刻、书籍等30余种工商行业。据统计,到民国时期北京尚存会馆402所,目前大概有250个会馆遗存,其中大运河沿线城市商人在北京建的会馆有80多个。

(2)天津的会馆

在清乾嘉年间天津就设有9家"洋行""局栈'一类的商业机构,17家票号机构,闽广、江西、山西等地商人也纷纷在天津建立会馆。天津最早的会馆是闽粤会馆,后来出现山西等地商人公建的山西会馆,更多的是大运河沿线城市商人按地域而建的河南会馆、安徽会馆、江苏会馆等。

(3)扬州的会馆

历史上的扬州,因为大运河与长江在此交汇,盐商聚集,富甲天下,各地富商云集此地。来自广东、江西、湖北、湖南、安徽、浙江、山西等省商人纷纷在此建立会馆(清光绪《江都县续志》卷12)。其中,浙江商人主要经营绸布,湖南商人以经销湘绣为多,湖北商人以经营木材为主,江西商人主要经营瓷器,广东商人经销南糖,安徽商人经营盐业,而山西商人则以开办钱庄为多。商人们建起了一批会馆,如岭南会馆、四岸公所、钱业会馆、盐务会馆、嘉兴会馆、京江会馆等。

(4) 淮安的会馆

明末清初,山西、陕西、安徽、江西、福建等省大批商人,纷纷来淮投资盐业,并逐渐定居淮安。到了清乾嘉时期,为了联络乡谊,进行商业竞争,他们建立了10多所会馆,有新安会馆、福建会馆、润州会馆、浙绍会馆、定阳会馆(山西商人建立)、四明会馆、江宁会馆、江西会馆、湖北公所等。润州会馆位于淮安城西东枚里街,清嘉庆年间镇江商贾出资公建,现存青瓦砖房多间。

(5) 苏州的会馆

据现存碑刻资料统计,清代苏州共建有90多座工商会馆公所,除本地工商业者组建的外,来自广东、福建、浙江、江西、湖南、陕西、山西、河南、辽东、山东、云南、安徽、贵州等地的工商业者也建有自己的会馆。大运河边的吴江县的盛泽镇也有山西、山东、陕西、徽宁、宁绍、金陵等商人建的8所会馆。

(6) 杭州的会馆

杭州有会馆20所,附近的塘栖镇等也有会馆。杭州的外地商人会馆主要分布在西湖西吴山周围的商业中心,吴山有山陕甘会馆、常州会馆、扬州会馆,木场巷有江宁会馆,柴垛桥有安徽会馆,西大街有江西会馆,羊市街有福建会馆,方谷园有四明会馆;杭州还有很多行业会馆,如杭州钱业会馆、杭州丝绸会馆。

其他运河城市,嘉兴一府有会馆13所,湖州一府有会馆30所,镇江在太平天国运动前后有12所会馆,常州有会馆4所。

2. 大运河商业会馆的形成方式

(1) 以地域而分

如前所说,会馆大都是同一个地域的商人出资公建,会馆的地域性特征十分明显。大运河沿线很多城市都有山西会馆、仝晋会馆、岭南会馆等,湖广会馆在北京、天津等运河城市都有。

还有一种情况是多个地区商人共建一个会馆,

扬州山陕会馆为晋商在扬州所建,前门已成了东关历史街区的一部分

山陕会馆作为山西和陕西商人的会馆,大运河沿线多个城市都有,如聊城有山陕会馆,扬州有山陕会馆,开封还有山陕甘会馆。扬州四岸公所则是指清代到民国初期湘(湖南)、鄂(湖北)、赣(江西)、皖(安徽)四省盐务通商口岸联合办公之所。

(2)以行业而聚

还有一些会馆不是某一地域的商人公建的,而是某个行业的商人出资公建。如扬州的盐务会馆、场盐会馆。扬州盐商分场商、运商、食商,分别从事产盐、运盐、销盐的业务,场盐会馆是产盐的盐商聚集的会馆。天津有纸帮会馆、商船会馆。

这里重点介绍杭州的绸业会馆。杭州素有"丝绸之府"之美称,杭州最早的丝绸行会出现在清嘉庆二十二年(1817年),并于忠清巷建立了行会议事之所——观成堂。

3. 大运河商业会馆建筑的特点

(1)依水而建

运河边的城市水运发达,商业繁荣,做生意主要靠水运,因此,各地会馆主要是建在水边,与水运密切相关,如运河边著名的聊城山陕会馆。扬州古运河边的南河下有个会馆群,现存10多处会馆遗存,分别是岭南会馆、安徽会馆、湖北会馆、湖南会馆、浙绍会馆、四岸公所、钱业会馆、厂盐会馆、盐务会馆、银楼会馆、徽州会馆等。苏州平江路作为大运河的历史街区有个会馆弄,全晋会馆就坐落在这里。宁波的庆安

扬州四岸公所

扬州厂盐会馆

苏州全晋会馆

临水而建的聊城山陕会馆

会馆就建在大运河的入海口——三江口，同时又与海运文化相结合，供奉航海保护神妈祖，因此也是天后宫。

（2）选址在繁华地段

各地地域商帮的会馆，大多坐落在城镇繁华地段或交通方便之处。以苏州为例，商业分馆主要集中在胥门至阊门之间的商业黄金地段南濠街和七里山塘街上。清道光、咸丰时人顾禄在《清嘉录》中说："吴城五方杂处，人烟稠密，贸易之盛，甲于天下。他省商贾各建关帝祠于城西，为主客公议规条之所，栋宇壮丽，号为会馆。"阊门外南濠街有漳州商人的漳州会馆（又名霞漳会馆）、邵武商人的邵武会馆、兴化商人的兴安会馆、金华商人的金华会馆、宁波商人的浙宁会馆、浙东纸商的浙南公所（浙右公所）；山塘桥一带有广州商人的岭南会馆、东莞商人的东官会馆（后改名宝安会馆）、新会商人的冈州会馆（又名扇子会馆）、广州商人的仙城会馆、山西商人的全晋会馆（又名白石会馆，清光绪间移往中张家巷）、陕西商人的陕西会馆（又名全秦会馆）、山东登青胶等商人的东齐会馆、常州猪商的毗陵会馆；上塘街有潮州商人的潮州会馆、汀州商人的汀州会馆、徽州商人的新安会馆；上津桥下塘有镇江、扬州二府商人的镇扬公所；张家花园南有泉州会馆；三六湾有绍兴蜡烛商人的东越会馆；南城下有宣州商人的宛陵会馆；杨安弄有浙江兰溪腌腊业的兰溪公所；潭子里有海州等地商人的高宝会馆（又名江淮会馆）；十一都有江苏苏北商人的江鲁会馆；鸭蛋桥有苏直鲁枣商的枣商会馆；阊门内尚义桥街有南京铜锡业的宁吴会馆；下塘官宰弄有南京皮业商人的元宁公所；万年桥大街有福州商人的三山会馆；胥门外枣市街有嘉应商人的嘉应会馆；胥门内的侍其巷有两广会馆；胥门、盘门之间的新桥巷有绍兴商人的浙绍会馆；留园五福路有江西会馆；枫桥镇有洞庭东山商人的洞庭会馆；娄门外东汇有以徽州木商为主体的大兴会馆；桃花坞大街有杭州绸缎商人的钱江会馆。

(3) 建筑文化丰富，融合了各地建筑特点

会馆由各地商人募请老家工匠按家乡建筑风格建造，本身就是有形的文化，也从不同程度上反映了各不相同的地域建筑文化。为了建造典型的家乡风格的建筑，济宁商人连泥匠、木匠、雕漆匠都用家乡人。会馆建筑富有家乡特色，各地地域商人都争相效仿济宁商人。由外地商人建造的大大小小上千所会馆，镶嵌在大运河沿线的建筑群中，与当地建筑风格又融为一体。正是因为会馆的加入，大运河沿线的建筑文化受到了全国各地的影响，吸收包容了林林总总的各地建筑特色，山陕风情、徽派造型、浙东风格、闽粤式样，在大运河沿线城市都有所展示。扬州较大规模的会馆大多数是异地商帮在扬州形成气候之后，商人捐资购买扬州已有的园林或有规模的经典名居，后再稍加修葺兴建的。因为各地文化传统、风俗习惯截然不同，所以不同地方的商人建造的扬州会馆的建筑风格也截然不同，但它们都有一个共同的特点，就是在商人原籍区域的建筑风格中融入了扬州本地的建筑元素，扬州会馆大多兼具"北雄南秀"，既具有扬州元素，又不失"自我个性"的特征，从而成为商人家乡文化与扬州当地文化相结合的艺术珍品。

第二节　中国大运河商业会馆遗存介绍

大运河沿线会馆众多，时至今日，大运河著名的商业城市都有会馆遗存。下面分别予以介绍。

1. 聊城山陕会馆告诉你晋商为何这样富

在聊城的山陕会馆门口就看到一副楹联："精忠贯日，大义参天"，赞誉山西商人心里装着精忠和大义。这座建筑始建于清乾隆八年（1743年），是山西、陕西的商人为"祀神明而联桑梓"集资兴建的。据说当时建了66年，共耗银9.2万多两。山陕会馆还有一座戏台上。据说，历史上，山陕会馆的戏台是最热闹的戏台，大大小小的戏班都来这里演出，每年春节、端午、中秋三节更要演戏娱神，让老百姓免费观看。

建设会馆的过程本身就体现了晋商善于理财、严格管理的特点。会馆里有19块碑碣，不仅记载了会馆置地、建设、重修所用的银两开支数目，而且在8块石碑的背面刻上了所有商号的捐款数目，相当于现在的一个"财务公开栏"。这就充分反映了山陕商人的特点：精于管理，讲究信义，目光远大，既一掷千金，又朴诚勤俭。这也是

晋商从明朝开始迅速崛起的一个重要原因。（山西戏剧研究所《晋商会馆》）

2. 近代中国史的见证：扬州岭南会馆

坐落于扬州市新仓巷4号至16号之间的岭南会馆是清代广东盐商们在扬州议事聚集的场所。岭南会馆建筑特色明显，是扬州规模最大、布局最完整的会馆建筑群。

据介绍，岭南会馆原占地面积近5000平方米、屋宇近百间，现尚存老屋50余间，原组群布局由东、中、西三路住宅并列，中间夹两道深巷相隔相通，现存中、西两条轴线。中轴线上，前有照壁，大门为砖雕牌坊门楼，入内有照厅、大厅、住宅楼。

岭南会馆还与清代一位名人——魏源有关，魏源故居与它相距不远。清道光年间魏源辞去两江总督幕中职务后回到扬州，常到岭南会馆走动，以期胸怀时事，目连天下，与龚自珍、林则徐、包世臣等一帮"经世"之士纵论于会馆。这一切，为《海国图志》这一巨著的面世打下了基础。

今天的岭南会馆已被用为民居客栈，在会馆老建筑的后面建起的新建筑成为客房，而会馆的原有老建筑则被改作了茶室和会议室，会馆中间的天井则被用作客人的活动空间，旅客可以坐在这里看书、休闲，观看墙上镶嵌着的"岭南会馆章程"石刻、"岭南会馆界址"石额，这些具有很高的建筑艺术、历史价值的文物，做一番怀古之旅。岭南会馆匾墙内的四组角花，也堪称扬州建筑遗存中的角花之最。

扬州岭南会馆被改为民居客栈

3. 被改成昆曲博物馆的苏州全晋会馆

在苏州，还有一座被改为昆曲博物馆的会馆，那就是位于平江路中张家巷的全晋会馆，此为旅居苏州的山西商人所建。全晋会馆始建于清乾隆三十年（1765年）。原位于山塘街半塘桥畔，后在清咸丰十年（1860年）毁于兵燹。清光绪五年（1879年）至民国初年，在苏州的晋商于平江路中张家巷另建会馆。从清光绪五年（1879年）至民国初年（1912年），这座全晋会馆陆陆续续修了三十多年，才有了今天占地面积约6000平方米，坐北朝南，分为中、东、西三路的规模。

1982年苏州市启动了对全晋会馆中路、西路建筑的全面大修，并移建正殿，重建庭园,复原了当年山西富丽堂皇与苏州精雕细镂建筑风格相融合的会馆旧观。1986年10月,全晋会馆被辟为苏州戏曲博物馆并对外开放。2003年11月,中国昆曲博物馆在此挂牌。

4. 运河文化和海洋文化的结合体:宁波庆安会馆

宁波的庆安会馆既是商业会馆,同时又是祭祀海神的庙宇,即供奉航海保护神妈祖的妈祖庙。庆安会馆既反映了大运河沿线因运河而发展繁荣的贸易和工商业情况,代表了由于漕运维护修建的大运河的衍生影响;又反映了大运河与海上丝绸之路的关系,也是运河沿线文化传播与发展的见证。

宁波庆安会馆始建于清道光三十年至清咸丰三年(1850—1853年),由甬埠行驶北洋的舶商组织修建。现保存完好,作为全国首家海事民俗博物馆对公众开放。会馆里的两座古戏台尤为引人注目,以贴金等装饰,显得十分豪华。金碧辉煌的舞台,很容易让人联想起水运时代的繁盛。

5. 开封山陕甘会馆有"三绝"

开封有座山陕甘会馆,在开封市龙亭区徐府街北侧。会馆建于清乾隆四十一年(1776年),由居住在开封的山西、陕西、甘肃三省的富商巨贾在明代开国元勋中山王徐达的府址上聚资修建而成,是清代山西、陕西、甘肃三省旅汴客商经商、贸易、联络同乡感情的场所。会馆为四合院式布局,面积达3870.29平方米,主体建筑置于中轴线上,由南向北依次为照壁、戏楼、牌楼、正殿,附属建筑位于东西两侧,包含有左右掖门、垂花门、钟楼、鼓楼、厢房、东西跨院等。

据介绍,山陕甘会馆有"三绝"——砖雕、木雕、石雕,这三项艺术享誉全国。

苏州全晋会馆改为昆曲博物馆

宁波庆安会馆

"三绝"中除传统的佛教故事、传奇人物题材外,还带着浓郁的商人气息。会馆的照壁上分布着精致的砖雕,有一组砖雕是一本打开、一本合拢的账本,寓意账户只进不出。另一组砖雕则是传统的双龙戏"珠",然而奇就奇在这龙戏并不是传统的明珠,而是一只头朝下的"喜蜘蛛"。会馆导游介绍,这是商人表达美好憧憬的意思,在古代中国民俗"喜蜘蛛"本有"喜"的意思,头朝下代表"喜到了";蜘蛛吐丝结网,则寓意商人们的人际关系脉络四通八达。可见在这精致的砖雕艺术下,隐藏的满满都是商人的世俗之雅。

除了砖雕艺术之外,山陕甘会馆"三绝"的另外两绝是"石雕"与"木雕"。山陕甘会馆的石雕装饰大多用于柱础、栏杆、抱鼓、壁芯、香案和墙基等处。会馆照壁里侧壁芯中央雕刻有一外为长方形、内为一椭圆形的高浮雕"二龙戏珠",构图严谨丰富、华贵典雅,造型上下翻飞、扶摇飞翔、刚健威武,技法细腻精湛,充满了超人的神秘力量,为清代石雕佳作。照壁四周雕刻镶嵌有四条夔龙捧寿,照壁的须弥座束腰部分雕刻有行龙,工丽严谨,气韵生动。

会馆内的木雕遍布于大殿和厢房檐下的桁、枋、雀替、挡板、垂柱等,采取的雕刻手法有圆雕、半圆雕、高浮雕、浅浮雕、悬雕、透雕等多种技法。引人注目的是大殿檐下的龙形木雕,金龙口中所含的珠子与龙的舌头之间的距离仅有1毫米左右,却悬挂了200余年不曾脱落,足见工艺之精湛。

6. 成为德云社剧场的北京湖广会馆

无独有偶,在北京也有一座由会馆改造成的演出场所,那就是北京湖广会馆。

北京湖广会馆修建于清朝嘉庆年间,地址在西城区骡马市大街东口路南边。刚建

北京湖广会馆

开封山陕甘会馆大殿前的牌楼非常气派

成时，会馆内就搭建了一个戏楼，吸引了很多的达官贵人前去，因此，也就在北京城内打出了名头。到了清光绪年间的时候，湖广会馆的名气更是到了如日中天的地步，这里不只是权贵的天下，许多的救国之士也是这里的常客。如以身唤醒千万同胞的谭嗣同，还有戊戌变法中的康有为和梁启超，都在这里听过戏。2013年德云社开始在这里固定演出，古色古香的四合院里，200多年的老戏楼被装修得富丽堂皇。

第三节　中国大运河商业组织对社会文化的影响

各地商人和商业组织在运河沿线的活动多姿多彩，在全国南北商品流通和为国家增加税收方面发挥出不可或缺的重要作用，推动了社会经济的发展外，对文化建设也发挥了重要的作用。无论是大运河商帮，还是大运河商业会馆、扬州盐商，大运河商业组织对社会文化都产生了积极的影响。如捐资助学，兴办书院；赞助文化活动，扬州八怪得以名传天下离不开扬州盐商的资助；推进戏曲文化发展，京剧就是由盐商的私家徽班进京演出融合而形成的；大兴砌筑园林庭院之风，催生了名闻天下的扬州园林。因此，大运河商业展示出浓郁的文化品位。

一、捐资助学

各地商人在经商的同时，也注重文化教育。经营食盐虽说是暴利行业，发了财的盐商也很重视教育，一般到了盐商的第三代才能考取功名。如在扬州的秦商梁氏家族第五世梁汉验经营盐业，第八世梁文煌，第九世梁应昌、梁应禄考中进士。扬州徽商郑氏，第三代郑元勋考取进士。这个郑元勋就是扬州影园的主人。《嘉庆两淮盐法志·科第表》收录的盐商士子（不论户籍在两淮地区，还是在原籍）中秦商子弟有67人考取功名，53人先后在政府任职，有些官至省部级。

扬州有些商业会馆还兴办学校。如江西会馆兴办"运商旅扬公学"，安徽会馆兴办"安徽旅扬公学"和"安徽公学"等。商人们注重对他们后代的教育，往往重金聘请名师指导。他们的后代参加科举考试，也成绩斐然。据《嘉庆两淮盐法志》统计，明代两淮考中进士、举人的外籍盐商子弟大大超过扬州本地学子，比例分别为106∶31和213∶73，《万历扬州府志》则说："土著（扬州本地人）较游寓（外籍盐商子弟）二十之一。"（《万历扬州府志》）在这些进士当中，还有几位是明朝影响较大的重要人物，如历任扬州知府、吏部尚书，时谣称为"两京十二部，独有一王恕"的王恕；官至工部尚书、时称"名臣"的温纯；官至刑部尚书、屡屡上疏纠正时弊的李世达等。

同时，两淮盐商高度重视社会的教育发展，经常向官学捐钱捐物，并斥巨资修建了大量不收学费的公益性学校。如一文铜钱走出徽州，后成了商业巨富的盐商鲍志道（安徽歙县人）在扬州修建了12门义学，专供贫家子弟就读。有的创立书院，如扬州的梅花书院、杭州的崇文书院、无锡的紫阳书院、淮安的丽正书院都是由徽商出资兴建或资助运行。扬州湖南会馆后来也曾被当作幼儿园使用。盐商方尔咸崇尚教育救国，兴办了带有近代学校性质的通泗学塾，并曾做过第五师范、扬州中学、震旦中学的校董。[1]

扬州盐商汪应庚大力捐官学、助书院，被士人称为"汪项"，更是在扬州传为美谈。据《汪氏谱乘·光禄寺少卿汪公事实》记载：清乾隆元年（1736年），（汪应庚）见江甘学宫"岁久倾颓，出五万余金亟为重建，辉煌轮奂，焕然维新。又以二千余金制祭祀乐器，无不周备。又以一万三千金购腴田一千五百亩，悉归诸学，以待岁修及助乡试资斧，且请永著为例"（王自立《扬州盐业史话》）。

扬州梅花书院

二、支持文化活动

富有的大运河商人也会将赚来的钱用于资助文人、刊刻书籍等文化活动，特别是大量的徽商"贾而好儒""贾儒结合""贾为厚利，儒为名高"，既是具有经商才能的商人，又是颇具文化特长的文人。如扬州盐商对扬州学术的开创起到了举足轻重的作用，在有意或无意之间成就了清代扬州城市文化历史性的高度振兴和繁荣，为后人留下了一笔不可多得的宝贵财富。

扬州盐商在大发盐财的同时，又用其所获的商业垄断利润购置土地，修建豪宅，筑造园林，形成了扬州极度的繁华。扬州盐商虽然有着足够的财力用于自身的享受和经营，但开始时社会地位与声誉并不高，也难以得到社会的尊重。盐商为了确保个人成功与良好的社会声誉，常常采取兴办学校、结交文人、招致名士、收买字画、收藏

---

[1] 王虎华，扬州盐商遗迹，南京师范大学出版社2011年出版，第185页。

古董、刊刻图书等种种文化活动来达此目的。这些文化活动在客观上推动了扬州文化事业的繁荣。

1. 赞助诗文雅集

（1）明末黄牡丹状元之选

安徽歙县商人郑氏侨寓扬州，科甲仕宦不绝。晚明大盐商郑超宗有影园，在西门外有小桃园、玉勾草堂等名胜。著名画家董其昌以该园居胜于山影、水影和柳影之间，命名为"影园"。郑超宗就在影园中延礼名硕，四方名士纷至沓来，赋诗饮酒，殆无虚日。倡和投赠之作，结集而为《瑶华集》。影园中黄牡丹之瑞，郑氏大宴词人赋诗，在江楚之间征求诗篇，奉常熟名宿钱谦益主持坛坫，论定甲乙，以广东人黎遂球为状元。黄牡丹之选，雅为一时盛事。

（2）清代红桥修禊

清代康乾年间，扬州瘦西湖畔发生过三次"红桥修禊"，主持者皆为当时的名士，参与者多达近万人，而当时盐商在其中发挥了重要作用。红桥位于瘦西湖南端，在桥上观瘦西湖美不胜收，文人墨客皆好在此凭栏吊古，吟诗赋文。开红桥修禊先河的是清代著名诗人王士禛（后人亦称王渔洋），他在扬州任推官期间，"昼了公事，夜接词人""与诸名士游无虚日"。清康熙元年（1662年）春，他与扬州诸名士集于红桥，众人"击钵赋诗，游宴不息"。此次修禊，王士禛作《浣溪沙》三首，其中广为流传的名句有："北郭清溪一带流，红桥风物眼中秋，绿杨城郭是扬州。"众人皆和韵作诗，一时传为佳话。清代著名词人纳兰性德也曾和《浣溪沙》一首："无恙年年汴水流，一声水调短亭秋。旧时明月照扬州。曾是长堤牵锦缆，绿杨清瘦至今愁，玉钩斜路近迷楼。"清康熙三年（1664年）春，王士禛复与诸名士修禊于红桥，王士禛一连作了《冶春绝句》二十首。直到今天，王士禛留下的"绿杨城郭""冶春"这两个佳词，扬州人无不耳熟能详。他死后，扬州人民把他和宋代欧阳修、苏轼并列，建"三贤祠"纪念。20多年后，

经修禊的红桥成为今天瘦西湖的大虹桥

清康熙二十七年（1688年）三月三日，孔尚任在广陵期间，又一次发起了"红桥修禊"。此次参加的名士有24人，其中不少还是王士禛的朋友。这次修禊日又产出了大量绝妙佳作。如七律《扬州》诗："阮亭合向扬州住，杜牧风流属后生。廿四桥头添酒社，十三楼下说诗名。曾维画舫无闲聊，再到纱窗只旧莺。等是竹西歌吹地，烟花好句让多情。"而就其规模、影响而言，蔚为壮观的是时任两淮盐运使的卢见曾（亦称卢雅雨）主持的第三次红桥修禊。卢见曾为官颇有政绩，且为人正直，喜好诗文。他效王士禛、孔尚任红桥修禊旧事，数次修禊红桥，郑板桥、金农、袁枚、罗聘、厉鹗等名士均曾参与。这次红桥修禊，卢见曾邀集诸名士于倚虹园"虹桥修禊"厅，作七律四首，各地依韵，"和修禊韵者七千余人，编次得三百余卷"，并绘《虹桥览胜图》以纪其胜，红桥修禊的美名传遍了大江南北，成为中国诗歌史上的盛事。而这次虹桥修禊的经费，主要是由盐商资助的。

（3）韩江雅集

清乾隆初，扬州经济文化到达全盛时期，扬州人陈章与浙江名宿全祖望、厉鹗、杭世骏等为社友，咏诗于盐商马曰琯的小玲珑山馆，汇刻成集，名《韩江雅集》，为文坛雅事，全祖望有《韩江唱和》集。其时扬州诗文之会更首推马氏小玲珑山馆、程氏筱园及郑氏休园。诗会以酒肴珍美蜚声远近，"诗成即发刻，三日内尚可改易重刻，出日遍送城中矣"。一时间，扬州文风极盛。清嘉庆时扬州人林苏门因而形容："邗上时花二月中，商翁大半学诗翁。"

（4）刊刻《全唐诗》

清康熙四十四年（1705年）三月，时任江宁织造、通政使司通政使，兼任两淮巡盐御史的曹寅，在扬州创办了一个大规模的编校出版机构"扬州诗局"，其目的就是按康熙皇帝的要求校刻《全唐诗》。当时，扬州诗局就设在今天的天宁寺里面。《全唐诗》共900卷，收录唐及五代诗作近5万首。到清康熙四十九年（1706年）十月，前后只用了一年多的时间，就全部成功。"书成，谨装潢成帙，进呈圣览"。速度之快、刊刻之美、校勘之严、印刷之精，堪称雕版印刷典范之作，这些都令康熙帝喜出望外，从此对曹寅愈加赏识。另外，曹寅在扬州

曹寅刊刻《全唐诗》的天宁寺

校刊《全唐诗》的过程中，也创造了中国古代雕版印刷上以"软字精校精刻"见长的"康版"风格，字体秀润，行格疏朗，赏心悦目。这成为清"康乾"时期独特的文化标志，影响深远。

2. 接济文人

以清乾隆初年扬州盐商马曰琯、马曰璐兄弟最为闻名。马曰琯字秋玉，祁门县诸生，好学博古，考校文艺，评骘史传，旁逮金石文字，雅有学养。他与当代名家交游，"适馆授餐，终身无倦色"。杭州人厉鹗，工于诗词及元人散曲，数年间在扬州为马氏食客，在马氏丰富藏书的支持下，著作丰硕。年届六十尚无子嗣，马氏为之割宅纳妾，及至厉回乡亡故，又为他设灵位祭奠。著名的史学家鄞县人全祖望，一度得恶疾，马曰琯出千金招聘医师，精心治疗得愈，还为全祖望置办裘衣，全祖望感动地赋诗致谢。吴兴人姚世钰客死扬州，马氏替他料理后事，刊刻《莲花庄集》。浙江诸生范镇、苏州人楼锜，年长未婚，也赖马氏为之择配完婚。嘉兴人朱彝尊，一辈子的心血之作《经义考》，是马氏出资梓刻的。湖北天门人唐翰林客死扬州，马曰琯还归其丧。苏州人陆某病重，买舟疾趋前往请求，说只有马曰琯能为其安排后事。文士蒋衡写十三经，马氏花费千金为之装帧。观其行迹，诚如袁枚诗中所称"横陈图史常千架，供养文人过一生"，称赞其资助文人颇类元末的顾阿瑛。

马氏兄弟既有广博的学识，又有雄厚的经济实力，不仅富于藏书，建有丛书楼，而且精于刻书，雕工精、版式美，时人称之为"马版"。不少诗人、学者既是小玲珑山馆的座上宾，又是丛书楼的老读者，利用马氏的丰富藏书，完成了自己的学术著述。清政府着手编纂《四库全书》，身处皇宫内的乾隆帝也知扬州马家丛书楼藏书之丰，特谕两淮盐政李质颖派专人"向其家借出，缮录副本呈送"，前后三次总共择取776种，专差呈送至《四库全书》馆。《四库全书》修成后，为了奖掖扬州盐商，乾隆帝下旨将续缮的三套《四库全书》中的一套送藏于扬州大观堂文汇阁。

清乾隆中期，歙县大盐商江春，是"二马"以后最为闻名的文人的衣食主人。江春与乾隆帝颇有渊源，盛称"以布衣交天子"，平时雅擅文事，赞助文会，资助文人，人多誉之为孟尝君。

扬州盐商还资助了不少著名的徽籍和扬籍的通人硕儒，如戴震、江藩、焦循、汪中、阮元、段玉裁父子、洪亮吉、孙星衍、刘文淇等，对于"扬州学派"的形成厥功至伟。可以说，"扬州学派"的重要人物几乎都与扬州盐商有着密切和非同一般的关系，如江春就是阮元的舅爷爷。

扬州街南书屋的丛书楼　　　　　　扬州复建的文汇阁

3. 承担文人游学费用

明清时代文人出游，自费者鲜见，往往由商人或地方官府买单。明后期，歙县丛睦里人汪宗孝，在扬州经营盐业致富，后移居南京，"士穷来归者，为授馆饩，远行为具资斧"。洞庭东西两山是太湖中的风景名胜之地，明清时代江南文人大多前往游览过，而通常由洞庭商人为居停主人。清康熙初年苏州古文大家汪琬称："予惟自明万历以来，山中高赀者推许氏、翁氏两姓为甲。其人率以文雅相高，喜结纳四方贤士大夫，非仅纤啬拥财自卫者也。故凡春秋佳日，远近篮舆画舫争集其门，一时名卿士大夫如华亭董尚书玄宰、陈徵君仲醇，嘉定李进士长蘅，太仓张内翰天如、仪部受先之属，类推翁、许为湖山主人，一切管弦歌舞之娱、牲牢酒醴供张之盛，所费殆将不赀，绝无分毫顾惜，虽古诸侯所谓宾至如归者，弗是过也。"明末清初歙县商人汪汝谦，在杭州以木兰为舟，名"不系园"，后两年，又造一画舫，名"随喜庵"，置湖上，与诗人仕女宴游。董其昌、陈继儒、黄汝亨称颂其诗"色泽高华，旨趣隽永"。钱谦益曾为他题《沈宛仙女史午睡图》。著名剧作家李渔以他身边的人事撰写了剧本《意中缘》。清初钱谦益向杭州来客询问汪之起居，来人一致说："然明荫藉高华，宾从萃止，征歌选胜，狎主诗酒之盟。微然明，湖山寥落，几无主人矣。"因"延纳名流，文采照映，有'湖山主人'之目"。

4. 供养书画家形成"扬州八怪"

曾有人评价扬州盐商：又雅又俗，亦儒亦商。盐商在促进商业发展的同时，同样也参与和促进了学术文化的建设和发展，从而取得物质文明、精神文明双丰收。扬州文化塑造了盐商的品格——崇文尚儒，以儒家文化来指导经商。扬州盐商除了造就扬州的园林，营建了众多会馆，捐建了书院，催生了享誉天下的淮扬菜、扬州三把刀，还繁荣了扬州的文化，推动了京剧的形成。没有扬州的盐商，就不会有"扬州八怪"。

明清时代的扬州盐商或是附庸风雅,或是真心钟情书画文墨,部分扬州盐商自身就有颇高的文学造诣,与文士的交往甚密,甚至将其招致门下,礼遇为上宾。此时的盐商是商人,也是扬州文化艺术的"推手"。富裕的扬州盐商们拥有对艺术品的强大购买力。那时在扬州画坛上活跃着一批以卖画为生的职业画家,他们在生活态度、艺术观点、绘画风格上都有相通之处,因此形成了一个流派——扬州画派,也就是"扬州八怪"。代表人物有罗聘、李方膺、李鱓、金农、黄慎、郑燮(号板桥)、高翔、汪士慎、高凤翰、华喦、闵贞、边寿民等。在中国绘画艺术发展史上,"扬州八怪"延续了石涛、徐渭、朱耷等人的创作方法,"师其意不在迹象间"。打破常规,推陈出新,树一代画风。关于古法的继承,在意不在形。无形中,给中国的书画带来新的机遇。但他们在官场上都是失意的,多数都要为衣食而谋。扬州盐商在艺术上对"扬州八怪"有需求,"扬州八怪"在经济上对扬州盐商有依赖,这便构成了"扬州八怪"与扬州盐商之间特殊而默契的关系。正是由于扬州盐商成为他们的"金主",或购买他们的书画作品,或将他们供养在家中,才使得他们能够安心创作,从而造就了一个名闻天下的"扬州八怪"书画群体。

三、推进戏曲文化

商路即戏路。明后期到清前期昆曲唱响全国,所谓"梨园共尚吴音""四方歌曲必宗吴门",而基本上是循着大运河往前推衍的;清中期戏曲"花部"与"雅部"竞争市场,并逐渐取而代之,也是沿大运河南下的。大运河沿线无论是"雅部"昆曲的流衍,还是秦腔、梆子戏等"花部"的"后来居上",在其背后,商人的活动均起了极为重要的作用。

郑板桥纪念馆　　　　　　　　　　　"扬州八怪"雕像

1. 养戏班，请名流

扬州盐商家中大多招养了一批名流，专门制曲。扬州城内外精谙工尺的盐商，颇不乏人。盐商家蓄名班，公私宴席，屡屡献艺。富商程志辂喜好词曲，收录的工尺曲谱多达十数橱，绝大多数是当时的孤本。其子程泽，也擅长作社，参承家传工尺四声之学。著名"江左三大家"之一的江西人蒋士铨，就常寄寓在江春康山草堂的秋声馆，编撰九种曲谱，其中《空谷香》《四弦秋》等，皆曾"朝拈斑管，夕登氍毹"。这九种曲，大多由商人出资登台演出。两淮盐商与巡盐御史伊龄阿等人同时整理曲谱、编订曲目。

清代，商人出资请戏班演出为常事。清乾隆时，苏州的大商人召集秀班宴客。这个集秀班，是清乾隆皇帝六十大寿时苏州织造与两淮盐运使听从苏州名角金德辉建议从苏、杭、扬三府数百个戏班中精选出来的名演员组合而成的，原名集成班，因演员出类拔萃，又名集秀班。商人徐尚志征集苏州名优为老行班；而商人黄元德、张大安、汪启源、程谦德各有戏班，洪充有大洪班；"以布衣交天子"的盐业总商江春有德音班，后征集花部改为春台班。清代扬州人李斗在《扬州画舫录》中描写盐商戏班的花费，仅戏班行头，"自老徐班全本《琵琶记·请郎花烛》，则用红全堂；《风木余恨》则用白全堂，备极其盛。他如大张班《长生殿》用黄全堂；小程班《三国志》用绿虫全堂。小张班《十二月花神衣》，价至万金。百福班一出《北饯》，十一条通天犀玉带；小洪班灯戏，点三层牌楼，二十四灯，戏箱各极其盛，若今之大洪、春台两班，则聚众而大备矣。"光戏班行头就这么多花费，能够上台演出，其花费之资更可想见。聚集在苏州、扬州、松江、南京等地的徽州富商，普遍兴起蓄养家班的风气，他们出资请戏班演出更是平常事。特别是徽州人最喜欢搭台看戏，因此徽商走到哪里就将徽戏带到哪里。大盐商江鹤亭（安徽歙县人）酷嗜戏曲，蓄养有戏曲班社，不惜重金征聘四方名旦，特意选中享有盛誉的著名花旦郝天秀加盟演出，使徽班声誉日隆，而徽剧传播发展演进并最终成为国粹艺术。由此可见，商人在著名戏班的组成、发展中起到了不可或缺的作用。至于运河各地迎神赛会活动时，商人出资演戏更为活跃在大运河沿线城乡的大小戏班提供了谋生和发展的机会。

2. 建戏台，养名角

一般的盐商园林、商业会馆中都有戏台，既用于商人们聚会时娱乐，也用于表现商人的富裕，吸引老百姓来会馆游玩。像聊城的山陕会馆就有高大的戏台，每年定期都会为老百姓演戏。山陕会馆的戏台是最热闹的戏台，但会馆的戏台一般不演关公戏，关公老家的商人们尊关公为帝君，认为帝君在殿一切活动都应严肃，不能容忍扮成帝君随便粉墨登场扮演演出。

苏州的全晋会馆有精美的戏台,现今改建成了昆曲博物馆。全晋会馆戏场以大戏台为中心,由戏楼、后台、东西廊庑、正殿及由它们围合的中庭组成。它们又跟会馆门厅及东西吹鼓楼结合在一根主轴线上。全晋会馆戏台门厅进深四界,前后双步,面阔三间。明间脊桁下为黑色将军门,踞坤石一对。左右次间门扇皆落地。地面铺清灰水磨方砖,花岗石台阶。屋面为单檐歇山顶,龙吻花脊,飞檐戗角,嫩戗发戗。檐部装修华丽,髹漆殷红、石绿,贴金。东、西蝴蝶墙分别与钟楼、鼓楼连接。钟、鼓楼彼此对称,各为一方形二层卷棚屋面。

北京湖广会馆的戏台则在室内,会馆前院有戏台一座,后台10间,前台北、东、西三面均有看楼,上下共40间,中有广场,可容千人。戏台天幕为黄色金丝缎绣制的五彩龙凤戏珠、牡丹、蝙蝠、如意吉祥图案。戏楼前抱柱悬有一联,长约3.6米,上联是"魏阙共朝宗气象万千宛在洞庭云梦",下联为"康衢偕舞蹈宫商一片依然白雪阳春"。戏台上方为"霓裳同咏"匾额,黑底金字满堂生辉。二层由包厢式看楼环拱,共设12个包厢,看池及包厢中均设置仿古硬木家具。现今改为京剧博物馆,并且成为德云社的固定演出场所。

宁波的庆安会馆还同时拥有两座金碧辉煌的戏台。前戏台用于举行祭祀活动。建筑为歇山顶造型,屋面雕饰有人物、瑞兽等形象,屋顶选用筒瓦覆盖。戏台内顶为藻井,呈穹隆式,也称作"鸡笼顶",藻井由16条斜昂螺旋式盘索与顶相接,3条圈梁下有立体透雕"双龙戏珠"托枋。梁的侧面装饰着朱金木雕,有戏曲人物、花鸟等图案。戏台三边围有折锦拱形栏杆(吴王靠),俗称"火栏杆"。戏台内侧有精美的屏风八扇,

聊城山陕会馆

苏州全晋会馆的戏台

两侧各有一门，是演员演出的进出通道。后戏台为会馆同行庆典、演戏佳处，曾遭毁坏，2001年秋修复。与前戏台相同，同为歇山顶建筑。穹隆（鸡笼）顶藻井，由16条21圈吊拱、花板拼接而成，有拢音的作用，做工精巧。梁、枋构件上施以朱金木雕，金碧辉煌，与前戏台和谐为一体，前后照应，双壁交辉，无出其右。

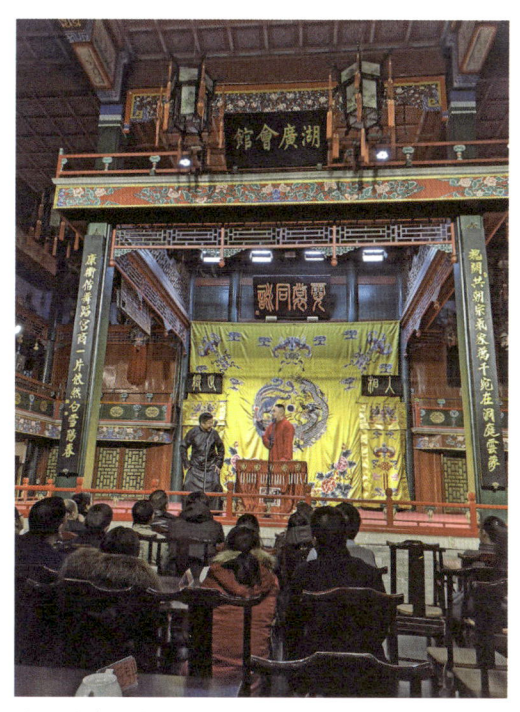

德云社在北京湖广会馆表演

扬州会馆中也有不少是建有戏台的，不过现今遗存下来的并不多。山西、陕西商人兴建的山陕会馆就建有戏台，据记载，1949年初，曾由郭荣珍、邱文龙、胡天禄等军人筹措三十六股金，利用会馆戏台，建成戏院，名为"共舞台"，台前设简易木条凳作观众席，于当年六月开演扬剧，主要由筱（小）奎童、张小培、温德祥、彼玉凤等人主演，因管理不善，至年底闭歇。扬州岭南会馆原也有戏台用作祀神和演戏，后来被作为仓巷学校操场使用，戏台后原有房屋、花园，现在改为教室。但扬州盐商园林何园的戏台却保留下来了，这处水上戏台如今成为何园的一个重要景观。

庆安会馆的前戏台

庆安会馆的后戏台

据《扬州盐商遗迹》记载，扬州江西会馆也曾有戏台，《扬州览胜录》描述："江西会馆，首进为戏台，中进大厅三楹，规模宏大，屋宇华丽，每岁春初，张灯作乐，任人游览。"（《扬州览胜录》）清光绪十二年（1886年）出版的《点石斋画报》曾登载扬州江西会馆新闻："扬州南河下江西会馆连日演戏，馆主素性豪迈，纵人游观，故两廊小台上无虚座，无隙地。"[1]

商人斥资举办的诗会酬唱，往往伴有戏曲演奏。清乾隆初年扬州马氏小玲珑山馆、程氏筱园及郑氏休园等徽商的诗文之会，每一首诗吟出，即请听曲，专门邀至一厅，有老乐工四人，各奏一曲而退。随后屏门开启，后进楼阁红灯千盏，"男女乐各一部，俱十五六岁妙年也"。商人黄氏、程氏、包氏、张氏等，大多蓄有家班，如张氏容园，"梨园数部，承应园中，堂上一呼，歌声响应。岁时佳节，华灯星灿，用蜡至万数千斤，四壁玻璃射之，冠钗莫辨"。清乾隆后期，秦腔魏长生到扬州投靠江春，迅速蹿红，演戏一出，江春赠以千金。由于商人的征召，姑苏名优络绎奔赴邗上，城内"苏唱街"是优伶聚居之地，其上的"老郎堂"，为梨园总局所在。清嘉庆十三年（1808年），新城大树巷一带，以总商余晟瑞闲园，仿效京师样式，开设了戏馆。扬州成了昆曲的第二故乡，征歌度曲极为盛行。清乾隆四十二年（1777年），巡盐御史伊龄阿在扬州设局修改曲剧，黄文旸著有《曲海》十二卷，其中杂剧传奇多达千余种。苏州清乾隆时期全国的戏班有七十余个，不少是商人戏班。城中遍布各地的戏园，也多由商人开设。各地商人尤其是扬州盐商，可谓其时戏曲演员名副其实的衣食主人。

3. 徽班进京催生国剧京剧

公元1790年，清乾隆皇帝80岁，各地照例要组织戏班进京贺寿。其中就有来自扬州盐商家的戏班高朗亭带的三庆戏班。戏班从扬州登上平底船，沿着大运河进京而去。三庆班的人马可能没想到，他们的贺寿演出竟成为在北京的成名立腕之作，并在演出中打磨出了京剧的雏形。

高朗亭之后，又有四喜、启秀、霓翠、和春、春台等盐商家的戏班相继乘船沿运河北上进京，这些戏班多以安徽籍艺人为主，故名徽班。在演出过程中，六个戏班逐渐合并为四个，史称"四大徽班进京"。

在此后的几十年中，徽班不断在大运河区域南下北上，到处巡演，在演出中不断吸收各地民间戏曲的精华，风格也逐渐清晰定型。形成了以皮黄为主，兼容昆腔、吹腔、拨子、罗罗等地方声腔于一炉的新剧种，其曲调优美，剧本通俗易懂，故而受到

---

[1] 王虎华《扬州盐商遗迹》。

北京观众的热烈欢迎。渐渐地，这种带有北京特点的皮黄戏始称“京戏”，也叫“京剧”，如今已成为中国的国粹。

高朗亭塑像

若要探寻中国戏曲发展的轨迹，便无法回避大运河文化的作用与贡献，大运河为戏曲的广泛传播、不断发展并走向繁荣创造了便利条件，为新的艺术形式的诞生提供源源不断的营养。

徽班进京肇始于清乾隆四十五年（1780年）。这年正月，乾隆帝第五次沿大运河南巡。没了皇太后的约束，出发前乾隆帝就向各巡抚衙门发出御旨，要各地方戏曲班子汇集扬州，须在他路经扬州时为他唱堂会。

弋阳腔戏班来了，秦腔来了，徽戏班来了，罗罗腔戏班来了，柳子腔戏班来了，勾腔戏班来了……南昆、北勾，东柳、西梆云集，昆、高、梆、簧、柳五腔齐聚，以满足皇上的偏好。清乾隆帝到达扬州的当晚，好戏开锣。在接下来的数天里，各戏班使尽浑身解数，你刚唱罢我登台，场面之盛大、热闹，整个扬州城随之沸腾。

清乾隆帝离开扬州后，十多个来自全国各地的戏班子并没有马上离开。他们聚集在扬州，向运河之城的百姓献上各自的绝活，史书记载：“锣鼓之声，无日不闻；冲

徽班进京

何园水心亭就是主人家的戏台

僻之巷,无日不有。"

在扬州演出之后,各戏班班主们商量,一致决定结伴进京。沿着运河一路北上,一年后,清乾隆四十七年(1782年)春天,一支荟萃了中国不同地方戏曲品种的演出队伍到达京城,在京城戏楼不断亮相,不同的戏曲文化相互切磋、不断融合,为京剧的诞生奠定了基础。

到了清乾隆五十五年(1790年),来自扬州的"四大徽班":三庆、四喜、春台、三和再次沿着大运河进京,为清乾隆皇帝庆祝八十大寿。他们演出的剧目既有取材于民间生活的,也有描写社会政治斗争的,他们唱红了宫廷。随着这些演出团体走出红墙,徽班又唱红了民间。就这样经过几十年的发展,徽班逐渐由诸腔杂呈的局面走向和谐统一,以皮黄为主,兼容昆腔、吹腔、拨子、罗罗等地方声腔于一炉的新剧种诞生了,这样就产生了今天红遍全国,甚至传播到世界各地,被称为"中国国粹"的京剧。

四、大兴园林砌筑之风

与戏曲一样,园林艺术也是商人追求效仿士大夫生活方式的一种突出表现。商人在积累财富的同时,也竭力追求自身在文化上的价值,大批园林就在商人活跃的城镇先后兴建,而以盐商最为活跃的扬州、淮安为突出代表。歙县郑氏兄弟四人各建有王氏园、影园、嘉树园和休园,以园林相互竞尚。到了清代,康熙、乾隆皇帝南巡时,尤其是乾隆帝南巡临幸邗上时,盐商献媚邀宠,建构了大量园林,以供奉宸赏。

据记载,盛清时期,扬州盐商中的"三通人",皆有名园,即江春的康山草堂、汪懋麟的百尺梧桐阁和马曰璐的小玲珑山馆,"后先媲美,鼎峙而三"。其他黄、江、程、湖、汪、周、王、闵、吴、徐、鲍、田、巴、余、罗、尉等商人,皆在扬州建有园林。所以清中期无锡人钱泳说:"造屋之工,当以扬州为第一,如作文之有变换,无雷同,虽数间小筑,必使门窗轩豁,曲折得宜,此苏、松工匠断断不能也。"可见扬州园林文化在盐商兴盛时期也最为发达。

清乾隆时,李斗曾援引刘大观之说,谓:"杭州以湖山胜,苏州以市肆胜,扬州以园亭胜,三者鼎峙,不可轩轾。"清道光时,常熟人郑光祖也记:"寺庙之盛莫过杭州,园庭之盛莫过扬州。康熙、乾隆百有余年,盐商殷富,穷极土木,相竞胜,今十不存一矣。"惺庵居士《望江南百调》吟诵道:"扬州好,侨寓半官场,购买园亭宾亦主,经营盐典仕而商,富贵不归乡""扬州好,家祭夹徽扬,鼓发三通呼就位,灯持五色学跑方,亭设纸猪羊""扬州好，商界势薰天，食客盈门工献策，财神大会广开宴，满座总貂蝉"。

其实修建园林是清代扬州盐商们逞强比富的手段，他们大兴土木，各竞巧思，广置宅园，把北京、苏州、杭州、南京等地的风景名胜荟萃一处，建造起一座座风格独特的园亭、别墅，形成了扬州私家园林集北雄南秀于一体、兼容并包的集粹型特色，出现了"两堤花柳全依水，一路楼台直到山"的空前盛景。据朱江教授著《扬州园林品赏录》考述，扬州有园林建筑240余处，《扬州市志》所列扬州园林建筑也有108座，其中一半以上为清代盐商园林。

扬州盐商雄厚的财力，加上扬州工匠的智慧、技术，造就了"扬州园林甲天下"的美名，从此，扬州园林布局更趋系统、合理、完整，扬州园林因此也进入了黄金时代。大盐商江春先后修建了康山园、江园（乾隆帝赐名净香园）、深庄、东园等园林，多次受到皇帝的临幸和赏赐。

当时，大盐商黄履晟、黄履暹、黄履灵、黄履吴兄弟四人，个个家资千万，人称"黄氏四元宝"。兄弟四人中，大哥造"易园"，老二造"十间房花园""四桥烟雨楼"和"水云胜概"，老四造"容园"，另老六黄履昂造"别圃"，两个子侄辈又分别造了"长堤春柳"和"桃花坞"。这些园林座座非同凡响，其中四桥烟雨、水云胜概、长堤春柳三处曾入选"扬州二十四景"。清乾隆皇帝更是对四桥烟雨情有独钟，曾多次移驾游赏，并赐名"趣园"。（王自立《扬州盐业史话》）

相传，清初大画家石涛叠石为山的寿芝园，后来归两淮大盐商"扬州二马"马曰琯、马曰璐所有，园中有"街南书屋十二景"，其中尤以小玲珑山馆最为著名。

康山旧址，今天建起了康山文化园

趣园

盐商们追求园林别墅的富丽堂皇、精雕细刻，规模庞大、构筑精妙，不惜重金广延名士营造出"名园十里斗繁华"的空前盛况。清初西商山西襄陵人乔国桢因盐致富，在扬州城东南用里村建东园。曹寅在扬州任两淮盐政时，为东园写了14首诗，其中《寄题东园》八首，精彩地描绘了"东园八景"。山西临汾的盐商贺君召，在五亭桥南建东园，园中有十二景，且刊刻《东园题咏》一书。清嘉庆、道光年间，两淮商总黄至筠（号个园）"既购街南马秋玉小玲珑山馆，复筑是园"，就是当今扬州最为著名的盐商园林个园。《扬州画舫录》载："扬州以名园胜，名园以垒石胜。"现存名园中的叠石又以个园中的分景叠石艺术最为有名。当年黄至筠花费重金，无意中为扬州个园争取到了一个与北京颐和园、承德避暑山庄和苏州拙政园齐名的"中国四大名园"的荣誉称号。《清稗类钞》中记有一个被称为汪太太的盐商妻子，为了迎接圣驾南巡而慷慨解囊，一夜之间就在人工花园中赶造了一方"三仙池"，被乾隆帝大加赞赏。

清咸丰年间曾任两淮盐运使的金安清和欧阳兆熊合著的《水窗春呓》中，有"维扬胜地"条，记载了当时扬州园林的盛况："扬州园林之胜，甲于天下。由于乾隆朝六次南巡，各盐商穷极物力以供宸赏。计自北门直抵平山，两岸数十里楼台相接，无一处重复。其尤妙者在虹桥迤西一转，小金山矗其南，五顶桥锁其中，而白塔一区雄伟古朴，往往夕阳返照，箫鼓灯船，如入汉宫图画。盖皆以重资广延名士为之创稿，一一布置使然也。"

文中"五顶桥"即今天的"五亭桥"。两淮巡盐御史高恒为迎接乾隆帝南下，在今天的瘦西湖上修建起一座上置五亭、桥跨湖面的莲花桥，俗称其为"五亭桥"。此桥造型优美、构思巧妙，一桥之上矗立五亭，桥下又有券洞十五，且传说中秋之夜，每洞皆含一月，为世间少有，早已作为扬州古城的标志性建筑而誉满全球。

小玲珑山馆

个园

瘦西湖五亭桥

瘦西湖白塔

后来对五亭桥进行修缮，仍由扬州盐商出资。《扬州盐业遗迹》一书记载，民国二十一年（1932年）五亭桥重修，王柏龄撰《五亭桥记》最后一段记载重修五亭桥之经过："首由胡筠捐资二千元，次则汪咏沂（盐商汪鲁门）、贾沅（盐商贾颂平），或解义囊，或捐公款。"[1]

淮扬运河的另一端淮安河下镇，商人们也纷纷兴建园林。据山阳文人李元庚的《山阳河下园亭记》记载，自明嘉靖年间至清乾嘉时期，先后构筑园亭多达65例，其中主要是盐商构筑的，尤以程氏盐商25所为最多，占比超1/3。因盐商麇集河下，聚落面貌大变，"高堂曲榭，第宅连云，墙壁垒石为基，煮米屑磁为汁，以为子孙百世业也"。

各地商帮在江南运河沿线也充分利用了自然条件，吸取了江南的选址构筑理念，建造了一批园林。清代江南建筑，较之明代，园林化的趋势更为突出。各地商人的会馆，可以说就是一处处景致宜人、造型独特、可资

淮安的园林

---

[1] 王虎华，《扬州盐业遗迹》南京师范大学出版社2011年出版，第138页。

游览的园林佳构。如苏州的漳州天后宫，中为大殿，前辟大门，后置两堂，堂上为楼，凭眺轩豁。楼之后院及东偏，都有亭榭陂池之胜，供游人游览。苏州的三山会馆天后宫，"中有陂池亭馆之美，岩洞花木之奇，为吴中名胜"。苏州的邵武会馆天后宫，"殿前构立观台，分翼回廊，殿后辅以楼，楼之下为乡人讲礼燕集之所，亭轩树石，映带左右……结构精严，规模壮丽"。苏州的延建会馆天后宫，"宫殿崇宏，垣庑周卫，金碧绚烂，傍及斋房别馆，罗致花石，器用具备"。盛泽镇的济宁会馆大王庙，"前辟三门，又旁开甲门，筑石径以达焉，取便也。若夫崇乎其中者有台，峙乎其左右者有楼，敞乎其前者有轩。中张家巷的全晋会馆，大殿右侧就是陂池假山兼具的花园。似这样的佳构胜境，使得江南的园林更加精巧别致，令人流连忘返。商人组织营建的园林在江南园林史中应当占有一席之地。

五、催生淮扬菜

扬州盐商几乎每一家都有头等好厨子，都有一样著名的拿手好菜或点心。盐商请客，到各家借厨子，每一厨子做一个菜，凑成一整桌。甚至于有些盐商自己就能做许多特色菜肴。比如《扬州画舫录》所记的烹饪名师吴楷（字一山），即为盐商中儒士，"好宾客，精烹饪"，其"炒豆腐"风味绝胜，著名的扬州蚌螯糊涂饼由他首创。再比如说扬州盐商童岳荐（字砚北），"精于盐荚，善谋画，多奇中"，曾专门撰写了一部介绍正宗扬州菜烹调方法的《调鼎集》（原名《童氏食规》《北砚食单》），成书时间大约是在清同治七年（1868年），被誉为我国古代烹饪艺术集大成的巨著。它纯粹以扬州菜系为主，从日常腌制小菜到宫廷满汉全席，应有尽有。共收录素菜肴两千种、茶点果品一千类，烹调、制作、摆设方法分条一一讲析明白。

曹聚仁在《食在扬州》一文中，则专门写到了扬州盐商的家用厨师之多、厨艺之精——后来形成的"淮扬菜系"，同扬州盐商家的厨师有着直接的关系。《扬州画舫录》中就扬州商人对美食的追求也多有记载，甚至列出了扬州盐商为接待康熙帝、乾隆帝南巡而创设出来的"满汉全席"。全部菜品共五份百余种："上买卖街前后寺观，皆为大厨房，以备六司百官食次：第一份，头号五簋碗十件——燕窝鸡丝汤、海参烩猪筋、鲜蛏萝卜丝羹、海带猪肚丝羹、鲍鱼烩珍珠菜、淡菜虾子汤、鱼翅螃蟹羹、蘑菇煨鸡、辘轳锤、鱼肚煨火腿、鲨鱼皮鸡汁羹、血粉汤、一品级汤饭碗。第二份，二号五簋碗十件——鲫鱼舌烩熊掌、米糟猩唇、猪脑、假豹胎、蒸驼峰、梨片伴蒸果子狸、蒸鹿尾、野鸡片汤、风猪片子、风羊片子、兔脯奶房签、一品级汤饭碗。第三份，细白羹碗十件——猪肚、假江瑶、鸭舌羹、鸡笋粥、猪脑羹、芙蓉蛋、鹅肫掌羹、糟蒸鲥鱼、假斑鱼肝、

淮扬菜博物馆的满汉全席

西施乳、文思豆腐羹、甲鱼肉片子汤、茧儿羹、一品级汤饭碗。第四份,毛血盘二十件——獾炙、哈尔巴、小猪子、油炸猪羊肉、挂炉走油鸡、鹅、鸭、鸽脽、猪杂什、羊杂什、燎毛猪羊肉、白煮猪羊肉、白蒸小猪子、小羊子、鸡、鸭、鹅、白面饽饽卷子、什锦火烧、梅花包子。第五份,洋碟二十件,热吃劝酒二十味,小菜碟二十件,枯果十彻桌,鲜果十彻桌。所谓满汉席也。"[1]

事实上,除了迎接皇帝,扬州盐商后来也常常迎接贵宾过境,其奢华由此可见一斑。由扬州盐商和两淮盐官逐步催生形成的这种场面浩大、环境典雅、菜肴奇特、选料精严、食器精美的风格,基本上就是后来淮扬菜的主要特色。因此,扬州能够成为世界美食之都,是与盐商有着密切关系的。

淮安盐商也是淮扬菜的催生者,这些盐商千方百计延揽名厨,搜集奇珍异品,以满足奢侈的口腹之欲。正是他们追求味觉盛宴,促成了名气极大的"淮菜三全席"(全鳝席、全羊席和全鱼席)的出现,而追求新奇风味,又助推了蟹黄汤包、平桥豆腐等淮扬名菜的诞生。大运河商业文化成就了淮安与扬州这两座美食之都。

---

[1] 清·李斗著,陈文和点校,《扬州画舫录》广陵书社 2017 年出版,第 55 页。

淮安的经典淮扬菜品鉴堂

淮安美食街花街

第八章 中国大运河与对外贸易

中国大运河的开通与整修，不仅直接加速了中国南北方的文化交流与经济往来，同时也影响了古代中国与世界的贸易往来及其路径。作为古代中国的交通大动脉，大运河已深深烙入历史；通过与国外文明的交流互鉴，大运河已成为世界文明进程的重要组成部分。

大运河是古代东方世界主要国际交通路线的组成部分。隋唐宋时期大运河最东端从明州港（宁波）通过"海上丝绸之路"串联海外诸国，最西端则从洛阳西出以衔接横贯亚洲内陆的"陆上丝绸之路"，大运河成为陆海丝绸之路的连接线。大运河通过连通陆海丝绸之路，为中外商业的交流发挥了重要的桥梁作用。

第一节　中国大运河与陆上丝绸之路

1. 陆上丝绸之路的形成

现有的研究资料表明，丝绸之路这条中外商业交流的通道最早是由汉武帝派张骞出使西域后开启的。但是西汉开辟的丝绸之路在大约持续了100余年后，便逐步中断。直到东汉永平十六年（73年），东汉王朝派班超从洛阳出使西域，班超前后经营西域达30年，不仅保护了西域诸国的经济社会发展，恢复了中断半个世纪的丝绸之路，而且开通了丝绸之路的南线和北线，把丝绸之路的东方起点从长安延伸到洛阳。因为东汉的国都在洛阳。

张骞和班超出使西域，开辟了横跨中国与西域、中亚、西亚和欧洲的长达8000千米的陆上丝绸之路。从此，一队队骆驼商队在这漫长的商贸大道上行进，将中国的养蚕、缫丝、冶铁、造纸、凿井、灌溉等技术输向中亚、西亚和欧洲，同时将对方的葡萄、

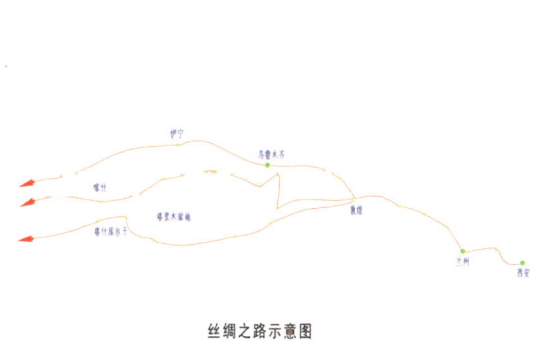

汉代丝绸之路路线简图

位于汉中的张骞墓

核桃、石榴、蚕豆、黄瓜、芝麻、无花果等食品及狮子、犀牛、良马等动物带到中国。中国的音乐、舞蹈、绘画、雕刻，由于吸收了外来文化的长处，变得更加丰富多彩、美轮美奂。

魏晋时期，丝绸之路上的商贸往来持续进行着，位于丝绸之路咽喉重地的敦煌，就是胡商的聚集地之一。公元5至6世纪，南北朝分立，但沿丝绸之路的经贸交往却进一步繁荣。北魏建国后不久就派使者前往西域，以后中亚各国的贡使、商人常聚集平城。北魏十八年（494年），孝文帝拓跋宏迁都洛阳，洛阳成为各国商人的荟萃之地。后来，北齐的都城邺（今河南安阳地区）也聚集着不少胡商。

隋唐统一全国后，继续重视丝绸之路的贸易往来。隋炀帝杨广曾派黄门侍郎裴矩到张掖招徕西域商人，隋大业五年（609年），隋炀帝还在张掖亲自召集西域27国君主使臣，召开"万国博览会"。唐朝新修了玉门关，开放沿途各关隘，打通天山北路的丝绸之路分线，将西线丝路打通至中亚，使丝绸之路的东段再度开放，新的丝路支线被不断开辟。不仅是阿拉伯的商人，印度人也开始成为丝路东段上重要的一分子。往来于丝绸之路的人们也不再仅仅是商人和士兵，为寻求信仰理念和文化交流的人们也逐渐出现在这条路上。中国大量先进的技术通过各种方式传播到其他国家，并接纳相当数量的遣唐使及留学生来学习中国文化，使得中国的长安、洛阳、扬州等城市成为当时世界上最先进的经济文化中心（《伟大的丝绸之路》）。大批西域商人来到中原定居，昭武九姓就是在这一时期来到了中原地区定居，后来发动安史之乱的安禄山就是昭武九姓中粟特国的人。

元朝统一中国后，重建陆上丝绸之路。不过在丝路上往来穿梭的人们，大多是以宗教信仰及其他文化交流为使命，而不再以经济贸易为主导。进入14世纪，包括中国在内的亚欧大陆进入了逐渐寒冷的阶段，西域地区脊背上已不再适合人类居住，西域各古国大多已不复存在。这条断续维持了上千年的丝绸之路被埋入历史的流沙之中。马可·波罗就是为数不多的声称走完了丝绸之路全程的旅行家。

2. 大运河对丝绸之路的影响

长安是西汉陆上丝绸之路的东方起点之一，早期的运河在运输粮食到长安的同时，也运输丝绸等其他畅销品，供中外贸易之用。唐王朝是当时世界上最强盛、最富庶的国家之一，对外交通贸易十分发达。长安向西走的是陆路，但其所输送的丝绸却都是通过大运河运入长安的，可以说没有南北大运河，长安就不可能成为陆上丝绸之路的起点。同时，长安也是大批西域人来华聚居地。其中昭武九姓中的康国人"素以善贾

大运河边高邮盂城驿中的马可·波罗像

著称西域,利之所在,无所不至""唐时波斯商胡懋迁往来于广州、洪州、扬州、长安诸地者甚众"。早在曹魏时,洛阳城中就有许多外国的商人,"其民四方杂居,多豪门大族,商贾胡貊,天下四方会利之所居"(《三国志·魏书》)。到了西晋,洛阳成为全国的对外贸易中心,朝鲜半岛的马韩、辰韩经常遣使贡献方物,也乘机带回运河区域的特产,这种朝贡实际上是变相的商品贸易。东方的倭国(日本)、南方的扶南(柬埔寨)也都到洛阳来进行类似的商业贸易。西方的大宛,"其人善市贾,争分铢之利,得中国金银,辄为器物,不用为币"(《晋书·四夷传》)。大秦、安息、天竺等国的商人也都来洛阳开展贸易。北魏统一北方后,北方运河区域的对外贸易更为发达,北魏宣武帝时(499—515年),贡使商贾纷至沓来,"蓄资继路,商贾交人,诸所献贸,倍多于常"(《魏书·邢峦传》)。到北魏后期,不仅西域的商人大量到运河区域经商,波斯、大秦的商人也通过丝绸之路纷纷来到运河区域的洛阳等城市经商。有些外国商人在运河区域经商日久,便在这里定居下来。据《洛阳伽蓝记》记载,北魏时期,洛阳城中及周边地区外国商人云集,为了安置这些外商,政府专门在洛阳城南永桥的东西两侧靠近四通市的地方,修建了"四馆四里",来自南、北、东、西的外商分别安置在"金陵馆""燕然馆""扶桑馆""崦嵫馆"。三年后,则分别在"归正里""归德里""慕化里""慕义里"赐给房宅居住。

到了隋唐时期南北大运河形成后,中国大运河与陆上丝绸之路的联系便清晰起来。丝绸之路的起点一般认为是西安,但随着大运河的出现,洛阳逐渐成为中国的政治中心和经济中心,丝绸之路的起点移到了洛阳。隋唐大运河的开通,使洛阳与东南地区的联系进一步加强,大运河成为丝绸之路的延伸段,大运河沿线地区为丝绸之路提供了重要的经济贸易资源。

隋炀帝开通的大运河掀起了运河沿岸城市发展的第一波浪潮。处于通济渠与永济渠交汇点特殊位置的东都洛阳成为当时最重要的城市之一,无论是各地的漕船还是商船都集中在洛阳。洛阳城巨大,有外郭城、皇城、宫城、东城、含嘉城、圆壁城和曜仪城,被隋帝国朝廷作为陪都。因为洛阳是大运河的中心枢纽,商业格外繁荣,全国各地的商品通过运河运到这里,再通过漕渠运进洛阳三市,外国商船在这里也相互转销商品。

隋炀帝还西巡张掖通西域,在张掖以盛大的典礼接待了高昌王、伊吾吐屯设等西域27国的首领,举办"万国博览会"。隋炀帝与各国商定通商往来具体事宜后,大宴宾客长达一个多月,终于重新贯通了丝绸之路。隋炀帝结束西巡回长安时,跟着隋炀帝一起回京的还有高昌王、伊吾吐屯设以及西域各国的首领、使节。随后,隋炀帝又带他们到东都洛阳参观交易。后来,又让西域各国使者沿着大运河来到扬州等地参观,并做生意,促进了大运河沿线城市与西域各国经济贸易往来。

隋唐中原王朝实行开明的民族政策,大力发展水路、陆路交通体系,与周边少数民族政权进行互市贸易,进一步促进了民族经济文化交流。在与边疆诸族的互市贸易中,双方仍然是物物交易,以其有而易其无的传统模式。唐代用以互市贸易、赏赐和赠送的物品,最主要的是丝织品和茶叶。而这些物品,有相当部分来自江淮地区,是通过大运河直接或间接地运往边疆各地的。此外,从吐鲁番出土唐代庸调布的情况看,有"宣州溧阳县""婺州兰溪县""湖州安吉县"等地的织物,有"常州布"等。这些物品有不少经过大运河运至关中,然后经丝绸之路进入西北、西南地区,有的则从运河径自运往北方边疆。这说明在运河贯通之后,与边疆各族的经济文化联系已日益密切了。

随着民族经济文化的交融,许多边地的物品也纷纷流入内地。胡商贩客们纷纷通过运河将异域之物运往内地。如《唐大和尚东征传》记载,唐天宝二年(743年),鉴真和尚准备东渡时,所携带的香料就有麝香、沉香、安息香、栈香、零陵香、熏陆香等,这些香料不少来自丝绸之路上的各个国家。"商胡离别下扬州,忆上西陵故驿楼。为问淮南米贵贱,老夫乘兴欲东游。"这是唐代诗人杜甫看到商人东下扬州而写下的诗句,这里的"商胡"就是指的往来于唐朝的外国商人。

唐代中期以前,北方的纺织业比江淮地区发达。但是随着南方的开发,到了唐开元末年(741年),情况发生了重大变化。唐天宝二年(743年),水陆转运使韦坚在长安广运潭上呈江、淮各郡特产,广陵郡船列在第一,第一种产品即为锦。安史之乱爆发后,北方人口大量南下,南北方的纺织技术得以交流传播,江淮地区的丝织品成为重要贡品。唐后期江淮丝织业的发展,也同漕粮一样,已成为维系唐王朝的经济命脉。唐代中期后,不仅中央政权所需的粮食、丝绸等物资要仰仗江南,而且此时与丝绸之路各国的贸易交往也需要通过大运河从江南运来,再辗转运到北方边疆的丝绸、茶叶等物品。

鉴真东渡的出发地——运河畔的宝塔湾

唐朝后期以至于宋元,封建统治者对大运河的依赖日益加强,中外经济文化的交流也更加频繁。五代十国和宋代时期,西北和北方的多个少数民族政权并存,并且海上丝绸之路已成为对外贸易、文化交流的要道,但陆上丝绸之路并未销声匿迹,陆上丝绸之路的贸易文化交流依然存在和发展着。

第二节 中国大运河与海上丝绸之路

1. 海上丝绸之路的形成

海上丝绸之路是陆上丝绸之路的延伸。中国东南沿海有夏、冬两季季风的助航,增加了由海路通往东南亚、南亚和欧洲的便利,为海上丝绸之路的开辟创造了条件。

古代中国与日本、朝鲜早就有海上往来。春秋时期中国就开始了由山东半岛取道朝鲜半岛而后抵达日本的定向航线。而中国与朝鲜的交往则在更早的新石器时代晚期就开始,中国的石棚文化由海上传播到朝鲜南部。秦朝统一中国后,着手发展岭南经济,在海上向西探寻,其船队到达东南亚诸国,最远到达印度,为汉代海上丝绸之路的兴起奠定了基础。

西汉开辟的海上丝路到了东汉有了进一步发展，东汉中期沟通罗马的海上丝路已发展成两条：一条从永昌到掸国（今缅甸）出海；一条仍沿用西汉的老路从徐闻、合浦出海。三国时期，魏、蜀、吴均有丝绸生产，但魏、蜀的丝绸贸易以陆路为主，只有雄踞江东的吴国，依靠繁荣的丝绸业和先进的造船技术以及对季风变化、海流规律的成功把握，进一步巩固和开拓了海上丝绸之路。北到辽东、南到南海，都有孙吴的商船往来。孙权曾于吴黄龙二年（230年）派万余人的舰队，从建业出发，到达夷州（台湾），这是大陆人与台湾大规模往来的最早记录。此外，孙吴还与高句丽（朝鲜）、扶南、林邑（越南中部）、交趾（越南北部）以及南洋群岛的百数十国建立起友好往来，沟通了南方运河区域的对外贸易交流。国外的香料、细葛、明珠、大贝、琉璃、翡翠、玳瑁、犀角、象牙等，不断运到中国。

两晋南北朝时期，造船水平和航海技术又有了新的提升，海上丝绸之路的航线和范围进一步扩大，开辟了横渡中国南海与东印度群岛的直接海上航线。这条海上航线，后来成为我国与东南亚、南亚、西亚以至东部非洲等地进行交流的重要海上通道。这个时期，海上丝绸之路已趋于完善，向南连接东南亚、南亚，向东连接日本、朝鲜等国。这样，加上陆上丝绸之路，形成了以中国为中心的一个放射状的交通线路，将中国与丝绸之路沿线上的其他各国、各地区紧密连接起来，为双方的政治、经济、文化等各方面的交流提供了前提条件。到了唐宋时期，随着中国国内南北大运河的开凿成功，国内区域间经济文化交流空前繁荣，这也促进了海上丝绸之路的空前繁华。

隋炀帝在经略西域的同时，对南部海疆也进行了经略，通使海洋，大大促进了中外文化的交流。隋大业三年（607年）隋炀帝派屯田主事常骏、虞部主事王君政准备出使东南亚的赤土国（今苏门答腊）。据《隋书》记载，南荒朝贡者共有十余国。其中就有真腊国（今柬埔寨）、丹丹国、盘盘国（今马来西亚的一部分）、婆利国（今巴厘岛）等。隋大业三年（607年），向往中华文化的日本派使臣来隋朝访问。为了宣扬大隋的威名，这年四月，隋炀帝派裴世清为使，取道百济、新罗出使日本。这次中日文化交流也为唐代的中日文化大规模交流奠定了基础。

隋唐时期，随着南北大运河的开通，南北之间与关中地区成为一体，海上丝绸之路新辟了登州、扬州至朝鲜、日本，广州至西亚、欧洲的海上通道。于是，"自扬、益、湘南至交、广、闽中等州，公家运漕，私人商旅，舳舻相继"（《元和郡县志》卷5），对外经济文化的交流日益频繁起来。江南运河沿线多胡商，至于由广州北上扬州的胡商也随处可见。饶州的上饶"颇通商外夷，波斯、安息之货，国人有转估于饶者"（《文

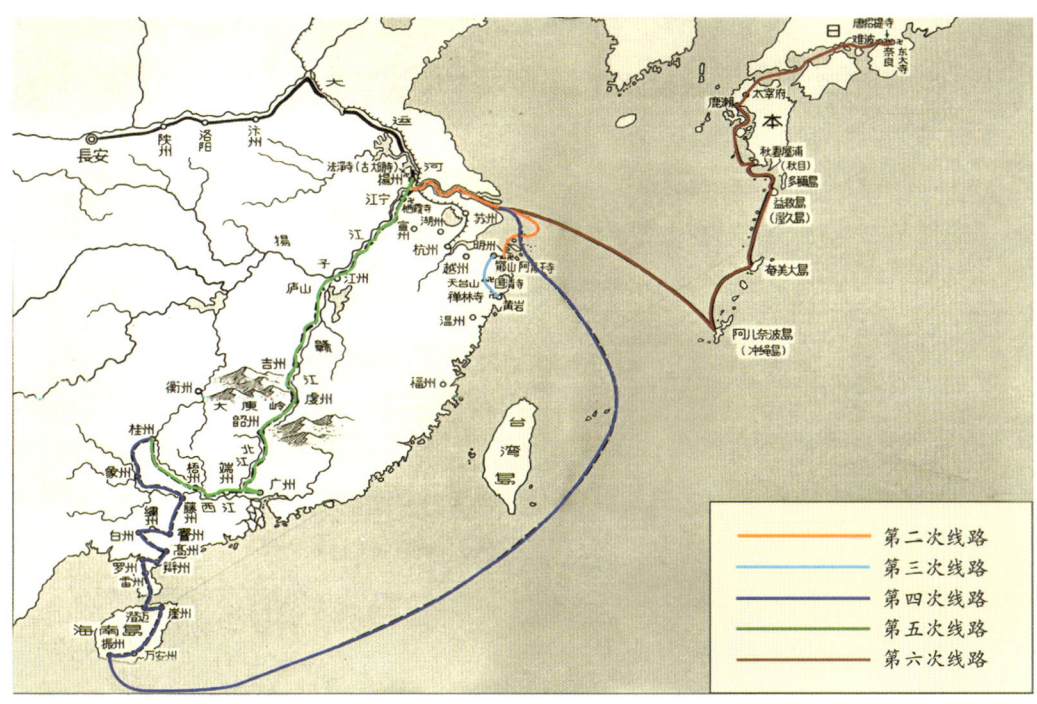

鉴真东渡路线图

苑英华》卷 371）。还有大食人后裔李彦升，在长安考中进士；波斯人后裔李珣，成为晚唐著名的诗人和花间派词人，更堪称中阿关系史上的一段佳话。

2. 大运河串联起陆海丝绸之路

陆海丝绸之路是古代中国与世界的两条经贸文化交流的大动脉，大运河则是国内中东部区域间经贸文化交流的大动脉，而对外的两条大动脉正是通过中国大运河这条大动脉连接起来的。陆海丝绸之路在唐代后期的交汇得益于大运河，唐代大运河的一端从明州港（宁波）通过海上丝绸之路串联海外诸国，另一端则从洛阳西出以衔接横贯亚欧内陆的陆上丝绸之路，中国大运河成为连接陆海丝绸之路的桥梁。大运河的畅通和沿线商业城市的繁荣，为外国商人营造了经商的便利条件。从八世纪中叶到九世纪末，大批的波斯、大食商人从海上丝绸之路来到中国，在大运河两岸经商。中国的丝织工艺、陶瓷制造术、建筑术、造纸印刷术、指南针以及各种文化书籍由陆海丝绸之路向海外传播，东南亚的优质木材、宝石、香料、象牙以及中亚的皮革、矿物颜料等进入中国并经由大运河运往全国。

唐开元二年（714 年），唐朝开始设置市舶使，主管海外贸易，为地方和中央提供了可观的财政来源。泉州、明州、扬州等城市成为贸易大港，大运河的最东端明州（宁波）是海上丝绸之路进入大运河的第一站。宁波三江口附近的庆安会馆同时也是供奉海神妈祖的妈祖庙，这可以充分说明大运河河运与海运紧密相连的关系。中唐以后，随着西北陆上丝绸之路的相对弱化和经济重心的南移，海上丝绸之路成为主要的对外经贸和文化交流通道，而且贸易的商品范围扩大，瓷器逐渐取代丝绸成为主要的贸易商品。这时陆海丝绸之路开始交汇。

中国的货物在洛阳集散，然后沿大运河，经商丘、扬州、杭州，来到明州（今宁波）、泉州，再由海上丝绸之路运往国外。1999年安徽淮北柳孜镇发现了8艘唐宋时代的沉船，以及隋唐宋金时期瓷器1653件，被列入当年的"全国十大考古新发现"。从柳孜出土的瓷器，几乎涵盖了唐宋时期的数十个窑口，如北方的磁州窑、定窑，甚至还有南方的长沙窑、越窑等。这充分证明了唐宋时期，南北各地的窑场通过大运河运送瓷器，进而产生巨大的商贸利润，造就了大运河沿线城市的繁荣。

九世纪末到十一世纪期间，中国西北和北方地区出现民族政权割据的局面，中国的政治、经济、文化中心逐渐向东南沿海转移，再加上阿拉伯世界的兴起，东西方海上往来频繁起来，中原王朝此时倚重的重心变成了通过海上丝绸之路进行贸易。在大运河南端的浙东运河，因连接海上丝绸之路，商船主要是做转口贸易的。随着南宋海外贸易的发展，运河出海口、东南沿海的港口成为新的贸易中心，特别是明州（宁波），凭借经姚江、曹娥江与杭州联系起来的水路以及浙东运河，当时实际上成了大运河的东端终点。由于杭州湾和长江口的浅滩与潮汐影响，来自中国东南的远洋大帆船大多在宁波卸货，转驳给能在浙东运河中通航的小帆船，再由这些小船转运到杭州、长江沿岸港口以及中国北方沿海地区。而长江下游地区的产品则运到宁波集中出口。除了官方贸易之外，沿浙东运河的民间航运同样十分发达。宁波港和浙东运河，实际上为大运河提供了河海联运、接轨内外贸易的优良水道与港埠，是大运河连接世界大通道的南端国门。南宋政府十分重视对外贸易，而庆元府（今宁波）是当时重要的对外贸易港口。南宋时期，浙东运河曾经成为南宋王朝对外贸易的重要通道，瓷器等出口产

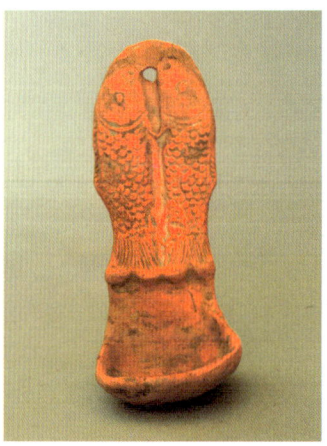

柳孜遗址沉船上发现的瓷器

柳孜遗址考古展示大棚

品通过浙东运河运往宁波,再通过海上丝绸之路运往海外。日本、高丽、东南亚等地的产品也通过浙东运河运往京城。研究表明,在广东南海一号沉船发现的瓷器与在安徽柳孜运河遗址发掘的沉船上的瓷器,以及扬州运河扬子码头沉船上的瓷器竟然出自同一个窑口,这也实证了大运河确实是海上丝绸之路的延伸段。

元代由于疆域广阔无比,无论是陆上丝绸之路还是海上丝绸之路,都十分繁荣,而且海上丝绸之路更胜一筹,与元朝通商的国家和地区就有145个,超过宋代一倍。明朝初期实行海禁政策,但又在广东留下了一个对外开放的窗口。明朝已普遍使用罗盘针,其最大的海上活动是郑和七下西洋,

浙东运河古纤道

到达亚洲、非洲的 39 个国家和地区。明万历三年（1575 年），明朝开辟了"广州—拉丁美洲航线"横穿太平洋的航线：由广州启航，经澳门出海，向东南航行至菲律宾马尼拉港，继而，穿过圣贝纳迪诺海峡进入太平洋，东行到达墨西哥西海岸的阿卡普尔科（Acapulco）和秘鲁的利马港（Lima）。这样，开始于汉代的海上丝绸之路，经唐、宋、元日趋发达，在明代达到高峰，东南亚数十个国家来华进贡与贸易。

大运河作为联系古代中国与世界的桥梁，促进了古代中国与国外的文化交流，大运河是古代东方世界主要国际交通路线的组成部分。隋唐宋时期大运河的一端通过明州（宁波）以通海外诸国，另一端则从洛阳西出以衔接横贯亚洲内陆的"丝绸之路"，大运河使中国与世界更为紧密地联系起来，成为中外经济文化交流的重要通道。中国工匠甚至参与了中东灌溉工程的设计与建造。中国与亚洲其他国家、西方等地的僧人、官员、商人、传教士、旅行家、使团等频繁由运河南来北往于中国内地，并经由海上、陆上交通，形成了中国与亚洲其他国家、欧洲等地广泛的政治、经济、文化联系，促进了世界的沟通与交流。

大运河连接陆海丝绸之路示意图

第三节　中国大运河和中外贸易交往与文化交流

1. 大运河上的中日贸易往来

（1）鉴真东渡

运河名城扬州的第一个国外友好城市是日本唐津。这与唐代的鉴真东渡有关。唐朝时，在扬州大明寺讲律传戒的鉴真和尚，对于律宗有很深的研究，他应日本圣武天皇的约请东渡日本，经过六次东渡，历尽艰险，双目失明，终于在唐天宝十三年（754 年）到达日本。

鉴真原姓淳于，14 岁时在扬州出家。由于他刻苦好学，中年以后便成为一位有学问的和尚。唐天宝元年（742年）开始，他应邀先后6次东渡日本，有5次东渡都从扬州由大运河出发。此时，佛教在中国已完成本土化进程。东渡成功后，鉴真不仅把佛教律宗传到日本，同时还把佛寺建筑、雕塑、绘画等技术传授给他们。他带去了大量书籍文物，留居日本10年，辛勤不懈地传播唐朝多方面的文化成就。同去的人，有懂艺术的，有懂医学的。他们也把自己的所学用于日本，促进了中日经济往来。

鉴真坐像

鉴真指导日本医生鉴定药物，传播唐朝的建筑技术和雕塑艺术，设计和主持修建了唐招提寺。经过两年，唐招提寺建成了。这座以唐代佛殿结构为蓝本建造的寺庙是世界的一颗明珠，对日本建筑产生了重要的影响，保存至今。鉴真死后，其弟子为他制作的坐像，至今仍供奉在寺中，被定为"国宝"。鉴真东渡，客观上促进了中日之间的文化交流、经济交往。

（2）日本遣唐使与留学生

中国与日本一衣带水，早在秦汉时期就有了交往。隋代，日本曾三次派遣使者来华学习先进文化。到了唐朝，日本全方位学习、移植中国文化。日本派遣的遣唐使来中国，一般都是经过大运河北上。日本遣唐使团组织完备，多时一次达五百五十多人。除官员外，还有医师、阴阳师、画师、史生（文书）、音乐长（乐队负责人）、玉生（玉匠）、锻炼生、铸生、细工生（手工艺品匠人）等，还有不少的留学生和学问生。他们给唐朝带来珍珠绢、琥珀等贵重礼品，唐朝政府则回赠一些高级丝织品、瓷器、乐器、文化典籍等。在中国学习的留学生，被分配到长安国子监学习各种专业知识。如阿倍仲麻吕（汉名晁衡）长期留居中国，擅长诗文，在唐历任光禄大夫、御史中丞、秘书监等职，与著名诗人李白、王维等常以诗酬赠。日本遣唐使与留学生也促进了中日之间的经贸往来与文化交流。

2. 大运河上中国和阿拉伯国家的商贸往来与文化交流

中国与阿拉伯国家的商贸往来是随着伊斯兰教的传播而展开的。伊斯兰教产生于7世纪的阿拉伯半岛，唐朝初中期，就通过外交、战争等渠道传入中国，伊斯兰教传入中国分陆路、海路两条通道。而无论是海路，还是陆路，在中国国内的传播都与大运河密切相关。

　　伊斯兰教从陆上丝绸之路传入中国主要通过天山北道和南道。当时,都城长安穆斯林商人的身影随处可见,在长安西市、东市有很多大食人和波斯人开的店铺,当地人谓之"胡店""胡邸"。西亚及非洲的象牙、犀角、香料、珠宝等源源不断地进入长安。中国的丝帛、瓷器、茶叶等广销阿拉伯各地。传入长安、洛阳等地的伊斯兰教又沿着隋唐大运河传入运河沿线地区。

　　伊斯兰教从海上丝绸之路传入中国后,大量的阿拉伯和波斯商人乘船来到中国经商,他们主要沿着大运河在中国的内陆地区广泛传教并经商。当时留居中国的大食、波斯商人很多,甚至有的已经改为汉姓。如唐朝进士李彦升就是一位大食人,大商人李苏沙是波斯人。这些留居中国的阿拉伯人、波斯人,当时被称作"蕃客",在华所生子女称"土生蕃客",居处称"蕃坊"。在蕃客中,除阿拉伯和波斯商人外,还有传教士。相传唐时由海路来中国传教的有四大"先贤","大贤"传教于广州,"二贤"传教于扬州,"三贤""四贤"传教于泉州。

　　到了宋元,伊斯兰教在中国的传播进入鼎盛时期,特别是在运河地区以及东南沿海地区,传播尤为广泛。北宋政府为照顾这些国外的商旅,特别为他们划定专门的居住区。如北宋熙宁年间,即安排西域天方国王所率领的一个5300多人的团队分居在江淮沿运河地区。允许伊斯兰教教徒与汉族通婚。尤其是尊重其信仰,在各地兴修清真寺。宋代在扬州建的仙鹤寺,规模相当大。这一时期,越来越多的信奉伊斯兰教的阿拉伯、波斯商人、传教士、工匠来到中国,分布在广州、泉州、扬州、杭州、海南岛等地,这些城市纷纷建造起规模宏伟壮丽的清真寺。蕃客人数达十几万,出现了"五代土生蕃客"。在沿海一带,形成了一个个伊斯兰教兴盛的区域。元大都著名的清真寺就是

济宁东大寺

始建于元至正年间的东四清真寺,还有由伽色尼人阿合买德和花不剌人阿力掌教的牛街清真寺。河北定州、山东济南、河南开封和商丘等地,都建有清真寺。此外,苏州、松江、杭州、宁波以及泉州等地,也建有规模庞大、宏伟壮丽的清真寺。

谈及伊斯兰教与大运河的关系,不能不说阿拉伯王子普哈丁这位富有传奇色彩的人物。

普哈丁是中古时期的阿拉伯人,据传是伊斯兰教创始人穆罕默德的第十六世裔孙,在国内颇有声望。南宋咸淳年间(1265—1274年)来到运河城市扬州。在扬州期间,他边经商,边传教,扶弱济贫,广交朋友,得到扬州官府的礼遇和地方人士的拥戴并主持修建了著名的仙鹤寺。普哈丁在扬州待了十年,其间他曾回西域三年,后又来到运河畔的津沽(今天津)、济宁等地做生意并传教。1275年7月,他乘船沿运河南下,于当月19日抵达扬州,黎明时在船中归真。根据他生前遗愿,希望后人将他安葬在古运河东岸的土冈上。这座墓园最初是专为安葬普哈丁而修建的,穆斯林尊其为先贤墓。后来又陆续有来扬传教、经商或做官的阿拉伯人以及明清以来的一些中国阿訇和虔诚的穆斯林,卒后附葬于此,使墓园逐渐形成今天的规模。普哈丁墓园成为中阿文化交流和贸易往来的见证。

明代,伊斯兰教在大运河区域的传播与运河作为南北主要通商之路有着直接的关系。特别是在沿运河城镇,吸引大批有经商传统的穆斯林经商落户,伊斯兰教也随之成为当地的宗教之一。如在大运河南端的杭州,明弘治年间扩建,始建于宋代的真教

扬州古运河边的普哈丁墓园

普哈丁在扬州建的仙鹤寺

寺（又称凤凰寺）据清康熙《真教寺碑记》载："武林真教寺居城之中，巍然高峙，左镇江海，右映湖山，表东南之巨丽，壮江山之形势，兹寺实一方之镇焉。"这充分显示了伊斯兰教的兴旺。在运河中段的扬州，明代以后吸引大批穆斯林经商居住，原来的仙鹤寺数次重修扩建。据明嘉靖《维扬志》记载，该寺于"洪武二十三年（1390年）哈三重建，嘉靖二年（1523年）商人马宗道同住持哈铭重建"。扩建后的仙鹤寺，与杭州的凤凰寺、泉州的麒麟寺、广州的狮子寺，并称我国东南沿海伊斯兰教四大名寺。运河北端终点的北京，明代又在前朝的基础上兴建了锦什坊清真寺、安内清真寺、花市清真寺等，成为伊斯兰教在北方地区的传播中心。

除上述三市外，中国大运河沿线其他城镇也都在扩大传播伊斯兰教。天津的金家窑大清真寺、泊头镇大清真寺，河北沧州的清真北大寺，北京朝阳（明代属通州）的常营清真寺，山东德州的北营清真寺、临清的老礼拜寺和大清真寺、临西（明代属临清）的洪官营清真寺和张秋镇的清真东寺、济宁的清真东大寺，均建于明代。另外，江南的镇江、常州、嘉兴等地也有许多清真寺建于明代。如果说，明代伊斯兰教在运河城镇的传播发展是从事商贸活动的穆斯林定居的结果，那么它在运河沿线农村的传播则是大批移民的结果。明朝与吐蕃关系恶化后，从明正统元年（1436年）起，明朝相继数次从甘州、肃州和凉州等地，迁徙穆斯林安插到运河区域的农村进行屯垦。（《明世宗实录》卷48）大量穆斯林迁移落户，自然促进了伊斯兰教在运河农村地区的传播和商业的发展。

3. 马可·波罗与大运河

意大利旅行家马可·波罗来中国最初的目的是做生意。马可·波罗出生在意大利

杭州凤凰寺

杭州的古街

威尼斯的商人家庭。他的父亲尼可罗·波罗和叔父马菲奥·波罗是巨商,曾于元至元三年(1266年)来中国做生意。他们回到威尼斯,带回了关于东方的动人见闻,令马可·波罗心驰神往。元至元八年(1271年),尼可罗·波罗和马菲奥·波罗带着马可·波罗,随同罗马教皇所派遣的两名传教士尼古勒与吉岳木东来,踏上了来中国经商的旅程。两位传教士因惧怕危险半途而废,只剩下

马可·波罗纪念馆

父子叔侄三人沿丝绸之路历尽艰险继续东行。元至元十二年(1275年)夏,他们仨到达元上都(今内蒙古锡林郭勒盟正蓝旗上都镇),马可·波罗开始了十六七年待在中国的历程。他博闻强记,很快学会了蒙古语和汉语,熟悉宫廷中的礼仪和行政机构的法规,很受忽必烈重用,担任过枢密副使、淮东道宣慰使、扬州总督等职。在三年的扬州总督任上,管理24个县,刚正不阿,主持公道,受到百姓的爱戴。

马可·波罗家乡意大利威尼斯赠送给扬州马可·波罗纪念馆的铜狮子

《马可·波罗游记》称,马可·波罗还奉忽必烈之命,巡视了山西、陕西、四川、云南和江南广大地区。每到一地,考察当地风俗民情、物产资源等,向朝廷报告,出色完成任务。特别是在运河沿线城市的见闻成为后来他写游记中的素材,如苏州、杭州等都在他后来的游记中有详细描写。他还奉命沿海上丝绸之路出使南洋东南亚各国,大大拓宽了视野。

宦游十七年,马可·波罗走访了大运河沿岸的许多城市,后来他想回到欧洲家乡。元至元二十八年(1291年),马可·波罗父子利用护送蒙古公主阔阔真到伊利汗国的机会,从福建泉州乘船走海路回国。元元贞元年(1295年),马可·波罗回到阔别多年的故乡威尼斯。元大德二年(1298年),热那

亚进攻威尼斯，马可·波罗参战被俘。在狱中，他把自己在中国和其他亚洲国家的所见所闻口述，由通晓法文的鲁思梯谦笔录，写成《马可·波罗游记》。第二年，马可·波罗获释，临终前他说自己的游记"还未说出自己所见所闻的一半"。《马可·波罗游记》是脍炙人口的世界名著，传播甚广，极大地加强了欧洲人对东方的了解。其中以大量篇幅记述了马可·波罗在运河区域的所见所闻，记录了运河区域的物产、风俗、人情、建筑等情况，展示了元代运河和城市的生动景象，是元代以运河文化为代表的中国文化外传的重要见证。至今，在运河沿线的扬州、杭州等地都留下了多处马可·波罗的遗迹。马可·波罗来华不仅促进了中国与欧洲国家的贸易往来，而且通过《马可·波罗游记》，西方人了解了中国，越来越多的西方人来到中国经商，对世界地理大发现也起到了促进作用。

4. 郑和下西洋与对外贸易

明代随着造船技术的完善，海上远航成为可能。郑和下西洋也促进了中国与东南亚以及非洲、欧洲国家的贸易往来。郑和下西洋是明永乐、宣德年间的一场海上远航活动，首次航行始于明永乐三年（1405年），末次航行结束于明宣德八年（1433年），共计七次。在七次航行中，郑和率领船队从南京出发，在江苏太仓的刘家港集结，至福建福州长乐太平港驻泊等待适合的风向开航，远航西太平洋和印度洋，拜访了30多个国家和地区，其中包括爪哇、苏门答腊、苏禄、彭亨、真腊、古里、暹罗、榜葛剌、阿丹、天方、左法尔、忽鲁谟斯、木骨都束等地，目前已知最远到达东非、红海。

郑和下西洋是中国古代规模最大、船只和海员最多、时间最久的海上航行，也是15世纪末欧洲地理大发现以前世界历史上规模最大的一系列海上探险。郑和下西洋，

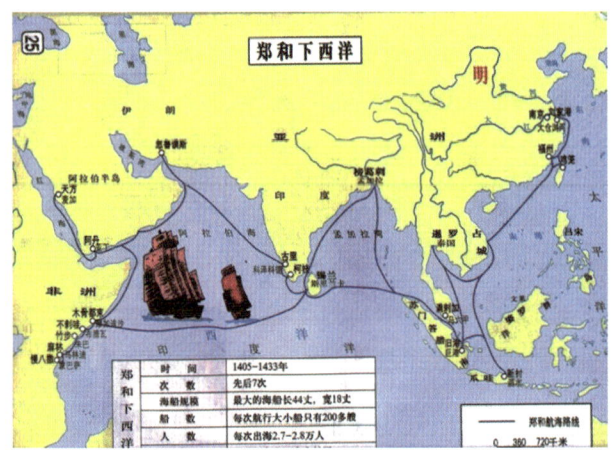

郑和下西洋到达的地区示意图

郑和纪念馆陈列的明代船模

第八章 中国大运河与对外贸易 199

在政治上使明王朝在东南亚全面建立起华夷政治体系，扩大了中华帝国的影响力；在经济上开拓了海外贸易，中国的丝织品、瓷器受到西洋诸国的欢迎，赢得了很高的声誉。而中国对不能自行生产的香料等物，也有较大的需求，通过郑和下西洋，采买到这些物品，进一步促进了明朝的生产发展。同时，郑和下西洋也开创了大航海时代的全球航行先河。

5. 苏禄王与大运河

苏禄国位于今天的菲律宾群岛的南部。早在宋元时期，中国的商人和商船就到达苏禄，用丝绸换取当地的珍珠和土特产。郑和下西洋，足迹远至非洲东岸，每到一地，都要向当地统治者宣读明朝皇帝的诏书，并邀请其来华访问。明永乐七年（1409年）郑和船队经过苏禄国，明朝船队的威武气势和贸易物资的丰盛，给苏禄国的统治者留下了深刻的印象，使他们产生了强烈的与明朝通好的愿望。

明永乐十五年（1417年），苏禄群岛上的三位国王——东王巴都葛叭哈剌、西王麻哈剌叱葛剌麻丁和峒王妻叭都葛巴剌卜，在东王巴都葛叭哈喇带领下，率家眷、官员共340多人的友好使团远渡重洋来明帝国进行访问，经杭州、扬州沿大运河北上去北京。他们沿大运河北上时，明成祖已得到消息，他听说苏禄国三王一起来朝贡，十分高兴，要求运河沿线的地方官员热情接待，为使团提供充足的口粮和相关开销。八月初一，苏禄国使团来到北京，受到了明成祖朱棣的接待。明成祖不但为他们举行了隆重的国宴，而且为他们举行了正式的册封仪式，封巴都葛叭哈剌为苏禄国东王，其他两位国王也受了封，并赐诰命和袭衣。这样，苏禄王的名分确定，苏禄国得到明朝的正式承认。

在中国访问了27天后，三王辞归，明成祖朱棣又派人专程护送。九月初，沿运河行至德州时，东王巴都葛叭哈喇因为水土不服，加上旅途劳累，身染重病，不得已停船就医，但东王就此一病不起，于九月十三日病逝于德州。朱棣闻讯后悲痛万分，立即派礼部郎中陈士启前往

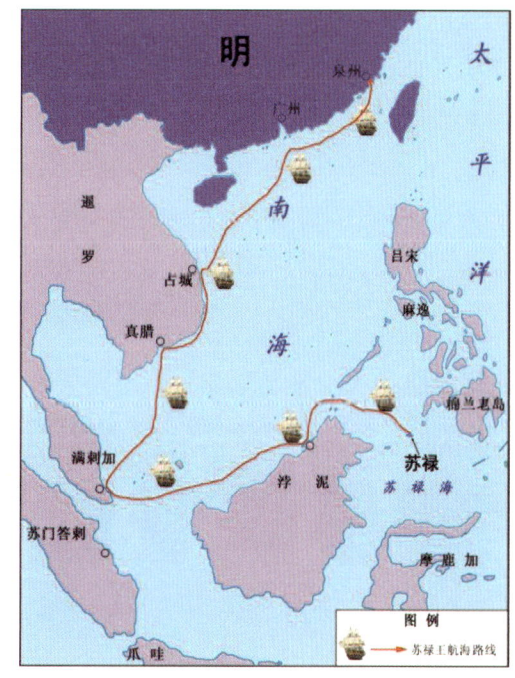

苏禄王来华路线图

德州致祭，并抚慰其家人。朱棣还为苏禄东王写下悼文，追谥他为"恭定王"，按王礼将苏禄东王葬于德州。朝廷按照诸侯王的规格，在德州城北为苏禄东王营造了一座高大宏伟的陵墓，其陵墓南侧有御碑、石人、石马、石羊、翁仲等。碑文是由明成祖朱棣亲自题写。

东王下葬后，其长子都马含随西王、峒王等人回国继承王位。按照中国的礼俗，成祖让东王王妃葛木宁、次子温哈刺、三子安都鲁及侍从十余人留在德州守墓3年后返回。明朝对守墓的东王后裔非常照顾，不仅赐田免税，德州官仓还每人每月供给口粮一石。朝廷还从山东历城县拨来3户居民供东王守墓的后人役使。每当缅怀之日，德州地方官员都要祭扫东王墓。

由于留在德州的东王家人受到明朝廷的优厚照顾，三年守丧期满后，东王的二儿子温哈刺、三儿子安都鲁不愿再回到苏禄国，而愿长久留在德州为父守墓。他们按照中国的姓氏习惯，分别改温姓和安姓。明永乐二十二年（1424年），明朝政府派人护送王妃葛木宁回国，由于对东王的眷恋，次年她再次返回德州，从此再未离开，与两位王子长期留居德州，直到去世。现在的苏禄王墓东南方，有三个比王墓略小的土堆，便是王妃和王子的坟墓。经过数代繁衍，到明万历年间，安都鲁的后代已达到70多人，王墓附近已形成了一个苏禄人的村庄。

返回苏禄国的王子都马含继承父王的东王位后，继续与明朝通好，不断遣使来明朝贡，明永乐十八年（1420年）、十九年（1421年）、二十二年（1424年），三次派使来贡。其中，明永乐十九年东王母亲派遣使节，贡献了一颗7两多的特大珍珠，引起轰动。到今天，苏禄东王长眠在中国大地上已600多年，他的后裔安、温二姓已传至20世孙，计500多人。苏禄王来华访问及明朝与苏禄国持续的友好往来，促进了中国与东南亚一带国家的贸易往来与文化交流。

苏禄国东王陵

王子、王妃墓

6. 国外先进技术沿大运河的传播

在大运河逐渐发展的过程中，伴随着陆海丝绸之路的发展，异域文化源源不断传入中国，并通过大运河的便利交通得以快速传播。魏晋南北朝时期，伴随丝绸之路的兴盛和佛教文化的东传，来自中亚、南亚等国家的科学技术和文化艺术传入中国，对大运河区域的文化产生了广泛而深远的影响。中国的石窟雕塑也是受佛教影响而出现的一种艺术形式，大运河区域最著名就是洛阳的龙门石窟。

隋唐以后，随着南北大运河的成功开凿，国内交通和海外贸易的进一步发展和完善，中华民族以博大的胸怀吸纳外国的优秀文化。这个时期，天竺的数学、天文学、外科手术、整骨科、眼科和来自阿拉伯的新药材等科学技术传入中国，对中国产生了重大影响。印度的制糖新工艺也传入中国，中国加工制出了白糖和冰糖。

宋代文化、艺术、工艺技艺高速发展，是继隋唐之后中华文明发展的又一高峰，宋代统治者积极吸纳外国文化为己所用。来自阿拉伯的科技对宋代科技产生了深远影响。阿拉伯科学技术在中世纪逐渐走向成熟，达到了很高的水平。伴随着宋朝的建立，伊斯兰教及相关的民族技艺，以及阿拉伯天文学、数学及医学开始传入我国，并对宋代科学技术和经济的发展产生了积极的影响。

波斯天文学家札马鲁丁

元朝，许多阿拉伯天文学家来华，带来了阿拉伯天文学。如波斯天文学家札马鲁丁进献其编定的《万年历》，忽必烈下诏颁行，即为元代首次正式颁布的历书。他还进献了浑天仪、方位仪、斜纬仪、平纬仪、天球仪、地球仪、昼夜时刻之器等7种天文仪器。元朝为此于至元八年（1271年）在大都设置天文台。在数学方面，阿拉伯数学亦传入中国，如弧三角法、阿拉伯数字等。在医学方面，久负盛名的阿拉伯医学传播到运河区域。太医院旗下的广惠司，由叙利亚人、景教教徒爱薛创建，保存有《忒毕医经十三部》（忒毕，

波斯天文学家编订的《万年历》

阿拉伯语，医学），专掌制造西方医药，引起当时朝廷的重视。

第四节　中国大运河与资本主义萌芽

大运河沿线是中外贸易的前沿，也是资本主义最早萌芽的地区。随着基督教在运河的传播，先进的生产技术影响了中国运河地区经济的发展，运河地区率先出现了资本主义的萌芽。

1. 大运河上中国与欧洲国家的商贸往来

（1）利玛窦与大运河

明清时期，随着基督教沿大运河的传播，中国与欧洲的贸易往来也不断加强。利玛窦是意人利耶稣会派来中国的传教士。他是最早进入中国的西方传教士之一，是耶稣教会在中国的奠基人。明万历十年（1582年），利玛窦抵达澳门，并先后在肇庆、南京等地传教，结识了不少中国官员和朋友。明万历二十八年（1600年），在朝廷礼部尚书王忠铭的帮助下，利玛窦沿大运河乘船进京。这位学识渊博的传教士，沿着大运河，一闸一闸地过关航行北上。他从扬州到北京，一路顺畅。他说："大运河实在是美极了，是世界奇迹啊！"他曾来到苏州，盛赞苏州的繁华富饶："经由澳门的大量葡萄牙商品以及其他国家的商品都经过这个河港。商人一年到头和国内其他贸易中心在这里进行大量的贸易，结果是在这个市场上样样东西都能买到。"

利玛窦带着进贡的礼品（其中有《坤舆万国全图》）走进了紫禁城，走进了天奉殿。

利玛窦像

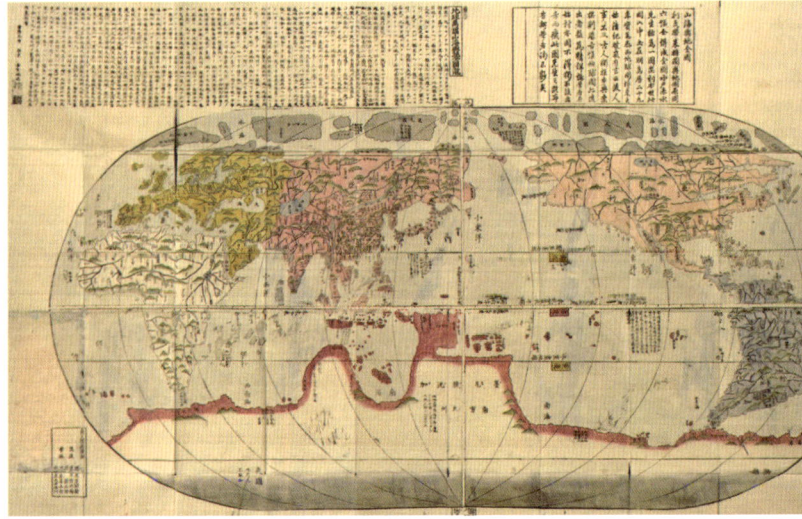
《坤舆万国全图》

神宗皇帝看到利玛窦所献礼品欣喜异常，对利玛窦格外亲切，将沿大运河而来的利玛窦留在宫中居住，还让太监跟利玛窦学习演奏西琴。从此，利玛窦和西方传教士们获得了在中国传教的合法地位，他们同时也把西方自然科学成就带到中国来。利玛窦和中国科学家徐光启合译了西方自然科学著作《几何原本》，使中国人首次认识到西方科技的进步，也促进了中国和欧洲的贸易往来。

(2) 汤若望与大运河

汤若望（1592—1666年），字道未，德国科隆人，天主教耶稣会传教士。1620年到澳门，在中国生活47年，历经明、清两朝，是继利玛窦之后最重要的来华耶稣会传教士之一。

汤若望在清顺治年间所受的恩宠与隆遇使得天主教当时在中国的传播较为顺利。随着传教士人数的增加、活动范围的扩大，信徒人数增长较快，到1650年信徒已达到15万人。1650年，清政府赐地在宣武门内原天主堂侧重建教堂。汤若望将利马窦建的一座经堂扩大，建成了北京城内的第一座大教堂（南堂）。汤若望在华期间关于宗教方面的著述，包括由他撰写、经他译编，或经他参与校订的，主要有《进呈书像》《主教缘起》《主制群徵》《真福训诠》《崇一堂日记随笔》以及《圣母堂记》等。

1634年，汤若望协助徐光启完成了卷帙浩繁的《崇祯历书》，共计46种137卷。《崇祯历书》的编纂完成，标志着中国天文学汇入世界大文学发展的潮流。他将《崇祯历书》删削整理成《西洋新法历书》103卷，进呈摄政王多尔衮。清廷定名为《时宪历》，册面上印有"依西洋新法"五个字，颁行天下，从此成为每年编制历书和各种天文学的依据，直至现在也是中国编制农历的基础。汤若望被任命为钦天监监正，成为中国历史上的第一个洋监正，开创了清廷任用耶稣会传教士掌管钦天监的将近二百年之久的传统。汤若望受崇祯帝之命，成功造出大炮，并完成了《火攻挈要》一书。汤若望还翻译了德国矿冶学家阿格里科拉的《矿冶全书》，定名为《坤舆格致》。全书共分12卷，涉及矿业和相关冶金工序的每个阶段。可惜该书未及刊行，便在明末清初的战火中遗失了。汤若望不仅直接参与了中国历书的编撰，他带来的先进技术还推动了中国矿产

《崇祯历书》

业和制造业的发展,促进了大运河区域资本主义的萌芽与发展。

2. 明代大运河沿线纺织业中产生的资本主义萌芽

其实,苏州、杭州在明代就出现了资本主义的萌芽,如丝织业从农副业中分离出来,成为一个发达的产业,苏杭城内聚集了大量的"城机"。这时,不乏拥有数十台织机、雇佣数十名雇工的工场手工业主。[1] 榨油业、酿酒业中也都出现了资本主义的萌芽。无锡、常州等运河城市更是成为中国民族资本主义的发源地,如今,在大运河畔仍有一批中国最早的工业遗产,如无锡的运河公园就建立在过去面粉厂、丝织厂的遗址上,常州的运河五号创意文化园就是过去的第五纺织厂。

明代江南运河沿线的苏州、杭州、嘉兴及湖州等纺织业发达的地区出现了资本主义的萌芽。当时苏州从事丝织业的工人多达数千,随着丝织业的发展,内部两极分化现象十分明显。蒋以化在《西台漫记》中记载:"大户张机为生,小户趁织为活。每晨起,小户百数人嗷嗷相聚玄庙口,听大户呼织,日取分金为饔飧计。大户一日之机不织则束手,小户一日不织则腹枵,两者两资为生久矣。"以雇佣劳动为手段的资本主义生产关系已十分明显。《明神宗实录》卷三六一记载,明万历年间苏州"生齿最繁,恒产绝少,家杼轴而户篡组,机户出资,机工出力,相依为命久矣",已反映出"机户"与"机工"的雇佣关系已比较固定。又载:苏州机工"朝不谋夕,得业则生,失业则死""此皆自食其力之良民也"。从中可以看出这些机工已是丧失了一切生产资料,完全是以出卖劳动力为生的无产者,他们与机户之间不存在任何封建依附关系,是"自食其力之良民",具有自由的身份,已符合资本主义雇佣劳动的条件了。明万历时的苏州"里人郑灏……其家有织帛工、挽丝佣各数十人",又苏州"潘氏起机房织手,至名守谦者,始大富至百万"。

在杭州,从事丝织业的机户主要集中在西城运河畔。明中期后,出现了拥有20余张织机,"富至数万金"的工场主。随着丝织业向农村的扩散,江南运河沿线的

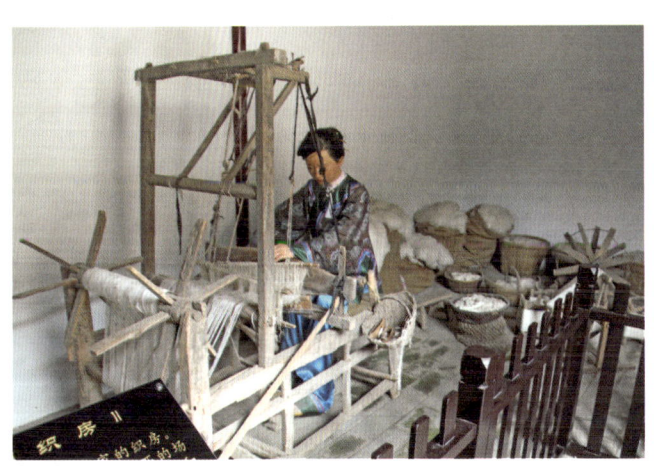

古代织布图

---

[1] 陆粲在《庚已编》卷4中记载,万历时苏州"里人郑灏,其家有织帛工、挽丝佣各数十人"。

农村地区还有大量的乡机,形成了一批专业化的丝织业市镇。《吴江县志》记载:"盛泽、黄溪四五十里间居民乃尽逐绫绸之利。"明代小说《醒世恒言》第十八回"施润泽滩阙遇友"中描述盛泽镇"络纬机杼之声通宵彻夜"。另外震泽镇"近镇各村,尽逐绫绸之利,有力者雇人织挽,贫者自织,而令其童挽花。"(明嘉靖《震泽县志》卷25)江南运河畔的王江泾镇位于吴江与秀水两县之间,明万历时就是一个"多织绸,收丝缟之利,居民可达七千余户"的丝织业大镇。湖州的南浔镇以盛产"辑里丝"著称,有"湖丝遍天下"之美誉。大批丝织业市镇的兴起,把明代江南运河地区的丝织业推向了新的发展阶段,也使这一地区成为全国的丝织业中心和资本主义最早萌芽的地区。这一时期的纺织业出现了更加精致的分工。明清时期,苏州成为缂丝的唯一生产地,丝织品是由横向的纬线和纵向的经线织就而成。缂丝在工艺上的特点是"通经断纬",在织造中,纬线并非一贯到底,而是根据纹样轮廓或色彩变化,在限定的局部往复穿行。当同一纬线抵达相同色块的边缘就掉头折回。这种织造方式带来了雕琢镂刻的视觉效果。被誉为"丝绸上的雕刻艺术"。缂丝远销日本,被奈良人称为"明缀"。

织布机

3. 清代大运河区域纺织业中有了资本家

到了清代,大运河地区纺织业中的生产关系出现了实质性的变化。当时丝织与染踹是规模最大的两大手工行业,染踹业主要是对织成的棉坯布进行染色与加踹,整平压光。苏州加工的棉坯布主要来自松江地区,"布店在松,发卖在苏",大量的原棉坯布运到苏州加工,从而促进了染踹业的兴盛。清康熙年间,苏州城内有字号的染布作坊就有64家;清雍正年间,踹坊达到四五百家,踹匠不下万余。这些踹匠都是外来务工的,是依靠出卖劳动力为生的被雇佣工人,这已表现为典型的资本主义生产关系。在苏州丝织业中出现了"类多雇人工织,机户出(资)经营,机匠计工受值"(《明清苏州工商业碑刻集》012号碑文)的雇佣劳动的生产关系。

清代纺织业中的雇佣关系已由明代的大户呼织,小户趁织,这一比较松散的雇佣关系变为比较固定的雇佣关系。清康熙年间，苏州"工匠各有专能，匠有常主，计日受值"（康熙《苏州府志》卷21）。在经营形式上，清代丝织业中出现由商人资本控制家庭劳动的资本主义生产因素，即由丝绸商人经营的账房利用承揽机户、雇佣织工、采用放料代织的形式进行生产。这些账房通过发料收货的形式，把分散的个体丝织业户控制起来，并使从事丝织各工序的劳动者变成由账房所支配的雇佣工人，手工业者成为在自己家中被资本家雇佣的雇佣工人。这些账房就成为带有资本家性质的商人，账房商业资本直接支配了丝织业的生产。再后来，账房以单纯的放料代织变为自行设机督织，由商业资本向工业资本转变，资本主义生产关系的萌芽出现了。

"账房"本身的经营方式也在发生变化。据民国《吴县志》记载："各账房除自行设机织外，大都以经纬交与织工，各就织工居处，雇匠织造。"从中透露出在清末苏州的"账房"，已由单纯的"放料代织"向"自行设机督织"方面变化了。这不仅是经营管理方式的变化，也是"账房"性质的重大变化。表明这些"设机督织"的"账房"已由原来渗入生产领域的商业资本开始变为比较完全意义上的工业资本了，具有了"既是实业家同时又是商人"（《马克思恩格斯全集》第3卷）的某些特征。而原来分散的资本主义家庭劳动方式，也开始向资本主义工场手工业阶段过渡了，这正是苏州丝织业中资本主义萌芽延续发展的结果。

鸦片战争后，作为杭州主要经济产业的丝织业还是有较明显的发展变化。在生产规模方面，受国内市场的需求，仍呈发展扩大之势。如，清光绪初年杭州民营织机3000台，年产额71650匹[1]，到清光绪三十二年即扩大到织机4275台，年产丝绸197585匹的规模。在生产形式方面也出现一些新的变化，即此时以绸庄为代表的商业资本参与生产领域的现象比鸦片战争前大大增多。有的绸庄自行设机织造，有的实行向机户放款订货，机户应机，有的则采取租机给户，放料代织。（《浙江丝绸史料》下编）绸庄商业资本参与生产，加快了丝织手工生产的专业化进程，从而促进了丝织业中资本主义萌芽的成长变化，也促进了大运河区域与国外的经贸往来。

湖丝重镇南浔。南浔地处江南运河頔塘故道，自两宋时期便以盛产优质生丝闻名，早在南宋时期，南浔便已富庶，名满天下。明清时期成为典型的江南丝绸市镇，出产的辑里湖丝成为皇家织造的指定原料。清朝海运开放之后，发达的大运河水运为生丝的交易提供了快捷便利的条件，南浔丝绸沿着大运河走出国门，一根根小小的银丝连接了万千世界，开启了近代小镇的辉煌。在上海开埠后，南浔较早地受欧美文化的影

---

[1] 彭泽益：《中国近代手工业史资料》第2辑。

响,成为对外丝绸贸易的重要地区。蒸汽机发明以后,欧洲纺织工业迅猛发展,对中国蚕丝的需求量急剧增加,在他们眼里,"辑里湖丝"是最好的原料,南浔出产的辑里湖丝占据了上海生丝出口外贸的半壁江山。上海图书馆珍藏的一套徐氏家谱上面记录了辑里湖丝在英国的获奖情况:"1851年,

盛产辑里湖丝的南浔古镇

英国伦敦举办了第一届真正意义上的世界综合性博览会,徐荣村把自己经营的12包'荣记湖丝'送去展览,没想到一举夺得金质大奖,英国女王维多利亚不仅亲自颁奖,还赠送'小飞人'(天使)画像,开创了中国产品获世界大奖之先河。"辑里湖丝在英国获奖之后,外商对湖丝更是趋之若鹜。英国伦敦还开设了湖丝交易所,19世纪60年代的《上海新报》上,每天都有"辑里湖丝"的报价,丝的价格行情也像今天的期货一样不断变化。

今天的南浔古镇还保留着"丝行埭"的地名,当年这里是湖丝贸易的集散地。经营湖丝的丝栈最多时达到50余家,形成了300米长的繁华市场。丝商将收购来的湖丝装上运丝船经过运河开往上海。在运河边还能看到,河埠上的青石板台阶被重重的丝包划出一道道深沟。

湖丝成就了南浔一批富商大贾,南浔近代史上有被称为"四象八牛七十条金黄狗"的近百家丝商巨富,都因湖丝对外贸易而致富。因为经济发达,更是迅速成为人文资源丰富、中西建筑合璧的江南古镇南浔,涌现了刘镛、顾乾麟、庞元济、张静江、金城等一批重要历史人物。因为丝市繁荣外商云集,人口众多,南浔也成为四乡闻名的大镇,特别是清末民国初年,镇市的繁盛和富丽奢华可与苏州、杭州相匹敌。

湖丝还成就了南浔一位传奇的革命家,他就是被孙中山先生称为"革命圣人"的国民党元老张静江。作为经营湖丝发家的他,十分支持革命,1902年赴欧途中,他结识孙中山,提供白银3万两作为反清革命活动经费。孙中山与张静江相遇时,由于张静江对孙中山推翻清朝的革命之举十分钦佩,曾问孙中山:"君非实行革命之孙君乎?闻名久矣,余亦深信非革命不能救中国。近数年在法经商,获资数万,甚欲为君之助,君如有需,请随时电告,余当悉力以应。"他还与孙中山约定汇款的暗号:A、B、C、

D、E，分别代表1、2、3、4、5万元。当时孙中山，对他的言语并不信以为真。分手之时，张静江留给孙中山一封信，让他到美国后去找纽约市第五街566号的通运公司，领取资助革命的活动经费3万元。孙中山将信将疑，到美国后把信交与黄兴办理。结果钱分文不少，如数领取。这令孙中山大为惊奇，认为遇到了革命"奇人"。自此以后，每遇革命党款项不济，孙中山便想到了张静江的汇款之约，而张每次均能按时如数将款寄到。甚至有一次由于款项不支，反清起义无法举行，张静江将他在巴黎通运公司经营的一个茶叶店卖掉以资助起义。因此孙中山曾说："自同盟会成立之后，始有向外筹资之举，当时出资最勇而名者，张静江也，倾其巴黎之店所得六七万元，尽以助饷。"孙中山对于张静江资助革命的义举十分感激，曾让胡汉民回信表示谢意。孙中山就职临时大总统的第二天，就正式宣布南浔镇升级为市。

4. 洋务运动与国外先进生产方式的传入

洋务运动是19世纪60年代到90年代晚清洋务派所进行的一场引进西方军事装备、机器生产和科学技术以挽救清朝统治的自救运动。洋务运动前期，洋务派主要是以"自强"为旗号，采用西方先进生产技术，创办了一批近代军事工业。在大运河沿线，江南机器制造总局、金陵制造局、天津机器局等一批大型近代化军事工业相继问世。短短几年中，清帝国就已经具备了铸铁、炼钢以及机器生产各种军工产品的能力。洋务运动后期，洋务派为解决军事工业资金、燃料、运输等方面的困难，打出"求富"的旗号，兴办了一批民用工业，为中国民族资本主义在运河区域的发展奠定了基础，同时也为中外贸易的发展创造了条件。

在洋务派开办的所有工厂中，创办于1865年江南机器制造总局的规模是最为庞大的，内部的技术人员都是从国外重金聘请过来的。洋务派在开办军事工厂的同时，还派出大量留学生到国外学习，以便日后学成归来，报效国家。洋务运动历时三十余年时间，从西方国家引入了先进的科学技术，培养了大批科技人才，刺激了我国资本主义的发展，促进了民族资本主义的产

轮船招商局旧址

生,加快了我国资产阶级的出现和无产阶级队伍的壮大,并在一定程度上抑制了西方列强在我国的扩张,最终推动中国社会现代化的进程。

中国大运河沿线是国外先进生产方式传入最早的地区,随着洋务运动中外国轻工业技术的引进,大运河区域的面粉加工、火柴制造、印刷、城市公用设施等民用轻工业技术也得到了发展,出现了一批民用轻工企业。清光绪四年(1878年),朱其昂在天津首创"贻来牟机器磨坊",用机器磨面,所产面"面色纯白,与用牛磨者迥不相同"。清光绪二十七年(1901年),荣宗敬、荣德生兄弟在无锡创建了保兴面粉厂。这些面粉厂用机器磨面、碾米、榨油,大大提高了粮油加工水平。这一阶段,大运河上运输的货物,随之变成生丝、布匹、面粉和钢铁等,这些奠定了无锡近代民族工业发源地之一的地位。始建于1896年的永泰丝厂,便是当时的众多工厂之一。这里诞生了我国第一台自主设计制作的立缫车,生产出的"金双鹿""银双鹿"牌生丝,更是在国内外享有盛誉。清光绪十二年(1886年),天津建成天津自来火公司,推动了火柴业的发展。

大运河区域成为中国民族工业发展最早、最快的地区,也促进了中外贸易的发展,天津、无锡都因为与国外的贸易往来而成为新型工业城市。杭州有大量丝绸"以番舶口充贸易者,且遍于远洋绝岛,获利不资"(清光绪《仙居县志》卷11),进行海外贸易。

从民国初年至全国抗日战争爆发,运河城市扬州的工商业和手工业依然有所发展。这里先后建立淮扬电厂等发电厂4家,合计资本60余万元;建立针织厂3家,合计针织机230架;加上家庭针织作坊,共有织工六百多人;扬州城乡酱菜厂或作坊发展到110家,民国二十六年(1937年)扬州城区30余家酱菜厂的年营业额合计达法币百万元。扬州有茶厂3家、火柴厂1家、面粉厂1家,榨油厂或作坊近20家,牙刷、化妆品、火腿等手工作坊28家,打蛋厂2家。其中建于民国六年(1917年)的汉兴祥蛋厂规模发展较快,民国十一年(1922)使用机器生产,资本额达100万元,雇用工人近千人,产品畅销西欧。

运河工业城市无锡

第九章 中国大运河商业习俗

人们常说"十里不同风，百里不同俗"，但中国大运河的沟通交流作用将不同地区人的生活联系在一起，他们一起生产，相互贸易，在长时间相处的过程中，各地的风俗经过相互交流影响，形成了一批极具特色的大运河商贸习俗。而大运河沿线很多地方都将运河水神作为财神祭拜，商人和船民长年在运河上经营，也有自己崇拜供奉的财神。

第一节　中国大运河商贸习俗

商业民俗是中国大运河民俗文化的精华所在，它是商品经济发展的产物，涉及与商事活动有关的民俗现象，如刘猛将、金龙四大王等运河商业神明，牵涉政治、经济、社会生活等方方面面，甚至在某种程度上是中国大运河区域社会一体化的黏合剂。

1. 大运河上的商船是怎么做生意的

古代，大运河中就有专门用于商业买卖的商船，最早出现专门的商船是在江南运河段，因为从隋唐时代开始就实行了漕粮分段转运的办法，江南的漕粮一般只要运到设在扬州、真州附近的水次仓，再由专门的漕船转运到京城，因此江南运河上的漕船相对少一些，就成了商船运输的天堂，这也促进了江南地区商业的繁荣。明清时期，大运河更是南北商业交流的大动脉，大运河北段也允许行驶商船，这些商船一般由民间打造，运载量不如漕船，但运载的货物却更加丰富，有粮食、水果、棉花，也有陶瓷、丝绸、布匹。到了清代，大运河上的商船也十分多见，朝鲜使臣李遇骏记载他在通州见到有一种南方来的商船，上下两层，是为楼船，十分壮观。他在《江南楼船记》中写道："江南楼船，间间喧舱，望之如画图中，东人初见，莫不叫奇，遂登船，船制极精致，设二层，下层载物，上层设门扉。入其中，四面开窗，窗皆贴琉璃。其中设椅桌、器玩、笔床、茶炉、名画、法书，板壁帘楹，皆涂丹艧，映水照耀。又有内室厨房馈食，间架井井。"这些南来北往的商船满足了沿线城镇的需求，并催生了一座座商业城镇。

这些富商大贾的商船来往于运河之中，以货利为业。商船虽然没有官船的威风，但有的商船却十分宏大豪华。《唐国史补》描写了俞大娘航船的盛况："大历、贞元间，有俞大娘航船最大，居者养生送死嫁娶悉在其间。开巷为圃，操驾之工数百，南至江西，北至淮南，岁一往来，其利甚博，此则不啻载万也。……凡大船必为富商所有，奏商声乐，从婢仆，以据柁楼之下，其间大隐，亦可知矣。"这种豪华的大商船，属于少数富商大贾。一般商人只拥有或雇用普通船只，也有的商人是靠搭乘顺路船只来往于各地。

明清时期，大运河上的民船、商船、货船等民用船只数不可胜计。商船一般由民间自行打造，运载量不如漕船，但装载的货物却纷繁复杂，既包括粮食、水果、棉花，也包括瓷器、丝绸、布匹、杂货等。商船开拔后，必须在沿线各地设置的钞关缴纳税收，并接受朝廷户部官员的监查，以防止食盐等违禁物品的走私。当时因商船与民船在运河上航行时常会遭受漕运军丁与钞关胥吏的勒索，所以很多船户在起航时会招揽赴任或旅行的官员坐船，以寻求庇护，官员坐船不但不用付船费，而且还可以得到船主的银两。

2. 大运河商贸习俗

以船为交通工具做生意，有关船运的习俗和禁忌很多，如浙江杭州、绍兴一带乌篷船船头雕有状如虎头的"鹢"，用以镇蛟龙求吉祥；船体常挂彩色布条，用以驱邪避凶；妇女不能站在船头正中，不能跨过船头和网架，夏天也要穿上长裤；两船相碰时，新婚妇女不得用手或竹篙抵挡。

在扬州，不准产妇上船；船行时要烧香敬神。扬州行船，在迎庙门、巷口、大路尽头"三不靠"；船上孩子挂葫芦，一是图吉祥，二是起救生的作用；扬州船民拎肉上船要藏在篮子里；卖船不卖跳板。

在淮安，船停靠陌生的码头时，要先用竹篙从船头到船尾打水一遍，以防水下有女尸，生出邪气，叫"破漏地"；船卸货后，不让货主扫仓，如有剩余货物均由船工收拾。

大运河上的船

船头装饰中体现的商业民俗

以船作为交通工具有许多习俗和禁忌。人们乘船出行时必选吉日，一般以三、六、九为吉日；在船上，要忌双脚悬于船舷外，以免"水鬼拖脚"；忌头搁膝盖，手捧双脚，姿势像哭，不吉利；忌在船上吹口哨，以免"引浪招风"；忌拍手，因拍手意味着"两手空空，无鱼可捕"；忌在龙头（船头）小便，大小便要上后八尺的"三品口"。

"帆"，是船在运输行船过程中，根据天气情况，竖起在桅杆上的一条大布，乘顺风方向，借助外力给船加速。

宋代汴河货船

在没有机械动力的年代，大船的动力一般都靠"帆"，但是"帆"，读音同"翻"，所以船工都忌讳的一件事就是把"帆"读作"翻"，他们都一般习惯叫作"篷"。由于"帆"受自然条件的限制，在行船时，顺风才能扬"帆"，为求吉利，古时在船的桅杆上贴上"大王""老牌"，或者象征吉祥的动物图案，在船头挂红灯笼等，以求一帆风顺。船民敬畏龙王，日常要请"大王"，请"老牌"。逢年过节时，要在桅杆上贴"大将军威风八面，二将军得力先行"的对联，摆"三牲"，船头"挂红"等。过桥是船民最紧张的事，船民最忌过桥。所以，吃饭时船民最忌将筷子放在碗上。

江南运河上塘栖一带的船民有信奉"船头菩萨"的习俗。他们把"船头菩萨"的灵座供奉在船中舱左手面，设香炉。祭祀按四时八节进行。新船落水要祭水神，在舱门、船艄上挂上红绸飘带，然后用猪头三牲、香烛祭祀，并鸣放鞭炮。正月里一般船民都靠岸过年，新年后重新开船去做生意。新年开船的日子很有讲究，一般初六、初八开船，开船要放鞭炮，把财神菩萨请上船。

船民希望船出入平安和做生意挣到钱，行船时有特殊的语言禁忌。乘客和送行者忌讲"翻身""搁置""死"等不吉利的话。淮安一带人们乘船出行前，家中妇女早起不能说"死""罪犯"等不吉利的话，如出门时遇见死人、寡妇或老鸦叫都认为是不祥之兆；听到喜鹊叫则是吉兆。在无锡、常州等地，行船的人讲东西翻身只能叫"涨身"。在船上吃饭，盛饭叫"装饭"，碗不准扣在桌上，吃鱼只吃半边，忌将鱼翻转。大概是避讳"沉""翻""扣"等字眼。吃鱼要先吃头，意示"一头顺风"。剩饭菜弃掉不能说"倒掉"，要说"卖掉"或"过鲜"，以忌"船倒翻"。船上的餐具也各有特殊的称呼：筷子叫"撑篙"，羹匙叫"掏子"，菜盘叫"羹搭"，饭锅叫"锅子"。行船遇到浮尸，则称"元宝"，不能称"死尸"。绍兴有"哑子船"的习惯，当船过桥洞时，船工不得出声，以免冒犯桥神，俗称摇"哑了船"。扬州人对船主不称"老板"，而称"老大"。由于"老板"与"捞板"谐音，通常只有在遭遇风暴，船体被大风打得七零八落以后，人们称打捞船体碎片的行为为"捞板"。

吴语地区的船民，在船上不能讲"碰石岩""碰滩（汰）横"等不吉利的话。遇到不吉利的谐音、方言都改称，如"猪"谐音"输"（赌钱要输），"石""舌"谐音"蚀"（经营要亏），"鸡"谐音"欠"（收入不丰），因此"猪""石""舌""鸡"等字都要讳避。"猪头"改称"利市"，"猪耳"叫"顺风"；"石浦"叫"赚浦"，"舌头"叫"赚头"，"食罩"称"赚罩"；"鸡骨礁"叫"鸭骨礁"，"鸡娘礁"叫"老鸭礁"；称"做乱梦"为"聊天"，因"梦"与"网"谐音，以避"漏网"（逃鱼）。

第二节　中国大运河上供奉的财神

中国民间一般认为财神有五位（称为五路财神），分别是东路财神比干、南路财神柴荣、西路财神关羽、北路财神赵公明和中路财神王亥。东路财神比干是商代帝王文丁的次子，忠心爱国，为民请命，敢于直谏，是殷商三大忠臣之一。后因心被挖空，成为无心之人，所以无心无向，办事公道，被后人奉为财神，是广为世人所传颂和敬奉第一位财神。南路财神柴荣，俗称"柴王爷"。五代后周世宗皇帝柴荣，传说乃"天财星君"临世，虽然从小家道中落，但经营生意很成功。称帝后爱民如子，耕者有其田，商者有其行，以富百姓。从宋元时期开始，柴荣被百姓奉为财神，同时也是矿工、窑工、客运、货运业的保护神。由于柴荣少年时一路向南发家，所以掌管南路财源。西路财神关羽，俗称"关公"，三国时期蜀汉五虎将之一。在明清时期，晋商称霸天下，他们经常互帮互助共同发财，晋商们也需要一个聚会的地方。由于关羽是山西的名人，所以全国各地的晋商在不同地区都建了关帝庙，全国百姓也跟风到关帝庙上香许愿，久而久之关羽被百姓奉为财神。因为关羽是西蜀大将，所以掌管西路财源。北路财神赵公明，又称"赵公元帅"。正史中没有记载赵公明，可能是个虚构的人物。传说中的赵公明黑面浓须，披铠甲，骑黑虎，两手分别拿银鞭和元宝。关于赵公明的神话，最早的记载始于魏晋南北朝时期，但那时候他的职责并不是掌管人间财运，而是五方瘟神之一。到了明朝，章回小说《封神演义》中姜太公把他封为武财神。传说赵公明出生在中原北地，所以掌管北路财源。中路财神王亥，传说是夏朝商国的第七任君主，他曾帮助父亲治理水灾，发明了牛车，鼓励人们用牛车拉着货物外出做交易。因为当时从事这种交易或贸易的人大都是商国的人，所以人们便把这类人都称为"商人"。可以说王亥开辟了中国商业的先河，因此被人们称为"华商始祖"。王亥老祖被尊为掌管中路财源的神明。

五路财神

大运河边的人们除了与其他地方一样供奉这五路财神外，还供奉另一类由水神而演变成的财神。过去在大运河上做生意，商船运送货物只要平安就能赚到钱，因此保佑行船平安的水神往往被商人和船民当作财神。而那些开凿运河、致富一方的水利英雄也被大运河沿线的人民奉为财神。如扬州人将首开运河的夫差和开运盐河的刘濞作为水神或财神，为他们建二王庙供奉在运河边（后改为邗沟大王庙）。因此，在大运河沿线，无论是运河上的商人和船民信奉的水神，还是沿岸居民敬奉的水神，往往都被作为财神供奉，两者之间并没有严格的区分。

大运河沿线的商人是财神崇拜的主体，很多财神庙都是商人或商帮出钱建设的。因地域不同，不同地方的商人和船民信奉不同的财神。福建、广东等沿海地区出生的商人都崇奉蹈海救难、屡求灵验、护航佑民的化身——妈祖（天妃、天后）。各地的天妃宫，绝大部分是福建、广东等各

嘉兴月河老街的财神庙中供奉的赵公明

地商帮建筑的。徽商、山陕商人、河南商人、山东商人、江浙商人等崇奉忠义侠胆、正义伟大的代表关公。山东济宁商人、江淮商人崇奉宋末殉节能庇佑河运的谢绪"金龙四大王"，各地的大王庙往往是这些地域的商帮所建。江西商人崇拜旌阳令主许逊，

尊其为许真君，有些江西人建的会馆直接称为旌阳会馆或许真君庙。这些神化了的忠义、力量的化身，经历代渲染，都成了护佑一方地域或某个特定行业的功德神或守护神，已经超出了乡土神的范围。奉祀这些神祇，既祈求保佑平安吉利，又借以树立各地商帮特有的形象。同各地民间普遍供奉诸多神祇一样，各地商人也并非仅供一神为满足，祀奉主神的同时，也配祀、配享一位或数位乡土神甚至乡先贤。关圣、天妃、财神土神、乡贤名宦、佛祖等都可作为奉祀对象。运河沿线布满各地商人的会馆，供奉各地神灵，交相辉映，极大地丰富了民间的财神信仰文化。

1. 大运河上的财神是怎么来的

千百年来都有哪些水神曾在大运河上接受沿岸百姓和水上人家祭祀呢？人们到底是在信仰什么？其实大运河财神信仰主要有三个来源。

（1）治水名人演变

治水名人最早的要上溯到神话时代的共工和大禹。传说中的共工氏活动在今天河南西部伊水和洛水流域，共工治水采用"高处铲平，低处填高"的治水方法。大禹治水的故事比共工治水的史载和传说更多。《史记·夏本纪》用了约3000字详细描述大禹和大禹治水的过程：禹总结了父亲鲧治水未成的教训，放弃了父亲鲧一味重视堵水的方法，采用开山辟谷疏导洪水的方法。大禹重视实地勘察和总体规划，带领官民开发九州土地，辟通九条河流，开凿了包括人工运河在内的大量水利工程，建立起了疏川导滞的河网和初期的农田排灌工程体系，奠定了四百年夏朝的基础。后人将大禹奉为水神，也作为财神。在浙东运河沿线的绍兴会稽山建有禹陵纪念这位治水英雄。在今天会通河畔的山东泰安市宁阳县堽城坝附近也有纪念大禹的禹王庙。

在永济渠（卫河）畔的河南滑县道口古镇的大王庙则供奉了战国李冰、明代黄守才和张居正、清代朱之锡等四位治水人物和南宋谢绪演变的水神；山东济宁南旺分水龙王庙则是为了纪念明代修建南旺枢纽的治水官员宋礼和民间治水能人白英而建的；而在大运河沿线很多地方都建有供奉大禹的禹王宫。

（2）道德典范演变

关羽是道德模范，妈祖是道德模范，运河沿线供奉最多的金龙四大王谢绪也是道德典范。谢绪为在南宋灭亡时期自杀殉国的杭州人士，因为他隐居在金龙山，又在家中排行第四，之后演化为河神"金龙四大王"。"金龙四大王"信仰最初兴起于民间，后因迎合国家的祭祀政策，逐渐由民间护佑漕运的水神上升为国家祭祀的黄河和运河之神，也被称作为财神。关于金龙四大王谢绪其人，宋末元初人徐大焯在《烬余录》

中记载:"谢绪,会稽人,秉性刚毅,以天下自任。咸淳辛未(1271年),两浙大饥,尽散家财振给之。知宋祚将移,构建云亭于金龙山祖院,隐居不仕。……未几,国亡,绪北向涕泣,再拜曰:'生不能报效朝廷,安忍苟活。'即草一诗方:'立志平夷尚未酬,莫言心事付东流。沦胥天下谁能救,一死千年恨不休。湖水不沉忠义气,淮肥自愧破秦谋。茹溪北去通胡塞,留此丹心灭虏酋。'吟毕,赴水而死。"

淮扬运河沿线的露筋女也是道德典范的化身。传说露筋女生于唐代末年,姓名籍贯不详。一年夏天,她与嫂嫂二人步行去高邮,行至露筋,电闪雷鸣,大雨滂沱。就在两人四处寻找避雨处时,只见河堤旁有一茅草棚,嫂嫂就上前请求借宿,里面的单身男子,特地将自己的床腾出来,自己却用一张芦席睡在地上。姑娘恪守"男女授受不亲"的古训,坚决不肯进屋投宿。嫂嫂也劝她不过,只好由她去了。姑娘疲惫不堪地独自睡在门外,身上还叮着黑压压的大片麻蚊。东方既白,嫂嫂开门一看,姑子耷拉着脑袋,停止了呼吸,身上的每一根筋都像一条条蚯蚓般地暴起。后来,当地人为颂扬她的贞节,在她死去的地方兴建了露筋祠,称她为露筋女,并立碑刻石,以昭后人。后人将露筋女作为运河女神供奉,凝聚着渔民们祈求平安的心愿。

供奉金龙四大王的宿迁龙王庙

淮扬运河上的露筋祠及露筋娘娘像

(3)宗教信仰或人物演变

在淮扬运河沿线就有从道教演变而来的"九牛二虎一只鸡"镇水神兽信仰。传说道教始祖老子炼丹得道后,骑一头青牛升天而去。在人间留下九头牛、二只虎和一只鸡,保护着山林湖泊不再受灾。明代就有刘伯温设"九牛二虎一只鸡"镇

淮扬运河边邵伯镇的镇水铁牛

洪水的传说。根据这个传说，公元1701年，为镇住洪水，康熙皇帝命人用生铁铸造了"九牛二虎一只鸡"，将它们分别放置在高良涧、龙门坝、高堰坝、马家港、清江浦、清水塘、中河、清口、郭家嘴、马棚湾清水潭、邵伯更楼等淮扬运河的险要河段上。有人说，这"九牛二虎一只鸡"的组合，也表明了康熙皇帝要使出"九牛二虎"之力消除运河水患的决心。

300多年来，运河沿线的镇水铁牛也成为老百姓祈求平安，避免洪水侵扰而致财产损害的供奉对象。有的老百姓还让孩子认铁牛为干妈，生病小灾、孩子考学都要去拜"铁牛妈妈"。

2. 大运河财神信仰的传播

(1) 大运河两岸的水旱灾害频繁和行船的危险催生了财神信仰

生活在大运河两岸的人们，一方面享受着运河舟楫、水产等恩惠，另一方面也承受着运河暴虐、泛滥的种种苦难。因此，运河沿岸的人们对与自己生存息息相关的运河，产生了敬畏崇拜之情，多种形式的漕运保护神祭祀活动都表现了与大运河密切相关的民间信仰。水旱灾害的频发则导致民间治水神和祈雨神信仰的盛行。当时科技落后、生产力水平低下，使人们在灾害面前束手无策，于是人们便希望借助神灵的力量，祈求水患平息或普降甘霖。发大水了，人们去祭祀河神；遭遇干旱，也去祭祀河神；船要过闸河，更去祭祀河神。利用祈祷和祭祀河神平息水患、祈求降雨在中国有着悠久的历史传统。在地方官员和普通民众看来，这也是河神最为基本的职能。和漕运官员祈雨济运不同，地方官员祈雨则主要是为了农业生产和维护地方社会秩序。虽然水神信仰活动对防治水旱灾害不可能有直接的帮助，但却也对当地社会产生了重要影响。当然，这种影响更多的作用于人们的思想或意识。求神可以在一定程度上缓解人们的紧张情绪，增强抗灾的信心和决心，起到安定人心、组织动员的作用。运河是漕运的载体，而漕运是明清两代的政治和经济命脉。漕运官员及运河沿线地方官员之所以崇敬和祭祀金龙四大王、妈祖等水上财神，其目的也是希冀水神显灵，保佑漕运畅通。所以每当运道淤塞、漕运受阻之时，往往就是河神信仰盛行之时。

(2) 大运河文化交流的特点带来了财神信仰的广泛传播

大运河在助推经济发展的同时，还带来了信仰和文化的交流与碰撞。大运河的文化传播功能带来运河财神信仰沿运河流域的大范围传播。如妈祖信仰是从海运之神转到运河财神的，妈祖原本是五代时期福建莆田沿海一带的农村女性林默[1]，她常救人

---

[1] 王元林. 中国大运河沿岸天妃信仰及其遗迹调查.

于海上，护佑百姓平安。后因海难，失去年轻的生命。百姓认为她羽化升仙，从此供奉她为海上女神。并随着海上贸易的盛行而在我国沿海地区迅速传播，逐步成为从事海上贸易的水手和商人们的保护神[1]。

元代时海运是漕粮转运的重要方式之一，由于天津是海运的北方终点，故漕粮运往天津后需沿北运河、通惠河方可抵达大都城。在这一过程中，海神妈祖信仰也逐渐在京津冀地区传播开来。在天津，妈祖被称为"老娘娘"，有"不拜妈祖不上船"的说法。自明永乐年间大运河再次疏浚开通后，沿线城市商贸发展迅猛，善于经商的福建商人也将妈祖信仰传播到运河沿

天津的天后宫

线[2]。妈祖信仰的另一个传播路径就是由南方的宁波顺浙东运河、江南运河、淮扬运河向北沿线传播，因为宁波是大运河的入海口，既有海运也有运河航运，宁波的庆安会馆即是妈祖庙。在大运河沿线出现了拜海神妈祖为财神的现象。在海运、河运交汇的地方都建有妈祖庙（天后宫），甚至在江南运河畔的苏州、淮扬运河边的淮安等地因为福建商人的大批涌入，也建起了妈祖庙。福建、广东商人们供奉海上女神妈祖为财神。妈祖由海神成为河神，并成为运河沿线行船人的财神。与妈祖事迹相似的，还有浙东运河沿线的曹娥。

"金龙四大王"信仰带有很强的流动性和迁移性，漕运大军、商人成为传播其信仰的重要媒介。台湾学者蔡泰彬在《明代槽河四险及其守护神金龙四大王》一文中认为金龙四大王在元朝已是江南民众普遍崇奉的水神，明清时期随着漕运兴盛而从江南地区逐渐传入江北运河沿岸各州县。申浩的《近世金龙四大王考——官民互动中民间信仰现象》一文也重点对信仰起源进行了考究，认为金龙四大王最初是在明代江南地区形成。随着政治中心北移，漕运的目的地变成北京，这一信仰也沿运河传播，到达江苏北部及山东、河北、河南等地。如大运河徐州—淮安段，"黄运"关系最为复杂的区域便是金龙四大王信仰的中心祭祀区[3]。而以治水英雄为原型的大王庙、龙王庙

---

[1] 王霄冰，林海聪. 妈祖：从民间信仰到非物质文化遗产。
[2] 郑自海. 从京杭大运河看妈祖海神信仰的传播。
[3] 褚福楼. 明清时期金龙四大王信仰地理研究。

南旺分水龙王庙供奉的是宋礼、白英、潘季驯等治水英雄

也随着运河传播,分布到永济渠、通济渠、会通河、中河、淮扬运河沿线的广大地区。

(3)大运河文化的包容性使大运河流域出现了众多的水神信仰

运河文化的一大特征就是包容,运河流域由于文化的交流增多,相比于其他地区的人们包容性更强,这种包容使运河沿线的人们形成了不同于西方一神论的多神论,以道教为基础的多神论的信仰使运河财神的多源出现成为可能。同一条大运河,不同的地段,信仰的河上财神是不同的,有些河段更出现"诸神"并列的情况。如河南滑县道口镇的大王庙供奉着五位治水英雄和道德模范。南方的水上财神随着大运河的流淌,影响力一路向北,北方则同样有自己的水上财神。总之,在大运河上供奉各路神仙的庙宇都有。因此,大运河沿线区域不仅是一条繁荣的商品经济带,同时也是一条密集的水上财神祭祀文化带。

关于敬神的目的,学者胡梦飞认为,除了释放漕运、水旱灾害等带来的心理压力之外,当时的人们尤其是官员,敬神还有一个重要目的,即向封建统治者报功。古代社会即使是封建统治者对各种神明也崇敬有加。凡事只要和神明扯上关系,无疑会变得更有说服力,更容易得到周围人的认同和响应。只要偶尔有祈祷"灵验"的时候,比如拜神之后,恰巧真下来了一阵大雨,导致河水水位上涨,帮助漕运船只顺利通过。那么,漕运官员就会上奏朝廷,请求对神灵进行褒封,以此来证明自己的理漕活动得到了神灵的眷顾和佑助,在彰显自己理漕功绩的同时,也更易获得统治者的褒奖和赏识。

台儿庄运河上的船民称保护神"金龙四大王"又为"大王老爷"。其实"金龙四大王"就是宿迁等地大王庙中供奉的运河河神谢绪。因为金龙四大王主管河道,船民每月初一、十五便在船头摆供敬祭,以供心神相通。供品一般是整鸡、整猪(一般用一个猪头、四个猪蹄、一个猪尾巴代替)、一条大鲤鱼、水果、点心若干、白酒、黄裱纸、香烛备齐。在进行跪拜仪式时,要先将红公鸡在船头杀死,让鸡血沿船头一直流到河水中。流在船头的鸡血不许清洗,可以消灾辟邪。然后上香,磕头,烧黄裱纸,洒洒围着黄裱纸画上一个圆圈,再把点心、水果掰下少许扔到燃烧的黄裱纸中,这叫作破供。最后祷告、许愿。这是台儿庄运河上船民祭祀金龙四大王的传统仪式。"船头浇酒祀神龙，手掷金钱撒水中"的诗句大概可谓祭祀"金龙四大王"的写照。

3. 各地商帮供奉不同的财神

除了五路财神与运河水神外，在大运河沿线做生意的商帮也供奉不同的财神。如山西、陕西商帮就供奉关公，在各地的山陕会馆都会为关公设灵台祭拜。

早期商业会馆的主要功能就是"祀神明而联桑梓"。明清时期的会馆或奉祀财神，或奉祀福禄神、关帝、家乡先贤及其他乡土神，有些行业性会馆又奉祀行业祖师。大运河沿线城市的地域性商业会馆多设有祭祀的殿堂和神台（戏台），一方面奉祀神灵，又兼唱戏娱乐之功能。据记载，各会馆一般利用正殿，供奉乡土神、乡先贤、关帝以及其他神灵，在特定的日子行祭祀仪式，还利用会馆的戏台祀神演剧，祈求神灵确保财运亨通。这些旅居异地商人期望通过被祭的各类神灵，来庇佑他们生意永远兴隆，同时这种祭祀的仪式也成为异乡人聚合的精神纽带。

扬州岭南会馆中路主屋的中间一进面阔三间，专敬奉汉武帝神牌。移居扬州的山西蒲州盐商，于清嘉靖年间在扬州城中建起一座关壮缪侯庙，每年农历三月十三日，必定举行盛大的祭祀活动。清康熙四十二年（1703年），僧人深玉主持重修关侯庙，增祀桃园三结义的刘备、张飞，更名为三义阁。宝应县的安徽会馆里也有一座关帝庙，如今虽然会馆其他建筑已拆除，但关帝庙仍在。

江西商帮则供奉许旌阳。在古代，有江西人居住的地方，就有万寿宫，万寿宫供奉的是江西保护神许旌阳天师。江西南昌的万寿宫是真正的道观，而江西人在外省建的万寿宫则多为同乡会馆。在大运河沿线的高邮江西会馆、运河古镇邵伯的江西会馆也建有万寿宫。

扬州古三义阁

运河古镇邵伯江西会馆的万寿宫

第三节　中国大运河沿线特色商贸活动

大运河两岸是商品经济最发达的地区,沿线的集市贸易十分繁荣,而人们逛庙会、赶集市,形成了一些特殊的商贸活动。

1. 大运河庙会

又称赶庙会、赶会。原是为祭奠寺庙神佛而举行的集会,地址一般设在寺庙所在地附近,会间往往要唱大戏,供民众娱乐。后来逐渐有商人加入,便形成了祭神、游乐、贸易三合一的形式。明代,大运河北部地区农村市场的另一形式是有别于"每日集"或"五日集"的"会"。"会",有庙会、山会。一般一年一次或两三次,每次数日,其贸易规模远比一般定期的集市大得多。庙会多是借助祀神活动而逐渐发展起来的大型贸易集市。像在直隶的广平府,"庙之会国初未有,自明正德之初始有此俗。先期货物人集,酒肆罗列,男女入庙烧香以求福利……如永年之娘娘庙,肥乡之赵王庙,曲周之龙王庙尤甚"。河间府与保定府之交的任丘以北、雄县以南的鄚州药王庙会规模更大。明万历时,"每年四月初,河淮以北,秦晋以东,宣大蓟辽诸边各方商贾,辇运珍异,并布帛菽粟之属,入城为市。京师自勋戚、金吾、中贵、大侠,以及名娼丽竖,车载马驰,云驾药王生日,幕帘遍野,声乐震天,每日盖搭篷厂,尺寸地非数千钱不能得。贸易游览,越两旬方渐散"。明万历时又加扩建,"自是药王之会,弥加辐辏"。山会是集会于山麓旷野之中的大型集市,故又称"山市"。其规模与庙会无异。如在山东兖州府的武城县,每年的三月二十六日为文亭山大会,届时"邻封商贾数百里外皆辐辏焉"。庙会、山会的兴起,表明农村集市贸易的扩大。由于庙会、山会的规模大,参加的人数多,因此它的兴起发展大大促进了农村市场经济的活跃与兴旺。

大运河两岸各地都有庙会,像大运河北端的直隶通州,一年中有里二泗娘娘庙会、北坝菩萨主庙会、东岳庙会等。而运河南端的扬州在清代有数以百计的都天庙会,每年5月都要为都天迎会,举办都天会。都天在扬州的民间影响非常大,非道非佛,又亦道亦佛,崇道者称其为都天大帝,崇佛者称其为都天菩萨。由于都天庙内地方小,人们就抬着都天塑像在大街小巷游行,随之便产生了各种民间娱乐和商业活动。

大运河两岸各地的庙会,多的一年有数十场,少的也有五六场。徐艺乙在《江南水乡的民俗与旅游》中描写扬州的都天庙会道:"都天会连续三天,若遇雨就顺延,五月十六日为行香日,这天先由蚂蚱神出来清道,蚂蚱神尖尖嘴,绿身躯,红披风,呈滑稽状,所坐轿子无遮拦,无顶盖。轿前有大锣、旗幡和香亭,轿后有随卫若干。

队伍长约六七丈，在都天要巡行的路上游走一过。十七日为朝庙日，中午前后，文判、武判前皆有锣鼓、旗幡引路。走到大店铺或大户人家面前，就住脚表演一番，然后手捧镗锣，向店铺讨赏钱、赏物。最后一天五月十八为出驾日，即迎会。这是最热闹的一天，四乡八镇的农民和大江南北的客商都云集而来，都天会达到高潮。除娱神、娱人外，还有展览、贸易等多种功能。迎会之时，商家大做生意，各种面点师、工艺师大显身手。各类玲珑玉器、竹木制品、土偶漆雕、布匹绸缎、花粉胭脂、古玩字画等都有出售。"[1]

在河南滑县的道口古镇还有一个火神庙会，每年的农历正月二十七、二十八、二十九三天，这里都要举办"火神庙会"，这是大运河商业文化的一次集中展示，被称为我国黄河以北"正月最后一个庙会"，已有七百多年历史。过去庙会期间，人们会来到火神庙前，供奉祭品，求得保佑。而现在庙会的内容主要是非遗民俗表演和商品贸易集市。庙会上精彩的民俗表演数不胜数，只见耍猴的，玩蛇的，掷镖的，背阁、抬阁……什么都有，社火表演，套圈的，摆局的……传统游戏吸引着众人的眼球。火龙飞舞，不断在空中盘旋；竹马奔腾，似千军万马在相斗激战；背阁、抬阁、拉阁，轻摇慢晃，犹如天仙下凡；高跷造型多威武，花船好似水中转；彩灯闪烁，竞技正酣。轻歌笑语，大众狂欢，人山人海，热闹非凡。如今，道口火神庙会已逐步演变成汇聚五湖四海客、共唱神州繁荣曲的大型商品博览会。在现场可以看到，四面八方的人来观赏、购物。道口古会是古老的运河传统民俗及民间宗教文化活动，令世人瞩目。庙会已成为运河畔的购物节和狂欢节。

扬州大王庙

道口古镇的火神庙会

---

[1] 徐艺乙等，《江南水乡的民俗与旅游》，旅游教育出版社1996年1月出版。

庙会这种商贸民俗活动与商帮有直接的关联。"都天会"原来只是徽州的庙会活动，徽商在运河沿线扬州、镇江、仪征、清江浦等地发展壮大以后，在这些地区都举办都天会。每年四月，徽商主持的都天会灯会，赛会三天，极为气派，堪为一景。镇江、清江浦的都天会，"每年有抬阁一二十架，皆扮演（历史）故事，分上中下四层，最上一层高至四丈，可过市房楼檐，皆用童男女为之，远观亭亭然如彩山之移动也。此外旗伞旌幢，绵亘数里，香亭数十座无一同者。又有坐马二十四匹，执辔者皆华服少年。又有玉器担十数挑，珍奇罗列，无所不备"。有的地方的都天会，"矜奇斗胜，每周游城市，观者咸盛称'徽州灯'"，展览的花灯，"旗帜、伞盖、人物、花卉、鳞毛之属，剪灯为之，五光十色，备极奇丽，合城士庶往观，车马填闉，灯火达旦"。江西商人则喜欢举办正月灯会，清同治、光绪年间，经济萧条，但江西商帮举办的正月灯会仍然灯火辉煌。各地民俗文化更加多姿多彩。据王振忠研究，"三楚黄龙"和"龙鼓灯"等淮盐运销主要口岸湖广和安徽等地的民俗，也随着船户聚集仪征淮盐的出江口而移植到仪征，成为仪征商贸民俗的一个重要组成部分。

大运河沿线，往往都会借祀奉诸神诞辰而举办不同的娱乐活动。诸神中，既有观音、真武、东岳大帝、玉皇，也有城隍、火神、关帝、文昌、药王、马神等。当然也有运河河神，大凡立庙供奉之神，都在祀奉之列。在长江以南的大运河沿线地区迎神祀祝活动多称迎神赛会；而在长江以北运河地区，祀祝活动多为庙会、神会。其间，除烧香供奉外，还同时举办百戏杂耍、秧歌花鼓等各种娱乐活动。像杭州三月二十八乐岳大帝迎神会，"是日百戏竞集，观者如堵，所为杂剧、清乐、耍调、小说、蹴鞠、拳棒之属，令人应接不暇"。在山东东阿县，三月二十八祀东岳大帝会举办天齐庙会，会期"演剧，远近香客云集，商贾因以为市，前后七八日甫散"。

2. 驱傩

古代大运河沿线地区春节还有一项民俗活动，那就是驱傩。在汉代春节就有驱傩仪式，大傩选在腊日的前一日举行，称为"逐疫"。到了宋代，这种大傩就演变为一种傩舞，宋画《大傩图》上画了十二个农民，身着奇装异服，头戴假面具，手持各种道具跳

高邮盂城驿的马神庙

舞。《东京梦华录》记载："自入此月（农历十二月），即有贫者三数人为一火（伙），装妇人神鬼，敲锣击鼓，巡门乞钱，俗呼为打夜胡，亦驱祟之道也。"随着时代的发展，这种仪式也更加娱乐化，宋代的儿童也戴着傩面具玩耍，很像今天西方的万圣节。

3. 集市

古代大运河沿线因商品贸易还没有达到每天都有的程度，运河沿线的集市有约定俗成的日期，或单日，或双日，或逢五，或逢十。这天又叫逢集，一般大集全天，小集半天，到午即散。也有早市、夜市。从现存明代地方志书的记载看，农村的集市分"城集"和"乡集"。"城集"一般设在城四关，多为每日一集；"乡集"则散布四乡，多为"旬各二日"，即五日一集，分别以一六、二七、三八、四九、五十日排列轮回。一般来说，离城较近的"乡集"开集频率比远离城市的"乡集"要高。如在直隶河间府地区，州县城附近的"乡集""一月期日五六集"，乡镇附近的"乡集""一月期日二三集"，府城附近的"乡集"则"日一集"。在山东运河地区，"城集"也多为"一日一市"。如在东平州，"州中集有十二处，一日一市，周而复始"。郓城四关厢集市，"换日轮转"，也是一日一集，但在四乡则为五日一集。一般集市上分行设市、行，各市、行都有固定的集中营业区域，如粮食市、草（柴）市、骡马市、蔬菜水果市、鱼市、鸡蛋市、破烂市、木器市、铁器市、缸瓦市、杂货市等。在便于管理的同时，也方便赶集的人们选购。

大运河沿线有些特殊的集市。如大运河中段的山东微山县南阳镇的一个小集，只有早市和夜市。早市在黎明之前，夜市在午夜时分，白天反而无市。南阳镇盛产野鸭，野鸭的买卖也是在昏昏的灯光下进行，不论秤也不论个，而是论"连"，对鸭两只一"连"，四鸭四只一"连"，六鸭六只一"连"，这也是夜市难辨秤星所养成的习惯。

在窑湾古镇有个"夜猫子集"，即一种凌晨开市、天亮即散的鬼市。因地处大运河与骆马湖的交汇处，历史上，南来北往的货船往往会在窑湾停泊一夜。而在清晨开船前，船工们需要准备好下一段航程的货物和补给。因此，每天三更半夜，四面八方的小商小贩和镇里居民不约而同地来到窑湾街市，做起小买卖小生意。久而久之，便形成了一个独特的市场：店铺半夜开门，灯下营业。当地有民谣称："梆打三更满街灯，恭候宾客脚步声。四更五更买卖盛，十里能闻市潮声。"天一亮，人群散去，这里复归平静。时至今日，窑湾古镇还保留着这个"半夜开张，天明罢市"的特色集市，也成为吸引游客的一个"独特品牌"。随着"夜猫子集"的兴旺，窑湾的绿豆烧酒和甜油也远销全国。

窑湾古镇，运河"夜猫子集"

无独有偶，在天津运河边也有一个鬼市。这个鬼市又称破烂市，其经营的物品，大部分是担大筐的人走街串巷收来的二手物品，一般用极低的价钱买进，稍加修饰，然后再加价卖出，从中获利。因为"担大筐"的人通常是白天外出收货，第二天微明时来此卖货，一则可以借着天昏打马虎眼，卖个好价钱，二则不影响白天去收二手物品。鬼市的摊点没有固定物品，货物的品质更是良莠不齐，因此全凭买主的一副好眼力。[1]

4. 运河开漕节

通州运河开漕节始于明代，源于祭坝和祭祀吴仲等人。每年农历三月初一（清明节前后），开河后第一帮粮船到达通州后，即择日举行春祭。这就是开漕节。

每临开漕节，中央掌漕官员和通州地方官吏、各省在通工商会馆官员、民众等数万人齐集通州城东运河西岸，共庆首批粮帮运船到达。祭坝有春祭、秋祭之分，春祭又有公祭、民祭之别。公祭由官方主持，各方头面人物参加，是正式的祭祀活动，仪式隆重而简约。祭祀活动在通惠河东端葫芦头东岸石坝举行。场面盛大，气氛热烈。

这天清晨，仓场总督率坐粮厅官员及其所属军、白粮经纪和掌管石坝的州判、掌管土坝的州同，各按身份着官服或礼服齐集石坝东，按等级列队，每人高举三炷香，向事前请置于石坝几案上的吴仲、何栋、尹嗣忠、陈璠等四人木神主像鞠躬礼拜。

公祭后开始民祭，民祭由商民组织。据郑建山所著的《说说通州民俗那些事儿》一书介绍，民祭中，有各类文艺表演，如舞狮表演、"双石会"表演等，与此同时，

---

[1] 李绪鉴：《海河津门的民俗与旅游》，旅游教育出版社，1996年1月出版。

坝下还有"大头和尚度柳翠"表演。接着是身着明代服饰的巡坝戏登场,官员纱帽圆领,随从青衣小帽,再现当年吴仲治理通惠河的情景。巡坝表演后就进入民间文艺表演,有莲花落、太平调、打花银、地秧歌、小车会、跑驴、高跷会等表演。还有各种武术表演。[1] 祭坝后,官员们集中在石坝衙门公宴,经纪人等去城内饭馆酒楼聚餐,老百姓们则去里河沿吃刚出摊的烧饼,喝鲫鱼汤,或去北门口吃小吃。每年祭坝后开始验收转运漕粮,故又得开漕节之名。开漕节过后,漕船、商船就可穿梭于大运河沿线,当地服务漕运大军的各种生意就开张了,通州市场又活跃起来了。

5. 运河龙舟赛

龙舟赛既是运河上的一种民俗,实际上也是运河上的一个商贸活动。至今专家公认的中国最早的"龙舟竞渡"的图形,发现于浙江宁波市鄞州区云龙镇甲村。可见赛龙舟起源于运河地区,也一直在大运河沿线流行。这种风俗沿袭了下来,至今运河各地还常举办龙舟竞渡活动,成为端午时节的重要娱乐项目。赛龙舟多是在喜庆节日举行,这是一个多人集体划桨竞赛项目,龙船一般狭长、细窄,船头饰龙头,船尾饰龙尾。

《龙池竞渡图卷》局部

---

[1] 通州区文化委员会,《大运河文化带通州故事丛书》,北京联合出版公司,2018.12。

现代的龙舟赛

龙头的颜色有红、黑、灰等色，均与龙灯之头相似，姿态不一。龙身上绘有各式彩绘，龙尾多用整木雕刻，上刻鳞甲。除龙头龙尾外，龙舟上还有锣鼓、旗帜或船体绘画等装饰。龙舟的龙头高昂，硕大有神，雕镂精美，龙尾高卷，龙身还有数层重檐楼阁。古代，龙舟竞渡前，先要请龙、祭神，安上龙头、龙尾，再准备竞渡。龙舟赛时会举办多种商业活动，岸边叫卖声、欢呼声、呐喊声不绝于耳，场面十分热闹。

6. 通州运河龙灯会舞蓝龙

每到过年过节，通州运河龙灯会就会舞起蓝色的龙，这是当地一种特有的民间祈福方式，其源头可追溯到清道光年间。过去一般在年、节、庆典、祭祀或灾年时，运河龙灯都要起会。春节期间的正月初二至十五为节日欢庆起会，主要为烘托节日气氛；二月二龙抬头、三月三娘娘庙会为祭祀起会，祈求赐福百姓、风调雨顺、五谷丰登；如遇旱、涝、病虫等灾害更要起会，祈求减轻灾害、保佑生灵。

其他地区的龙以红色为主，而通州运河边所舞的两条蛟龙为什么是蓝色的？据通州人介绍，蓝色龙在北京地区极少见，蓝色代表"水"，带有鲜明的运河文化特色。蓝色双龙，通常男女各舞一条，龙皮用白布缝制，再用蓝色染料描画出龙身和龙尾，用细麻制作龙须，龙骨架分别用白松木条和竹篾制作。舞动起来时，两条方头蓝身金鳞的巨龙，做着双跳龙把、串花篱笆、龙翻身、二龙绞、闹江舟、龙盘窝等一个个颇有难度的套路动作，或如腾云驾雾，或如翻腾水中，奔腾舞动，神武飞扬，展现了独具一格的风采。两条蛟龙的舞动，承载着老百姓美好的期望。无独有偶，淮扬运河边的扬州也有舞蓝龙的习俗，而会通河畔的临清则是红龙与绿龙一起舞。这也许是因为大运河地区水资源丰富而养成的习俗吧。

7. 古代大运河沿线的博彩活动

博彩就是利用游戏赌博，这在商贸市集发达的大运河沿线由来已久。宋代人好赌博，甚至在市场做买卖时也用关扑游戏吸引顾客。在宋代运河的中心东京汴梁的店铺，

通州龙灯会

临清舞绿龙

如果你看中一件衣服,你可以以市场价买下来,也可以跟店主商定用关扑的方式赌一把,只掏少量的钱参与摇奖。你如果赢了,衣服拿走;如果输了,钱归店家。《东京梦华录》记载:"正月初一年节,开封府放关扑三日。"官府允许老百姓们用博彩的方式采购年货。另外还有转盘摇奖。南宋曾三异的《因话录》记载,南宋时运河中心城市杭州就有商贩采用转盘摇奖的方式出卖食品。此外还有射箭博戏,即射中圆盘上的某一个图案,就可以拿到某一奖品,与今天市集上的套圈、射击如出一辙。

明代以后,随着商品经济的发展,人们对金钱的追求越来越强烈,大运河沿线赌博盛行。在运河北端的北京,明正统年间以赌博为业的人被称为"风流汉子"。开设赌场的人被称为"赌行经纪"(《明英宗实录》)。各种赌博娱乐在运河沿线地区愈演愈烈。除了一般的麻将、纸牌赌博外,大运河地区还盛行借助斗禽、斗羊、斗虫的赌博娱乐。

斗鸡赌博是大运河城乡比较常见的博戏活动。如在江南运河畔的湖州,"博鸡者,日抱鸡,呼少年博市中,任气好斗。"(朱国桢《涌幢小品》)在杭州,民间有斗鸡组织"斗鸡社"。在运河沿线的乡村,斗鸡赌博简便易行,不少人专门饲养一种斗鸡,长得比家鸡更高大,勇猛异常。"每斗,虽至死不休,好事者畜之,于深秋开场赌博。"(陈淏子《花镜》)斗羊又称

运河畔的斗鸡游戏

牵羊、扑羊，利用斗羊赌彩又称为"牵羊戏博"。此外，还有利用斗鹌鹑赌博的。

8. 运河斗蟋蟀游戏

在古代大运河地区的博戏娱乐中，最普遍的、最盛行的是斗蟋蟀。在京师地区，进入七月，便"家家皆养促织，瓦盆泥罐，遍市井皆是，不论男女老少皆引斗以为乐"。（蒋一葵《长安客话》卷2）陆粲在《庚巳编》卷4中介绍，在运河南部的江南地区，人们喜欢养蟋蟀用以争斗，称为秋兴。吴地风俗喜欢斗蟋蟀，而且多用来赌财物。由于养斗蟋蟀成风，人们在捕捉、识别、调教、饲养及试斗蟋蟀过程中积累了丰富的经验。为了适应社会上普遍养斗蟋蟀的需求，运河地区不但有专门制造蓄养蟋蟀器皿的窑场，而且还出现了专门捉养蟋蟀为业的人。蟋蟀赌博游戏形成了一套严密的竞赛规则和比赛制度。据《花镜》记载："凡参斗者必为大将军的蟋蟀，开场者大书报条于市，某处秋兴可观。"比赛时，男女老少都来围观，各方斗蟋蟀主持如约而至。一般每次赌胜负，数额达到百金。也有不少赌家因此倾家荡产，甚至造成家破人亡的悲剧。

博戏娱乐作为运河地区的一种商业文化现象，与其他形式的娱乐相比，带有更大的冒险性和刺激性，可以使人们更充分地表现自我，同时在物质和精神上得到回报，因此，这种特殊的商业加娱乐的形式在古代运河地区有很大的市场，深入社会的各个阶层。

当然，大运河商贸民俗中有的是中华优秀传统文化，我们要加以传承与弘扬；有的是糟粕，要在批判的基础上扬弃。所谓去其糟粕，存其精华，这应该是我们对待大运河商业文化的态度。

9."剔弊通商"碑

2023年5月，在大运河的商业古镇夏镇，发现了一个有关商业的政令碑，这就是"剔弊通商"。这块碑保存非常完好，通体高214厘米，宽77厘米，厚度为24厘米，碑首四个篆书大字"剔弊通商"，碑的右侧题首为"署江南徐州府沛县正堂加十级纪

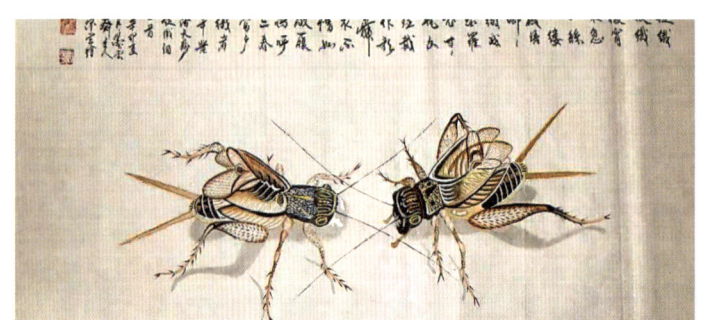

斗蟋蟀图

录十次贾",正文为:

为通商便民出市晓谕事:据士民孙形璞、郑起秀、李贵珍、曾启明、王径、张铭彝等呈称切,夏镇地方地属滕沛,滨临湖河,水陆通衢之区,重空粮船往来经由,为万商云集之所。讵料日久弊生,而谋利之徒节外生枝,设法苛求商贾,苦其花费繁多、裹足不前,买卖日颓。若蒙商客前宪出者严禁,历今十有六载,牙侩人等兢违不遵,创立多条,强包硬揽,重课殃商,较从前为尤甚。客商居民视滕地为乐土,买卖贸易视沛市为畏途,皆行牙市侩苛求之所逼也,若不再行整顿,何以增客商而利地方?录呈各行议立章程及不敢节外多索,甘结联名公叩,伏乞恩准出示,整复旧规,永禁包揽,反废为兴,阖镇幸甚!上下叩等情前来查。夏镇地方,乃水陆通衢,民风素称淳朴,商贾云集,生资颇盛,洵与商民均有裨益,该行船埠均须公平交易,照例取用,不准格外苛求叠奉,前宪示禁有案。据禀,近年来,创立多条强包硬揽,觊觎商贾,裹足不前,推原其故,皆由牙侩人等,额外苛求所致,必须一律岁减,甚为妥善,除此示外,合行出示晓谕为此示仰。夏镇粮行、船行、埠头、斗户、脚行各牙户等一体知悉,自示之后尔等务须遵照议定后开规条,任客投行,收取牙用,不得节外生枝,多索病商,倘敢故违,仍蹈旧弊,一经访察被告发,定即从重究办。如有胥役人等藉端滋扰,察出一并严究。本县为兴利除弊起见,言出法随,决不宽贷!各宜禀遵毋违,特示!(计开各行规条 钱里袁际昌书丹)

王伟在《泇运河起点夏集的"剔弊通商"碑》一文中介绍道,碑的左侧还用小字镌刻了脚行规条、船行规条、粮行规条、斗行规条及外河埠头规条等五个规条,碑的末尾刻有"以上各条规勒石永远遵守,俾商民均有裨益,本县实有厚望焉"及"道光二十五年四月日示夏镇士民公立"等文字,整块碑计1524字,字迹清晰工整。虽然不知在大运河中沉睡了多少年,但仍

夏镇的"剔弊通商"碑

能感受到当年这块碑寄予了商民多少深切的期望。

在这块碑的文字里，沛县正堂主官首先讲明了夏镇地属滕沛的特殊情况，也没有回避"客商居民视滕地为乐土，买卖贸易视沛市为畏途"的事实，并讲明了根源之所在："皆行牙市侩苛求之所逼也"，于是痛定思痛，下定决心进行营商环境的彻底治理，制定了一系列的管理规条，阐明了违反规条的严重后果，可谓掷地有声，这正是商民之所愿！相信这块碑在当年就发挥了极其重要的作用，至今被津津乐道的明清时期大运河古镇夏镇的繁华就是最好的证明！

微山湖畔的夏镇古镇

如今扬州还专门开发了运河船宴

第十章 文艺作品中的中国大运河商业

中国大运河的开通，融汇了中国南北各地的官民礼仪、特色物产、饮食服饰和风情民俗，形成了绚丽多彩的运河文化，推动了文学艺术的大发展。由于中国大运河的交流沟通功能，带来了以大运河为纽带的商业文化，而作为生活写照的文学艺术对商业文化必然有所反映。古代绘画作品《清明上河图》和《姑苏繁华图》分别描绘了宋代开封和清代苏州运河边繁华的场面。唐诗宋词对中国大运河的商业繁荣更是做了记叙渲染。小说，作为一种文学形式，它的产生、发展、成熟与中国大运河密不可分，随着大运河的开通，社会生产力的发展，城市经济的繁荣，商业文化的兴盛，让小说的创作有了丰厚的土壤。在中国大运河商业文化的营养和滋润中，中国古代文学史上诞生的"四大名著"，还有《金瓶梅》《三言二拍》等明清白话小说真实地反映了大运河边的商业活动，并塑造了一个个生动的商人形象。

第一节 绘画作品中的中国大运河商业

绘画艺术中充满大运河的身影。中国历史上有两个长篇画卷非常有名，一幅是宋代的《清明上河图》，长达 5 米多，描绘了宋代开封汴河边繁华的景象。另一幅是清朝的《姑苏繁华图》，12 米长，描绘了清朝苏州阊门一带大运河商业繁荣的景象。

1.《清明上河图》

《清明上河图》是现存家喻户晓的反映大运河主题的名画，为"中国十大传世名画"之一。是北宋画家张择端仅见的存世精品图。这也是现存于世仅有的反映宋代大运河商业活动的名画。

张择端是山东诸城人，生活于北宋末期。《清明上河图》画的是北宋首都汴京的东南一角。有研究者认为，清明上河图反映的是"清明时节的上河"这一主题，把民俗节日、市民生活、市场盛况与大运河结合起来，绘出这一传世名作。也有人认为，此画反映的不是清明时节的场景。《清明上河图》场面宏大，人物众多，是众多研究者公认的，关于画里究竟有多少人，有的研究者认为有 515 人，有的说有 1100 人，最多的说有 1500 人，比《三国演义》中的人物还要多，《三国演义》中先后出场的人物才有一千人出头，可见《清明上河图》场面的壮观。

《清明上河图》的画面是从右至左而展开的，共分为宁静的乡村、繁忙的汴河、热闹的虹桥、忙碌的店铺、威武的城楼、繁华的大都市六个部分。犹如一架摄像机，把一个城市的人物风景，从城里到城外一一都记录了下来，观者如同亲临其境。

第一段画的是乡村。最先映入眼帘的，是汴京城外东南远郊的乡村。广漠的田野，有一队驮着木炭的小毛驴，沿着河渠迎面而来，走在前面的童子忙将毛驴向小桥方向驱赶。行过小桥，是一个路边的歇脚店，门前搭着凉棚，摆放着椅凳，它是专为那些远道而来的商贩和苦力开设的。接下来是一片柳林。柳树林边，有两三家瓦舍居于分岔路口，一带土墙和编篱将其围绕。顺着墙看有一小队人从城里出来，有两位骑驴的人，衣着打扮像是富家翁或者是客商，仆人或肩或背挑着行旅。瓦舍的另一面也有一支队伍，最前面的三个人，前呼后喊，正在追赶着一匹奔马。其后有一乘轿子，轿上扦满枝条。再后有男子骑着马，一边的仆人挑着担子跟随。有人认为这是这支队伍是清明扫墓的情景。瓦舍的对角有一家茅屋，柳荫下黄牛或卧或立，卸了架的石磙放在屋檐下。

第二段画的是汴河。汴河就是唐代大运河的通济渠。进入汴河，观众首先看到的是两艘重载的大船已经靠岸，正在往码头上卸货。从船身还吃水很深来看，被卸下的货物只是很小一部分。货物是用麻袋装的，雇主正坐在麻袋上指挥工人们码放。看来装的是粮食。《东京梦华录》"外诸司"记载："诸米麦等，自州东虹桥元丰仓、顺城仓；东水门里，广济、里河折中、外河折中、富国、广盈、万盈、永丰、济远等仓。"这些仓库的粮食，都是通过大运河从"江淮湖浙"运来的。这个船码头正对着一条街道口。主要店铺是餐馆，以小吃为多。对街有一家小店，门前笼屉里摆着馒头，店主手持一个馒头正在向挑夫兜揽生意。与之右邻的是一家小酒店。再过去的一家，铺面比较宽广，店前当路堆着纸盒类货物，路口竖着一块招牌，上书"王家纸马"。这是家专营纸人、纸马、纸扎楼阁和冥钱的铺子。这也应了清明的风俗。接下是一个大码头，街道宽阔平整，两边店铺也较为讲究，经营的主要是餐饮业，店铺里已经坐了不少客人。码头边一连停靠了五艘大航船。有一艘船还在卸货，从伙计们趴在船篷上聊天的画面来看，货物已卸得差不多了。沿河酒店的雅座，都向着河面敞开窗户，客人一边喝酒，一边可欣赏风景。在这一组航船中有一艘装潢特别华丽，清一色的花格窗子，前后有两个门楼，船舷也比较宽。透过窗子，可以看到舱内有餐桌之类的家具，可知这是一艘大客船，不但有舒适的客舱，而且还可以在船上用餐。四个伙计在忙着收拾，等待着客人们到来。在这一组船只外面，是一艘正在行进的大船。有五个人在岸上拉纤，船上可以看到有十一个人物。这是一艘客货混装的大船，前后舱的窗门是向里支开的，中间舱则向外支开。正由于货多船重，又行进在船舶密集的河道上，所以船主和船工们都很紧张。右舷上的三名船工，正轮流用篙将船往外推移，以免与停泊的船只碰撞。站在左舷和船头上的两个船工，手中紧握篙竿，准备随时使用。而船老大则在船头指挥，似在大声叫喊，提醒前面的船上人注意。另外有三个是搭船的客人，第一个站在蓬顶的前部，在身后有一张小桌，放着杯盘之属，可能是他正喝着酒，看到前面有些紧张，便站起身来帮着叫喊；第二个在船尾敞棚里，背着双手，踱着方步；第三个在尾舱内露出大半个身子。在船的前舱内，一个妇女带着小孩趴在窗口往外看，应当是船主的家眷。十一个人，形象各不重复，松紧张弛，各尽其态。近岸边有一只小艇，船夫正在往外掏水。一艘大船刚从它身边驶过，大橹拨动的漩涡，一个一个向它袭来，使小艇的船身仿佛在晃动。

第三段画的是虹桥。这是全画的中心，这是一座木结构的桥梁，桥面宽敞，桥身呈弧形，直接连接两岸，中间没有桥墩、桥柱。桥髹以红漆，远远望去，宛如彩虹。桥面设有护栏，两端立四根风信竿，为航行者指示风向。桥下两岸用石砌成，巨石之间连以铁细腰（俗称银锭），并设有人行道和上下台阶及护栏，这是专为纤夫而设计的。虹桥横跨汴河的南北两岸，两头都连接着街道，尤其是南岸，房屋店铺比较稠密。下桥以后向西沿河岸走，很快就可见到一座高大的城门。水面上许多载重货船一艘紧接一艘沿汴河溯流而上，其中一艘正待穿过桥洞。由于这里河面较狭窄，水流湍急，桥梁又低，给行船带来很大的威胁，因此船工们都一齐忙碌紧张起来。有的在放倒桅杆，有的在用力撑篙，有的则用篙顶住桥梁，有的在呼喊前面的行船注意，有的在桥顶上往下抛着绳索，船篷上则有人接应，就连在船舱里的妇女也趴住窗往外看。船工们的紧张呼喊，引来了周围许多看热闹的人群，跟着叫喊者有之，指手画脚出主意者有之，桥上桥下，人声水声，连成一片，使观众的心情也紧张起来。前面的一艘大船已过了桥，立在船头的六位船夫，除两人在拨动着橹外，其余的人都显得很轻松，有的在与桥上的人搭话，有的则还在关心着后面的船。再看桥面。从画面上清晰地看到，这座桥的横断面差不多是由二十根巨木紧密排列而架设起来的，如果以每根巨木40厘米直径计算，这座桥面至少也有8米宽。不少商贩在桥的两侧搭起了竹棚，支起了遮阳伞，摆上了地摊。卖小吃的、卖刀剪工具的、卖日用杂货的，有的在谈生意，还有的在争抢客人。桥的两侧护栏边挤满了看热闹的人群，只有中心地带才是过往行人的通道，有骑马乘轿的，有推车赶驴的，有肩挑背负的，南来北往，络绎不绝。在人声嘈杂、拥挤不堪中，有一乘轿子正往北行要通过桥顶，迎面却来了一个骑马的武官，轿子前面的几个仆人正在张牙舞爪地比画着，显然是在让武官让路，武官的随从也不示弱，一个赤膊穿着坎肩的武夫也横在前头，跟对方僵持着。又恰好这时一个持竹杖的盲人欲横过桥面，一头被轰赶的毛驴正朝他冲来，急得那个赶驴的小伙摊开双手、大声吆喝。就在一小块地方，画家画了大约有百余人物。

第四段画的是街道和店铺。大街两边把口的是一家脚店。在大门口用栩木竿扎起了一个高大的楼阁式的架子,这叫"綵楼欢门"。欢门的中部还用红、蓝两色布围了起来,上面高悬着一面酒旗,上书"新酒"二字。檐下两侧则挂着"天之""美禄"两块牌子。欢门下部有围栏。栅栏内似乎放着一个落地灯,上写着"十千""脚店",表示本店的酒特别好。脚店大门的门楣上写着"□□雅酒"。进门以后是大堂,之后有一栋双层的楼房。透过窗户可以看到客人们正在饮酒,还可以看到楼梯口,伙计们正在上菜。脚店门前十分热闹。栅栏外拴着一匹马,还停放着一辆串车(一种独轮车)。刚下桥正在街心行走的一辆串车,可看到其操作的动态画面。在这辆停靠的串车旁有三个人,其中两人正从店内往车上装载货物,另一人则在点数。脚店的对角也是一座两层楼的店铺,可能是一家旅店。大门口支有遮阳伞,上面悬着书有"饮子"的幌子。路边有两个苦力正在购买。过了这家脚店,汴河在这里拐了一个急弯。在宽阔河面的转弯处,停靠着多艘船只,有客船,也有货船,有人通过跳板正在上船,从船身吃水很深来看,似是已装满了货物要启航。离开汴河来到一个十字路口,店铺仍然以饭馆为主,从敞开的店门,可以看到已有不少客人入座。在众多餐馆中有一家大车修理店,门口堆积了许多木料,一个工人双手持着榔头,正在修整车轮。那辆走在大街中的棕盖车,后门内一个妇女低着头撩起门帘正往外看哩。车前一牛驾辕,另一牛拉套,两个车夫在照顾。车后有三个人跟随,两个是仆从,其中一个头顶托盘,另一个肩挑盒子,大概是食品。在对角一家餐馆前有一乘轿子,一个妇女站在轿边。轿的前面有一马一驴,一人正在上驴,一人在旁十分关心地看着,另有两个仆夫在帮助递东西。在一株老柳树下,有一个用竹席搭起来的小棚子,挂着三块布条,上面写着"神课""看命""决疑"。相摊之后有一个大院落,大红门上有乳钉,张贴着布告,土围墙上扦着竹钎,看来像是一个衙署。大门口外或坐或卧有一群人,他们的枪矛、旗帜、伞等物都倚靠在围墙上,看来像是士兵。再往后有一所寺庙,山门紧闭,而哼哈二将却看得十分清楚,另外还有一个僧人正从旁门走入寺内。

　　第五段画的是威武的城楼。画中的城门楼非常高大而有气势,为单檐庑殿顶,檐下三层斗拱,华丽而气派。城楼室内陈设着一面大鼓,内侧有人凭栏俯视街景。城楼有竖匾,露出一个"门"字。在这座城楼外的平桥两侧,挤满了看风景的人们。在城门口的路中间,有一个老人匍匐在地,他正在向过往行人乞讨。而过往行人呢,都在躲着他走,没有一个人肯掏出钱来施舍。画家还特别描绘了一个骑马的官人,他已走过了行乞者,只是回过头来看了看,而毫无停下来给点小钱的意思。另外在平桥的栏杆边,有两个乞儿正伸着手向看风景的人乞讨。一个人似伸出手给一个较大的乞儿一文钱。为了使观赏者的眼睛不游离出画面外,画家还特别安排了一支骆驼队伍正在走出城门，最前面一只骆驼已探出了多半个身子快要出城，而尾驼仍留在城内。画家实际上只画了两匹半骆驼，而在观赏者脑海里，却是一支很壮大的骆驼队伍。

  第六段画的是繁华的大都市。紧挨着的店铺，高大而装饰豪华，人物与货物的密集与堆积，与城外的疏朗、闲适形成了强烈的对照。在街北紧贴城墙的第一家，面阔三间。中间有一人坐在案前，旁边一人站立在向他说些什么。而门前堆积着一包又一包的货物，一人手持一板状物，另外两人似是货主或运输者，对面者手护货物，背面者手点货物，都在和持板者说话。第二家内有三个人，手持弓箭，有的还在把弓拉开。和虹桥南岸的一家脚店酒楼相比，显然这家叫"孙羊店"的"正店"要气派得多。门面装饰华丽，彩楼欢门不但大，而且缀满了绣球、花枝，还有像是鹅类家禽饰物的图像。底下有栅栏，三个地灯上写着"香醪""正店"，另一个因被柱子和人挡着，可视部分是一个"孙"字。欢门上斜挑的酒旗上写着"孙羊店"。透过窗户可以看到里面坐满了客人。大门口还有新来的客人正往里走。店后空地上码放着五层覆扣的大瓦缸，大瓦缸应为储酒器或酿酒工具，由此可想见店后是个酿酒作坊。在孙羊店的门前，有辆驴车在装卸货物，有肩挑的小贩在兜揽生意，有卖点心食品的摊贩在接待顾客……。沿着孙羊店往西是一个十字路口，这里的热闹程度与城外的十字路口大不一样，四角店铺所经营的货物要高等些，从街上的行人衣着打扮来看也要高一层次。东北拐角处，紧靠着孙羊店的是一家肉铺，檐下挂一条幌子，上书"……斤六十口"。店内有一人在操刀，大概是伙计，另一人则坐在门首板凳上，身体肥胖，应是老板。这家门前围着一大堆人，在听一个大胡子在讲说什么，可能是在说书。从这家肉铺转过去，是一家医馆，招牌上写着"杨大夫□□□""杨家应症□□"，说明是一个杨姓医生开的店。门口有人牵着小孩来看病。再远处是一家绸缎铺，横招牌写"王家罗明匹帛铺"，竖牌上书"□□罗锦匹帛铺"。街的对角是一家香铺，招牌上写着"刘家上色沉檀栋香"。在它的南面拐角处，是一个大摊点，货柜上堆满了一盒一盒的东西，围满了选购者。十字街东南角的店铺，可以看到两块招牌。其一为"李家输卖上……"，另一块写着"久住王员外家"，是一家旅店。这家旅店也不小，有着两层楼，透过窗户可看见里面已住了人。旅店门口兼头"杳饮子"，而一辆双驴拉套的平板大车正从门口经过，大车上装着两只大木桶。十字街的西南角，面西的一家门口挂着一个"解"字招牌，应该是一家当铺。它的北面有一个竹棚，有许多人围坐着在听一个老人说书。十字街头的行人，除了小贩、挑夫、推车赶驴的之外，还有一些身着长袍、头戴幞头的士大夫阶层人物。而最引人注目的有一个僧人和两个士子模样的人走在十字路口的最中心，身后还跟着书童。在他们身后不远的地方，还有一个行脚僧人，他身上背着一个竹篓，内装经书和手杖。

竹篾的手把向后弯曲，扣着一顶竹斗笠。从十字街口往西去的街道，首先看到的是一眼水井。有三个挑夫在那里取水，一个左手提绳，右手正把吊桶往井中扣，另一个则在摆动绳索提水。他们两人都把扁担挂在柳树枝杈上，第三个则刚到，正在放下水桶。紧靠水井是又一家医馆，门面上招牌写着"赵太丞家"。在室内前来看病的是两位妇女并抱着婴儿，门面里有柜台。柜台上放着一张纸，上面写了字。门外竖着的广告牌，上面写着"治酒所伤真方集香丸"。隔壁是一所深宅大院。前厅竹帘高高卷起，可以看到室内高大的屏风，屏前正中放一把大围椅，大门檐下有斗拱，门板上有辅首。门的一侧有围墙，墙外有护栏。有人正在走入大门，门口外有三名门卫在看守。在这所宅院的门口，画家安排了一小细节，一个人在问路。这个人右手提着食盒，门卫们倒是很热心，一边告诉他，一边用手指着方向。问路人便扭转头看着他要去寻找的地方。顺着他转头的方向望去时，只见两侧街树相合，朦胧一片，画卷却在这里突然而止。

也有研究者认为，此画并不是描写的清明时节的场景，因为虽然此画第一部分反映的是扫墓归来的情景，但第三部分的画卷里有打赤膊的、打扇子的、卖西瓜的，不可能是四月，应该是秋季。学者罗青认为："清明上河图"这一画题，取的是政治清明和平，天下"海晏河清"之意。这也是宋徽宗亲书亲题的原因。《清明上河图》是北宋宣和元年（1119年），宋徽宗为庆祝改元，令张择端绘制的。而画作的时空顺序参照的是当时流行的赋的写法。赋的写法介乎叙事与抒情之间，在空间次序上讲究以对照的手法描写地理方位，以东对西，以南对北。在时间顺序上，也讲究对比手法，以春对秋，寒对暑，以春秋代表一年。《"清明上河图"新解》一文中提出："清明上河图的时空顺序，随汴河两岸连续对照展开，空间视点随着河船河岸，对比移动，让一日的时间，从清晨发展到正午。全卷的时空次序，以中央虹桥为界，让一年的时间在桥的右边卷首处，以春天开始，过了虹桥后进入秋天至卷尾。观者在边卷边展、边看边收之际，不知不觉，从春天看到秋天，如此一来，春天派与秋天派的争议，豁然而解。"[1]

也有许多人怀疑《清明上河图》不完整，是被人从中割去了很长一段。于是从明、清时代起，就有许多仿本接着往下画，一直画到出西城，画到西城外的金明池。也有人认为，什么都看完了，还有什么想头？《清明上河图》让人过目难忘，正是留下一点"遗憾"，才具有更大的魅力。

---

[1] 罗青《清明上河图新解》2018年10月18日刊登于《南方周末副刊》。

北宋张择端《清明上河图》

《清明上河图》不仅是我国古代绘画艺术中最杰出的现实主义作品之一,同时,对研究中国大运河两岸商业具有重要的价值。

2. 姑苏繁华图

《姑苏繁华图》(题跋中称其为《盛世滋生图》)是清代宫廷画家徐扬创作的一幅纸本画作,描绘了清代大运河重镇苏州的繁华景象。该作品完成于1759年,历时24年,现收藏于辽宁省博物馆。《姑苏繁华图》,全长12米多,画面"自灵岩山起,由木渎镇东行,过横山,渡石湖,历上方山,介狮和两山之间,入姑苏郡城,自蒭、盘、胥三门出阊门外,转山塘桥,至虎丘山止"。画家采用"散点透视"方法,以青绿山水为主调,描画人物,繁而不乱,并突出人物刻画。全卷绘有各种桥梁50多座,商号招牌230多块,客货船只400多艘,房屋2140多栋,人物4800多人,完整地表现了古城苏州"商贾辐辏,百货骈阗"的市井风貌。

画面自灵岩山起,由山下的木渎镇东行,过横山,渡石湖,入姑苏城。再自蒭门出阊门外,转入山塘街,至虎丘山止。作者自西向东,由乡入城,重点描绘了苏州城乡的景物,画笔所至,连锦数十里内的湖光山色、水乡田园、村镇城池、社会风情跃然纸上。明清时期的苏州是江南著名的大都会,当时苏州最发达的商贸中心并不在城内,而是阊门城外至枫桥镇的运河边。画有二百三十余家有市招的店铺,其中规模最大、最具气派的是丝绸店铺。七间门面的两层楼大店,占据画面的突出位置,在长达六间门面的横幅招牌上,书有"本铺拣选汉府八丝妆莽大缎宫绸茧绸哗吱羽毛等货发客"的字样。真实形象地表现了丝绸行业的经营规模与宏大气派。

《姑苏繁华图》将阊门作为重点加以描绘,并将这部分景致安排于图卷接近尾声的高潮位置。非常可贵地为我们记录下了阊门外商业繁茂的景象。完整地表现了古城苏州运河边的商业风貌。

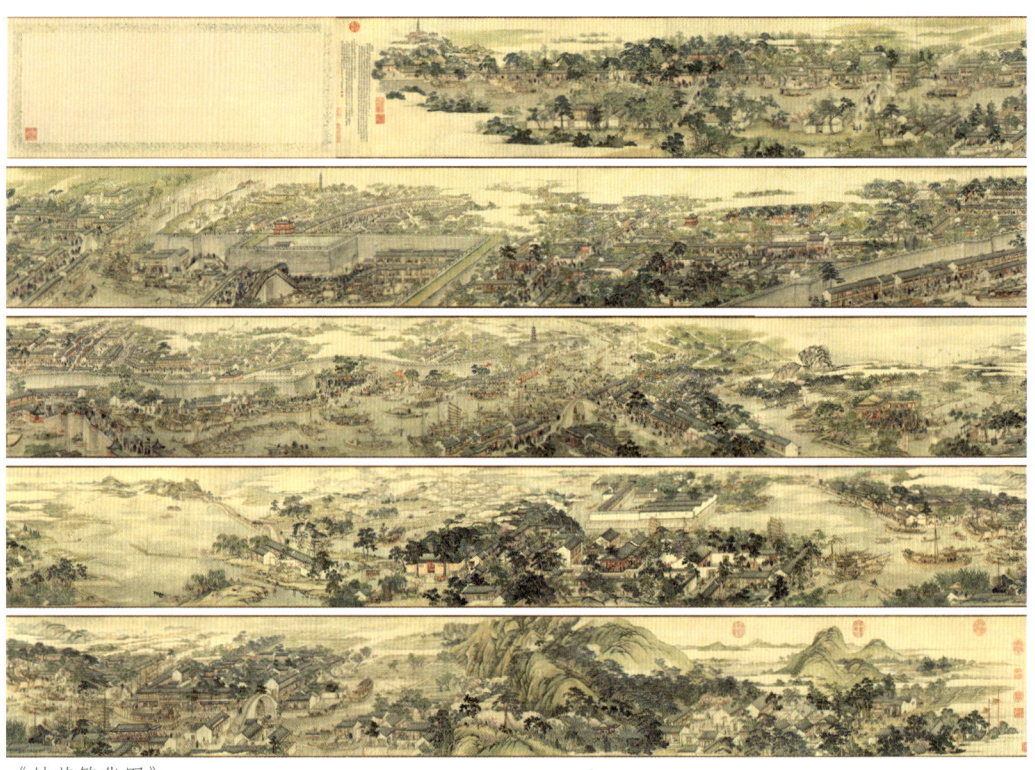

《姑苏繁华图》

3.《运河揽胜图》

《运河揽胜图》是清代扬州画家王素的作品,反映了当时淮扬运河畔邵伯码头的繁华场景,堪称邵伯版《清明上河图》。1853年,太平军攻克扬州,王素为逃避战火,举家迁居江都邵伯,在此期间画出反映当时社会百态的《运河揽胜图》。原画尺寸为94厘米×174厘米,分为两部分,大小相等,裱于一幅对开的屏风之上,真实记载了清代邵伯运河两岸的市井风情。今天来看,这幅画的画面与邵伯镇的地理环境仍然相符。

《运河揽胜图》

河道里有行船,红顶的应该是官船,这边还有民间商船、渔船,还有渔民打鱼的场景呢!河岸上是市井生活百态,有卖粮的,有鱼行收鱼的,还有人吃面条、吃包子,这些人物的衣着、打扮等,都能重现当时社会的风土人情。也有反映百姓休闲生活的场景,例如,戏子们在古戏台登台唱戏,这边还有民间杂耍,也有人在茶馆喝茶或者谈买卖……充分反映了当时运河上邵伯码头的繁华场景。

随着社会动荡,《运河揽胜图》流落海外,行迹先后到过日本、英国等国,2007年扬州收藏家钱伟鹏在英国苏富比拍卖行看到了这幅画作,凭借其丰富的收藏经验,断定这件作品具有重要价值,当即买了下来。因为这是一幅清代扬州人王素画扬州风情的书画作品,对扬州有着深厚感情的钱伟鹏认为扬州博物馆收藏更有意义,便转给了扬州博物馆。2009年,扬州博物馆以原价30万元购得并收藏。

第二节 诗词歌赋中的中国大运河商业

大运河商业的繁荣带来了文化的兴盛,这一点首先表现在诗词艺术上。诗仙李白不但写过关于运河商业的诗,而且还有自己的酒楼。据说,李白在运河城市济宁旅行时,济宁的太守贺知章非常喜欢他,邀请他喝酒,有一次忘了带酒钱,就以自己的官印金龟换酒,成为文化史上的一段佳话。济宁贺兰氏酒楼老板仰慕李白的才华,以酒楼相赠,最初改名为太白酒楼,后来改名为太白楼。因为受到了济宁官民的热情款待,

济宁太白楼

所以李白特意将自己的家眷从湖北安陆接到此处安家。在济宁期间李白写出了"天生我材必有用,千金散尽还复来"的《将进酒》、"长风破浪会有时,直挂云帆济沧海"的《行路难》,以及"安能摧眉折腰事权贵,使我不得开心颜"的《梦游天姥吟留别》等千古名篇。李白的诗《别储邕之剡中》:"借问剡中道,东南指越乡。舟从广陵去,水入会稽长。竹色溪下绿,荷花镜里香。辞君向天姥,拂石卧秋霜。"记录了李白从广陵(今扬州)沿运河到东南一带游历的行程。

中国大运河的中心城市扬州是最繁华的地方之一。繁华的扬州吸引了孟浩然、李白、高适、杜甫、张祜、王建、徐凝、白居易、杜牧等大批唐代诗人前来游历,并写下了数百首歌颂扬州风光秀美和市井繁华的诗歌。《纵游淮南》是唐代诗人张祜所作的一首七言绝句:"十里长街市井连,月明桥上看神仙。人生只合扬州死,禅智山光好墓田。"全诗用夸张而又细腻的笔法,以自然流畅之语,将扬州的魅力写得深入骨髓,抒发了对扬州的喜爱之情。王建写扬州:"夜市千灯照碧云,高楼红袖客纷纷。"徐凝诗云:"天下三分明月夜,二分无赖是扬州。"在唐代诗人的眼中,扬州的繁荣无以复加,是雄富天下商业城市。诗圣杜甫曾写过扬州的市场繁荣。唐代诗人姚合写过一首《庄居野行》:"客行野田间,比屋皆闭户。借问屋中人,尽去作商贾。"写扬州盐远销全国各地的诗句有李白的《梁园吟》:"玉盘杨梅为君设,吴盐如花皎白雪";杜甫的《客居》:"蜀麻久不来,吴盐拥荆门";元稹的《估客乐》:"小儿贩盐卤,不入州县征。一身偃市利,突若截海鲸"。

唐代诗人杜牧(803—853年)诗中描写大运河商业繁华的内容更多。如七绝《江南春》:"千里莺啼绿映红,水村山郭酒旗风。南朝四百八十寺,多少楼台烟雨中。"

第十章 文艺作品中的中国大运河商业 247

繁华的扬州城

江南风情,历历在目。在运河城市扬州,杜牧度过了他的青年时代,扬州的繁华给他留下了美好的回忆。杜牧在《扬州三首·街垂千步柳》中写扬州的子城和罗城:"街垂千步柳,霞映两重城。"他在《赠别》诗中写道:"娉娉袅袅十三余,豆蔻梢头二月初。春风十里扬州路,卷上珠帘总不如。"离开扬州后,他写了《寄扬州韩绰判官》:"青山隐隐水迢迢,秋尽江南草未凋。二十四桥明月夜,玉人何处教吹箫?"一直到晚年,杜牧还深情地追忆他在扬州度过的这段梦幻般美好的生活,他在《遣怀》中写道:"落魄江湖载酒行,楚腰纤细掌中轻。十年一觉扬州梦,赢得青楼薄幸名。"生动地反映了运河城市扬州商品经济的发达和市场的繁荣。

宋代是大运河作用发挥更大的朝代,也是一个商品经济阔步发展的时期。商业与诗歌在宋代均获得较大发展,众多诗词作家描写了大运河的商业繁荣。宋代著名诗人范成大、陆游创作出大量涉商诗,他们的诗歌在某种程度上反映了大运河区域的商业贸易发展状况,其对各类商人的描述尤为形象、生动和独特。范成大曾作《长安闸》诗,写道:"斗门贮净练,悬板淙惊雷,黄沙古岸转,白屋飞檐开。是间袤丈许,舳舻蔽川来。"陆游的《夜泛西湖示桑甥世昌》写道:"骑马出闉门,眯眼吹红尘。西湖商贾区,山僧多市人;谁令污泉石,只合加冠巾。黄冠更

扬州二十四桥

可憎，状与屠沽邻，齁齁酒肉气，吾辈何由亲！少须一哄散，境寂鸥自驯。举手邀素月，移舟采青苹。钟从南山来，殷殷浮烟津。鹤发隐者欤？长歌收钓缗。畏冷不竟夕，恨此老病身。明发复扰扰，吾诗其绝麟。"同样写西湖的有柳永的《望海潮》："东南形胜，三吴都会，钱塘自古繁华。烟柳画桥，风帘翠幕，参差十万人家。云树绕堤沙，怒涛卷霜雪，天堑无涯。市列珠玑，户盈罗绮，竞豪奢。重湖叠巘清嘉。有三秋桂子，十里荷花。羌管弄晴，菱歌泛夜，嬉嬉钓叟莲娃。千骑拥高牙，乘醉听箫鼓，吟赏烟霞。异日图将好景，归去凤池夸。"同样描写杭州繁华的还有明代诗人林升写的《题临安邸》，生动地描述了南宋时的杭州："山外青山楼外楼，西湖歌舞几时休？暖风熏得游人醉，直把杭州作汴州。"

苏轼的《蝶恋花·自古涟漪佳绝地》："自古涟漪佳绝地。绕郭荷花，欲把吴兴比。倦客尘埃何处洗。真君堂下寒泉水。左海门前酤酒市。夜半潮来，月下孤舟起。倾盖相逢拼一醉。双凫飞去人千里。"则描写了楚扬运河的繁华景象。欧阳修写过一首《采桑子·清明上巳西湖好》："清明上巳西湖好，满目繁华。争道谁家。绿柳朱轮走钿车。游人日暮相将去，醒醉喧哗。路转堤斜。直到城头总是花。"这首诗也是写杭州繁华的。苏轼的学生诗人秦观写过一首《望海潮》，描写了运河城市扬州的繁华："星分牛斗，疆连淮海，扬州万井提封。花发路香，莺啼人起，珠帘十里东风。豪俊气如虹。曳照春金紫，飞盖相从。巷入垂杨，画桥南北翠烟中。追思故国繁雄。有迷楼挂斗，

杭州仿古街道

月观横空。纹锦制帆,明珠溅雨,宁论爵马鱼龙。往事逐孤鸿。但乱云流水,萦带离宫。最好挥毫万字,一饮拚千钟。"

元代著名诗人朱德润在诗中曾描绘大运河的商业繁荣:"日中贸易群物聚,红甑碧碗堆成山;商人嗜利暮不散,酒楼歌管相喧阗。"

明代大运河的作用进一步发挥,特别是政府对大运河商业的放宽,使大运河上的商业活动更为频繁。明代文坛领袖之一的李东阳曾作《咏鳌头矶》描写临清这一大运河城市的繁华,其一:"十里人家两岸分,层楼高栋入青云。官船贾舶纷纷过,击鼓鸣锣处处闻。"其二:"折岸惊流此地回,涛声日夜响春雷。城中烟火千家集,江上帆樯万斛来。"此诗第一首写运河至此分为两股,居民沿运河两岸分布,豪宅层楼矗立于云霄之中,显示着这座北方都市的不凡气势,以及它的繁华和富裕。运河上穿梭着此来彼往的官船和商舶,出闸进闸的钟鼓之声连绵不断,此起彼伏。第二首写诗人已登上鳌头矶之所见所闻。诗人从矶上俯瞰,但见从南旺北下的滔滔洪流从远处奔泻而至,然后至此西去与卫河相接后东移北上,河水受到阻遏和控制,因而浪涛汹涌、吼声如雷,诗人用十四个字写出会通河与卫河相接处运河水的狂暴与被人们控制的无奈,极具气势。最后用"江上帆樯万斛来"一句概括,写出临清商业繁荣的原因。

明代诗文对明中后期江南运河沿线商业繁华多有描绘。文徵明的《月夜登阊门西虹桥》"带城灯火千家事,极目帆樯万里船";黄省曾的《虎丘咏》"珠寺翻为歌舞池,青山尽是绮罗情"。唐寅《阊门即事》更不无自豪地描写苏州商业中心美女轻歌曼舞、金钱运转不息、交易彻夜进行的景象。"世间乐土是吴中,中有阊门更擅雄。翠袖三千楼上下,黄金百万水西东。五更市买何曾绝?四远方言总不同。若使画师描作画,画师应道画难工。"明人陈述《娄塘晓市诗》写运河商业城镇:"晓星残月入娄东,坐贾行商处处通;灯影乱明河影外,市声遥隔水声中。"

临清鳌头矶

苏州阊门

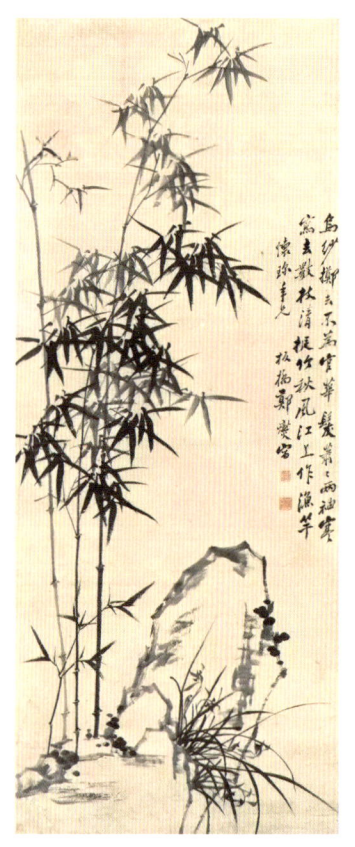

清代，随着大运河商业的发展，商人们对文化活动主动参与，出现了讴歌商人对文化艺术事业推动的诗词。商品经济发展使代表人类精神生产的文化形式也逐渐商品化。明清时期，越来越多的人进行文化消费。积聚了大量财富的商人们表现得最为踊跃，他们或购买书画，结交文士，或蓄养戏班，聘请演员，或召集各地戏班会演。郑燮的诗"画竹多于买竹钱，纸高六尺价三千"（《板桥润格》）、"宦海归来两袖空，逢人卖竹画清风"（《题画竹》）等都说明了艺术的商品化。郑燮的诗歌《扬州》很有特色："画舫乘春破晓烟，满城丝管拂榆钱。千家养女先教曲，十里栽花算种田。雨过隋堤原不湿，风吹红袖欲登仙。诗人久已伤头白，酒暖香温倍悄然。"真实反映了大运河城市扬州的商业繁荣。曾在运河城市扬州任职的王士祯写过《真州绝句》一首："江干多是钓人居，柳陌菱塘一带疏。好是日斜风定后，半江红树卖鲈鱼。"真州就是仪扬运河边的江苏仪征。傍晚风平浪静，渔民们在深秋的红树林中热热闹闹地在买卖鲈鱼。这是鱼米之乡的景致，描绘得简洁利落，宁静中带有生机。清代诗人徐方高写过一首描写运河商业市镇的诗《璜塘镇上即事萧》："萧然一水石桥横，市小稀闻鸡犬声。近览并无乔木古，遥瞻惟见野烟平。艰难编户渔商业，狼藉丰年醉饱情。送客河干心恻怆，居夷浮海叹吾生。"

第三节　散文小说中的中国大运河商业

早期的散文、小说等文学作品中描写大运河商业活动的内容有很多。

《集异记》是唐代薛用弱著的传奇小说集，又题《古异记》。《集异记》里有个故事说：唐开元初，李勉为浚仪尉，任期满时，沿汴水到广陵游玩，船到睢阳，有位年老有病的波斯胡人请求搭船去广陵，但船到泗水上

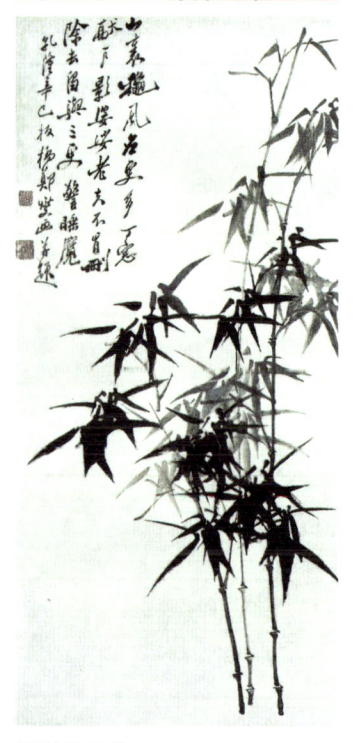

郑板桥的竹

时，波斯胡人病危，临终前，为感谢李勉的照顾，他送给李勉一颗价值百万的宝珠。李勉却将这颗宝珠放入死者口内，一并葬在墓中。后来，李勉到扬州，找到这位胡商的儿子，让他从父亲的墓中取回了珠宝。从这个故事中我们可以看到当时在大运河上经商的波斯胡商已很多，人们沿着运河做生意也是常事。

小说这种文学形式就是因为大运河商业文化的出现而产生的。宋元时期，大运河作用的进一步发挥促进了商品经济的发展和市井文化的兴起，给小说创作带来深厚的土壤。城市中出现说书的场所瓦子，说书人的话本经过文人加工形成许多话本小说和演义小说。大运河工商城市的发展，使之成为"人物繁阜"之地，城市市民阶层壮大起来，适应其文化需求的市民文学便首先在这些城市中应运而生并逐渐发展起来。宋元时期运河城市中的说话人与话本文学便是这种市民文化的重要内容之一。小说，自北宋中期兴起。到北宋末年，汴梁城已涌现一批造诣较高的讲小说艺人，小说取材于历史与现实生活，既为市民所熟悉，又能反映他们的思想感情、理想与追求，因而能吸引人，有的竟成为高官们猎奇的对象。专为说话人编写话本的一些下层知识分子，则称为"才人"，他们的组织称为"书会"。以说话人凭借的话本为主要内容的话本文学，在说话人与才人的共同努力下，逐渐丰富繁荣起来。特别是社会上产生了大批的"书会""才人"后，话本开始大量产生，并被书坊整理加工，刊印成读物，成为保存说话艺术特色的书面文学。这时才有了真正意义上的小说这一文学体裁。

因中国大运河商业文化而成熟的小说必然会反映运河的商业文化。明清时期几乎所有的小说都能跟运河商业联系上。明代"四大白话小说"都来源于话本，都是民间的传奇故事在大运河上传播、加工后，被文人收集、整理后形成文学作品的。如"说三分"通过说话人的演说及其底本的流传，对后来《三国演义》长篇小说的形成有重要作用；说经话本《大唐三藏法师取经记》，无疑为后来《西游记》的创作提供了丰富的素材；而演说朴刀类话本《青面兽》、杆棒类话本《花和尚》与《武行者》以及《大宋宣和遗事》等，更对长篇小说《水浒传》的创作有着重大而直接的关系，开辟了中国小说的新纪元。《金瓶梅》写的就是大运河上重要的商业城市山东临清（清河）的故事。《三言二拍》的作者冯梦龙和凌濛初都是江浙人，凌濛初自己就是出版商，因此这几部作品里面很多故事也和大运河商业有关。比如卖油郎独占花魁的主人公是因为金兵入侵，从开封逃难至杭州，从事卖油生意的。还有杜十娘怒沉百宝箱，杜十娘带着所有的财宝跟随李甲坐船从京城离开，沿运河返回南方，在大运河入江口瓜洲停留时，被李甲转手卖给盐商孙富，所以怒沉百宝箱，跳江自尽。这些都反映了当时大运河商业繁荣的背景。

在明清小说中，关于山东运河城市经济与商业的记载、描述非常多，《施公案》第381回"贤臣恤寡节妇请旌，总镇知风强徒遁迹"里黄天霸、褚标、朱光祖三人前往连环套查盗御马一案，路上遇一镇市，看到一座"集贤居"的大酒楼，进去喝茶，询问店小二信息，店小二称："这镇市叫桃花镇，系济宁州所管。"褚标回应道："原来这就是桃花镇。人说济宁州有座桃花镇极其繁华，果然名不虚传，却是一个好地方。因向窗外观看街上的人景，只见往来杂众，车马喧阗，实在是个冲衢要道的景象。"济宁下辖沿运河各镇市依靠运河之利，交通便捷，适宜商人、商货转运货物，所以经济相当发达。

1.《东京梦华录》中的中国大运河商业

《东京梦华录》是宋代孟元老的笔记体散记文，创作于北宋靖康二年（1127年）。主要追述北宋都城东京汴梁城市风俗人情，所记大多是北宋崇宁到北宋宣和年间（1102—1125年）北宋都城东京汴梁的情况，描绘了这一历史时期居住在东京的上至王公贵族、下及庶民百姓的日常生活情景，是研究北宋都市社会生活、经济文化的一部重要的历史文献古籍。

孟元老在自序中就追述了运河商业城市东京汴梁当年的繁盛："正当辇毂之下，太平日久，人物繁阜。垂髫之童，但习鼓舞；斑白之老，不识干戈。时节相次，各有观赏。灯宵月夕，雪际花时，乞巧登高，教池游苑。举目则青楼画阁，绣户珠帘。雕车竞驻于天街，宝马争驰于御路，金翠耀目，罗绮飘香。新声巧笑于柳陌花衢，按管调弦于茶坊酒肆。八荒争凑，万国咸通，集四海之珍奇，皆归市易，会寰区之异味，悉在庖厨。花光满路，何限春游，箫鼓喧空，几家夜宴？伎巧则惊人耳目，侈奢则长人精神。"

这段话可以翻译为："因为正好居住在京城里天子脚下，太平日子很长久，人口众多，繁华富庶。年幼的儿童，只知道学习歌舞；头发斑白的老人，不知道战争的滋味。一年四季时令节日依次而至，各自有不同的观赏游玩之处：正月十五日的上元节和八月十五日的中秋节，下雪之际和开花之时，七月初七日的乞巧和九月初九日的登高饮酒，在金明池观看水军操练，以及在御花园游玩赏花。举目望去是用青漆涂饰的雕梁画栋及豪华精致的亭台楼阁，雕饰华美的门户悬挂着珠帘。装饰精致的马车竞相停放在京城的街道中，饰以珠宝的骏马争先恐后地奔驰在宽敞平直的道路上。黄金珠翠耀眼，轻罗薄绮飘香。新奇美妙的音乐伴随着欢笑在柳巷花街上飘扬，吹拉弹唱之声在茶坊酒馆中回荡。八方荒远之地争相前来进贡，天下万国都能通达。汇集四海的珍奇之物，都归于市易物交易；会聚天下的奇异食物，全部在京城的厨房中。奇花异景遍布道路，不必仅限于春游才能看到；箫鼓之声在空气中喧闹，多少人家彻夜欢颜。伎艺的精美奇巧使人惊讶万分，繁华奢侈的景象让人精神振奋。"

《东京梦华录》一书共提到的一百多家店铺中，酒楼和各种饮食店就占有半数以上。《东京梦华录》卷二、卷三、卷四的部分就有：姜行、纱行、牛行、马行、果子行、鱼行、米行、肉行、南猪行、北猪行、大货行、小货行、布行、邸店、堆垛场、酒楼、食店、茶坊、酒店、客店、瓠羹店、馒头店、面店、煎饼店、瓦子、妓院、杂物铺、药铺、金银铺、彩帛铺、染店、珠子铺、香药铺、靴店等二十多"行"。作者记录皇城东南界身巷的金银采帛交易说："屋宇雄壮，门面广阔，望之森然，每一交易，动即千万，骇人闻见。"在记东京诸酒店时说：

"必有厅院，廊庑掩映，排列小阁子，吊窗花竹，各垂帘幕，命妓歌笑，各得稳便。"记清明出游说："四野如市，往往就芳树之下，或园圃之间，罗列杯盘，相互劝酬，都城之歌儿舞女，遍满园亭，抵暮而归。"在记暮春都市生活的甜美如梦中说："牡丹、芍药、棠棣、木香种种上市，卖花者以马头竹篮铺排，歌叫之声，清奇可听。晴帘静院，晓幕高楼，宿酒未醒，好梦初觉。"据《东京梦华录》载，为满足市民夜生活的延长，促进商业发展和城市经济的繁荣，朝廷宣布取消原先坊市制下长期实行的"夜禁"，开封城里出现了"夜市""早市"和"鬼市"。可见开封商业的繁荣。

《东京梦华录》封面

2.《金瓶梅》

《金瓶梅》是明代文坛上最早出现的世情小说。该书直书现实人生，表现人情世态，真实反映了明代资本主义萌芽时期大运河商业的情况。

小说《金瓶梅》由《水浒传》中的"武松杀嫂"一段演变而来。一般认为，"金瓶梅"三字就是指作品中的潘金莲、李瓶儿、庞春梅三人。作品描写清河县一个破落户财主西门庆经商发迹的故事。故事的发生地清河县，是明代运河岸边繁华的商业城市，书中描写了大量有关大运河地区的商业风貌，给我们留下了珍贵的资料。《金瓶梅》是我国第一部文人独创的章回小说，可谓中国小说史上的一块里程碑；同时《金瓶梅》是第一部以商人生活为题材的章回小说，开世情小说的先河；而且《金瓶梅》首次注意对人物性格的描写，对后世章回小说的创作产生了巨大影响。

《金瓶梅》旧题"兰陵笑笑生"作，关于《金瓶梅》的作者，学术界至今仍无定论，目前有60多位候选人，其中大部分候选作者的籍贯都在运河区域的范围。应该说，大运河边的重要商业城市临清最有可能是《金瓶梅》的背景地。《金瓶梅》尽管写的是宋代的事，但研究者认为，其时代背景就是明代时期的运河城市临清。明代的临清因为大运河的作用，成为经济重镇、商业都会，商业已很发达，以手工业命名的街巷众多，又是各种货物的集散地。临清钞关的商税收入曾居全国八大钞关之首。临清还是南粮北调的总中转站和粮食储存中心。这里商业繁荣，市井文化十分繁荣，这给小说提供了创作背景，《金瓶梅》就是以明代临清的商业文化为主要故事背景写作而成。《金瓶梅》从第五十八回开始到第一百回中，有25处直接写到临清。第九十八回的标题即是"陈敬济临清逢旧识，韩爱姐翠馆遇情郎"。《金瓶梅词话》第92回"陈敬济被陷严州府，吴月娘大闹授官厅"里杨大郎与陈敬济前往临清码头寻找商机，"这临清闸上，

繁华的临清城

是个热闹繁华大马头去处,商贾往来,船只聚会之所,车辆辐辏之地,有三十二条花柳巷,七十二座管弦楼。这敬济终是年小后生,被这铁指甲杨大郎领着游娼楼,串酒店,每日睡睡,终宵荡荡,货物倒贩的不多"。也有研究者认为,清河县是运河边的另一个商业城市淮安,理由是淮安在清代就叫清江浦,历史上也有清河这一地名。

3."三言"

所谓"三言",是指明代天启年间,冯梦龙在广泛搜集宋元话本和明代拟话本的基础上编选的《喻世明言》(原名《古今小说》)、《警世通言》和《醒世恒言》三部白话短篇小说集。冯梦龙(1574—1646年),运河边的长洲(今江苏苏州)人。自幼生长于运河边的冯梦龙深受运河文化的熏陶,提倡真性情,是一个豪放的人物,重视通俗文化。他编选了短篇小说集"三言",成为运河商业文化史上的一部重要小说,对研究大运河商业文化做出了巨大的贡献。

从内容上来看,"三言"中的许多篇目都是以大运河两岸的商业城市为故事背景,反映运河两岸的风土人情。《醒世恒言》写江南运河沿线的盛泽镇:"市河两岸绸丝牙行,约有千百余家,远近村坊织成绸匹,俱到此上市。四方商贾来收买的,蜂攒蚁集,挨挤不开。"商业贸易盛况由此可见。《醒世恒言》还写了一位由小商品生产者到工场手工业主演变的施复的故事:"嘉靖年间,这盛泽镇上有一人,姓施名复……家中开张绸机,每年养几筐蚕儿,妇络夫织,甚好过活……一日,已积了四匹……到个相熟行家来卖……人看时光彩润泽,都增价竞买,比往常每匹平添钱多银子。因有这些顺溜,几年间就增上三四张绸机,家中颇为饶裕。……欲要又添张织机,怎奈家中窄隘,摆不下机床。……恰好间壁邻家,住着两间小房,连年因蚕桑失利,嫌道住居风水不好,急切要把来出脱,正凑了施复之便。……夫妻依旧省吃俭用,昼夜营运。不上十年,就长有数千金家事。又买了左近一所大房屋居住,开起三四十张绸机,又讨几房家人小厮,把个家业收拾得十分完美。"施复由小商品生产者到拥有三四十张织机的工场手工业主中间经过十几年,而他的发展又是以其他小商品生产者的破产失利为代价而积累下资本的。

"三言"中的故事大致可分为四种类型:一是婚姻故事,主要描写城市平民追求自由爱情和幸福生活的愿望,同时也抨击了封建制度对妇女的压迫。如《杜十娘怒沉百宝箱》写绍兴秀才李甲在北京国子监读书期间,结识青楼女子杜十娘,二人情投意合,于是借钱赎出十娘,租船沿大运河南下返乡。行至长江边的运河码头瓜洲,偶遇扬州盐商子弟孙富,在孙富的挑唆下,以六千两银子的身价将杜十娘转卖与孙富。十娘闻讯后，怒沉百宝箱，自己也跳江自尽。故事以悲剧结尾，一反旧套，感人至深，反映了商业文明的背景下妇女的觉醒。二是社会故事，主要描绘了当时朝廷内部的斗争。如《沈小霞相会山师表》，写绍兴沈炼因上疏弹劾严嵩、严世蕃父子，遭严氏父子陷害，不久死于狱中。严嵩又派人往绍兴捉拿沈炼的长子沈襄（字小霞），在沿运河押往京城的途中，幸得济宁冯主事相救，沈襄才免于一死。后严氏父子事败，沈襄凭父亲手书的一幅《出师表》找到了父亲的墓所，并与母亲、幼弟重逢。故事反映了当时朝廷的忠奸斗争，赞扬了沈襄与其妻子闻淑英的智慧，很有现实意义。《卖油郎独占花魁》讲的是运河商业的故事，卖油郎朱重本来就是生意人。三是友情故事，与大运河商品经济的繁荣相适应，这类故事主要是歌颂真挚的友情，而对背信弃义之人则进行无情的鞭挞。如《施润泽滩阙遇友》写苏州府吴江县盛泽镇机户施复拾金不昧，送还了蚕户朱恩丢失的六两多银子；后来朱恩知恩图报，在滩阙帮助施复躲过覆舟之灾。故事歌颂了大运河沿线的两个小手工业者真挚的友谊。四是伦理故事，这类故事或宣扬封建的贞操观念，或宣扬虚无主义的人生观，是对当时运河商业经济繁荣之后的城市生活的真实再现。冯梦龙在《情史》中就记载了这样一个嫁给盐商的扬州妓女的故事：华亭（今上海）人钱福，明弘治三年（1490年）中状元，授翰林院修撰。钱福罢官回乡闲居后，听说扬州有一个姓张的妓女十分漂亮，就去寻访。到了扬州才知道张氏已经成了某大盐商的小老婆，于是就去拜访那个盐商，以便一睹芳颜。当张氏袅袅娜娜地走出来时，钱福不禁为之神魂颠倒。她的皮肤本来就洁白如雪，再加上身穿洁白的丝绸衫裙，楚楚动人，顾盼生姿。钱福当即挥笔写了一首风趣诙谐、语带双关的七绝："淡罗衫子淡罗裙，淡扫娥眉淡点唇。可惜一身都是淡，如何嫁了卖盐人"。

杜十娘塑像

4."二拍"

"二拍"的作者凌濛初，明崇祯年间他在书商的怂恿下，模仿"三言"创作《初刻拍案惊奇》和《二刻拍案惊奇》两部白话短篇小说集,是继"三言"之后同样具有代表性的拟话本小说集,而《初刻拍案惊奇》也是中国小说史上第一部文人独立创作的拟话本小说集。"二拍"题材来源于古今书籍,故事也大多以大运河两岸的商业城市为背景。如"转运汉巧遇洞庭红 波斯胡指破鼍龙壳",写苏州商人文实海外冒险的故事,反映了明末商业的发展和资本主义的萌芽;"宣徽院仕女秋千会 清安寺夫妇笑啼缘",歌颂了枢密院同金帖木儿不花的公子拜住与宣徽院使孛罗的女儿速哥里失二人生死不渝的爱情;"神偷寄兴一枝梅 侠道惯行三昧戏",赞扬了苏州侠盗懒龙劫富济贫的侠义行为;"诉穷汉暂掌别人钱,看财奴刁买冤家主"宣扬贫富天定的思想。这些故事都有商业文化的背景。

《二拍》封面

5.《清平山堂话本》

明代最早出现的一部话本集是明嘉靖年间洪楩辑印的《六十家小说》。因其版心印有"清平山堂"四字,重刻时更名《清平山堂话本》。《清平山堂话本》共编为六集,名为《雨窗》《长灯》《随航》《欹枕》《解闲》《醒梦》,每集各分上、下卷,每卷五篇,每篇演绎一个故事,共六十篇,今存二十九篇。《清平山堂话本》是宋元时期说话艺人表演时的"底本",内容以宋元话本为主,是诂本中的"小话"(相对于讲历史故事的"平话"而言),但也有少数文言作品。其内容或是描写大运河区域市民的婚姻恋爱生活,或描写大运河沿线新兴商人的经商活动,从不同侧面揭示出当时的城市生活面貌和状况,反映出市民的生活状态、思想意识和审美情趣。其优秀篇章为《快嘴李翠莲记》,以喜剧的形式塑造出一个聪明伶俐、快人快语、不守封建礼法、不为传统所容的商业时代青年女性形象。

《清平山堂话本》封面

6.《醒世姻缘传》

《醒世姻缘传》的作者西周生，有人认为就是蒲松龄。《醒世姻缘传》又名《恶姻缘》。作品写山东武城县地主少爷晁源因干尽坏事，死后托生为绣江县明水镇狄希陈，备受妻妾虐待的故事。小说展示了运河区域的商业文化，客观上也反映了运河地区的社会现实。书中故事的发生地以山东运河畔的武城县、绣江县为主，还用大量篇幅描写了北京城和通州等地。客观描写了运河沿线的商业习俗，是研究运河商业文化必不可少的参考书籍。《醒世姻缘传》多次提到了明代的大运河商业贸易。第6回"小珍哥在寓私奴，晁大舍赴京纳粟"中晁大尹坐船经过济宁，"老早就泊了船，要上岸买二三十斤胭脂，带到任上送礼"。《醒世姻缘传》还提到了大运河财神。比如第86回"吕厨子回家学舌 薛素姐沿路赶船"就写到了大运河沿线信仰的财神金龙四大王，但错把金龙四大王写成金朝的太子。其实金龙四大王是明清时期随着大运河的全线贯通和漕运的兴盛而产生的一种民间信仰，原型为南宋人谢绪。大运河沿线建有很多大王庙，供奉有"金龙四大王"。

7.《聊斋志异》

《聊斋志异》是清朝小说家蒲松龄创作的文言短篇小说集。作品中有多个故事谈到了大运河商业。明清时期，大运河贯通南北，促进了山东沿线城市的商业繁荣，这种商业氛围在《聊斋志异》中多有体现。书中以大运河沿岸城市为背景的有十五篇故事，其中活跃于大运河沿岸经常外出经商的主人公就有王文、赵东楼、任秀等。《聊斋志异》中有不少篇幅涉及商人形象，其所从事的商业领域也是形形色色，如卖酒、卖粮、

宿迁大王庙供奉有"金龙四大王"

孟城驿中蒲松龄像，蒲松龄在此做过代理驿丞

卖布、卖油等，虽然大多篇目没有对其进行详细的描写，但从其总体数量来看，商人是作者重点描绘的一类形象。《小二》篇中的女子小二就是运河边以刺绣为生的商人："梅以刺绣作业，售且速，贾人候门以购，惟恐弗得。"一个勤劳贤惠的女性商人形象跃然而出。

《鸦头》篇中的王文在临清与妓女鸦头结识后，两人情投意合，相约私奔来到汉口，靠做小生意，不但养活了家里几口人，吃喝不愁，而且一年后，就能雇老妈子、婢女了。王文也不用亲自干活，只要管着伙计就行。《聊斋》中的商人分行商和坐商，行商掌握大量资本，往返于产地和销地之间，利用地区间的差价获得巨额利润，这在贩盐上尤其明显。古代大宗物资长途贩运主要通过大运河，书中写了淮上贩盐的商人和贩棉花的商人，而淮上贩盐的商人无疑就是扬州盐商。蒲松龄曾经在淮扬运河边的盂城驿做过代理驿丞，他对扬州盐商的情况还是比较了解的，如今盂城驿中还有一座蒲松龄像。

8.《浮生六记》

《浮生六记》系长洲（今江苏苏州）人沈复所写。该书是首部真实记叙夫妻感情的小说，富有创造性。这种创造性，首先体现在其题材和描写对象上。在书中，作者以深情直率的笔调叙述了夫妻闺房之乐，写出了夫妻间至诚至爱的真情。《浮生六记》同样真实反映了运河城市的生活，书中多次提到了大运河上的商业活动。在卷一《闺房记乐》中，沈复写了他与妻子芸娘偷偷地沿着运河去吴江，一路水上游览的故事，沿途见到的商业活动也有所反映。书中记叙了沈复全家沿山塘河游虎丘时，虎丘一带的商业活动特别繁荣，还有歌伎陪游。在卷四《浪游记快》中记载了沿大运河的城区

《浮生六记》中写到的扬州五亭桥

苏州沧浪亭上演的实景版昆曲《浮生六记》

水系游扬州瘦西湖的场景:"过此有胜概楼,年年观竞渡于此,河面较宽,南北跨一莲花桥。桥门通八面,桥面设五亭,扬人呼为'四盘一暖锅'。"这可能是最早将扬州瘦西湖景观称为"四菜一汤"的小说。

9.《老残游记》

《老残游记》封面

《老残游记》作者刘鹗,是江苏镇江人。《老残游记》写一个被人称作老残的江湖医生铁英在游历中的见闻和作为。老残是作品中体现作者思想的正面人物。他"摇个串铃"浪迹江湖,以行医糊口,自甘淡泊,不入宦途。但是他关心国家和民族的命运,同情人民群众所遭受的痛苦,是非分明,而且侠胆义肠,尽其所能,解救一些人民疾苦。小说以老残在山东一带,主要是大运河沿线的游历为主线,对社会现实开掘很深,真实记录了清代大运河沿线的商业状况。同时,小说在民族传统文化精华提炼、生活哲学及艺术、女性审美和平等、人物心理及音乐、景物描写等多方面皆达到了极其高超的境界。《老残游记》第7回"借箸代筹一县策,纳楹闲访百城书"里老残前往东昌府(聊城)访柳小惠家所收藏宋元版书,在客店住下后,第二天上街寻觅书店,与书店掌柜攀谈,那掌柜称:"我们这东昌府,文风最著名的。所管十县地方,俗名叫作'十美图',无一县不是家家富足,户户弦歌。所有这十县用的书,皆是向小号来贩。小号店在这里,后边还有栈房,还有作坊,许多书都是本店里自雕版,不用到外路去贩买的",这里可以看出东昌的富庶与手工业作坊的专业化经营。

10.《马可·波罗游记》中的大运河商业

《马可·波罗游记》虽然是一本游记,但其中记录了众多的大运河商业活动。关于元大都,详细记述了大都的城市建筑和宫殿、城墙,书中称:大都有12个城门,有3层围墙环绕宫殿。元大都人口众多,十分繁华,商旅往来不绝,物品臻集"凡世界上最珍贵的东西,这里都能找到,特别是印度的商品,如宝石、珍珠、药材和香料。这里出售的商品数量,比其他任何地方都多。"

经过运河上的临清、东平等城市时,游记记述了这些城市的概况:临清有一条又宽又深的河流经过这里,运输大量的商品如丝、药材及其他有价值的货物。东平有一条深水大河绕过城南,居民将河分成两条支流:一条向东流过契丹(指曾是辽国统治的河北河南等地);一条向西流向蛮子省(指南方的江苏、浙江等地)。大河上千帆竞发,舟楫如织,数目之多,简直令人难以置信,真实反映了临清、东平作为卫河与会通河交汇处的商业繁荣场景。

马可·波罗在扬州任过3年总督,因而在游记中记述了扬州及所辖的宝应、高邮、通州、真州等城市的商业

马可·波罗塑像

和手工业发达景象。书中说瓜洲是货物运往大都的集散地,每年汇集大批的小麦和稻米,其中大部分经运河运往大都。"这条交通线,是由许多条河流、湖泊及一条又深又宽的运河组成,这条运河是根据大汗的旨意挖掘的"。他在游记中着重描绘了杭州的繁华,他认为"这座城市的庄严和秀丽,堪为其他城市之冠。"

《马可·波罗游记》记述了大量关于元代大运河的史料,包括运河的运输、沿途城镇、民风民俗、经济社会等,为研究元代运河文化提供了丰富的资料。后来在欧洲广为流传,有很多的文学作品都是基于他的游记。马可·波罗的经历激发了哥伦布和不少旅行家对东方的向往,对以后新航路的开辟产生了巨大的影响。同时,西方地理学家还根据书中的描述,绘制了早期的"世界地图",促进了世界地理新发现,对国际贸易的大发展起到了极大的推动作用。

11. 古代手抄本中的盐商故事

清代扬州人石成金著有小说《雨花香》。其中写有不少关于扬州盐商的故事,有一篇是《铁菱角》,写的是一个极为吝啬的扬州盐商汪于门。他一钱不使,二钱不用,数米而食,秤柴而炊。但凡亲朋好友来借贷,一律回绝,为此他还专门写了告示贴在自家屏风之上。为保住自己的万贯家财,他让铁匠打造了许多"铁菱角",下三角,上一角,甚是尖利,如同刀枪。他每晚把这些东西布置于银库四周,天亮前收回,辛苦之极,却乐此不疲。不料清兵攻入扬州城后,将其银子悉数充当军饷。汪氏见此,捶胸顿足,长号数声,仆地而亡。后来,这部小说因为纪晓岚的抄录而风靡一时,被称为"中国古代十大手抄本"之一。

12.《林家铺子》中的中国大运河商业

《林家铺子》以 1932 年"一·二八"淞沪抗战前后的江南运河沿线为背景,那时外受日本帝国主义的军事、经济侵略,内有国民党官吏的敲诈、地主高利贷的剥削,社会动乱,民不聊生。小说透过林家铺子的倒闭,反映了民族商业破产的厄运。作者茅盾在书中借林先生的内心独白揭示了林家铺子破产的原因:"他的又麻又痛的心里感到这一次他准是毁了!——不毁才是作怪:党老爷敲诈他,钱庄压逼他,同业又中伤他,而又要吃倒账,凭谁也受不了这样重重的磨折吧?而究竟为了什么他应该活受罪呀!他,从父亲手里继承下这小小的铺子,从没敢浪费;他,做生意多么巴结;他,没有害过人,没有起过歹心;就是他的祖上,也没害过人、做过歹事!然而他直如此命苦!"作品篇幅虽短,但内容很紧凑,由一个铺子的破产揭示了整个中国半殖民地半封建社会面临破产的现状。

茅盾家乡乌镇段运河

茅盾纪念馆的茅盾塑像

后 记

　　2024年是大运河申遗成功十周年，这一年我与4家出版社合作，出了5本书，特别是与中国建材工业出版社（现已更名为中国建设科技出版社）合作的"中国大运河系列"已出版了7本，出版社也十分重视，专门在杭州举办了新书发布会，并鼓励我继续创作"中国大运河系列"，于是便有了双方合作的新成果《中国大运河商业》这本书。这是我写的第26本大运河图书，也是"中国大运河系列"的第8本图书。

　　申遗成功十年来，我先后换了三个工作单位，但对大运河的初心一直未改，始终潜心于大运河文化的研究。2022年，我担任扬州市文联主席后，大运河情结一点没有中断，乘着大运河文化带建设和大运河国家文化公园建设的东风，着手创办了《运河文艺》期刊，登载大运河沿线城市的文艺作品，并多方协调，促成中国作家协会将首个大运河文学实践点落户扬州，这也是江苏省首个国家级的新时代文学实践点。以此为纽带，组织大运河沿线城市的作家和文艺家沿大运河采风，发表了一批运河文学作品。结合本职工作，我还积极研究大运河的相关领域，特别对大运河商业这个过去研究较少的领域进行了深入的研究。《中国大运河商业》就是这一年多来研究的产物。这几年，尽管工作很忙，但宣传弘扬运河文化的初心仍未改变，全国各地只要是有关大运河的事情找到我，无论是请教学术问题的，请求帮助设计文创产品、参谋研学线路的，还是担任图书审稿、宣讲运河文化的，我都立即答应，想方设法满足对方的要求。大运河申遗成功十周年纪念日前夕，接受新华社采访时，我表示，"大运河保护永远在路上"。在运河情结的推动下，我的大运河研究之路也会一直走下去。

　　为本书提供图片的有运河沿线城市的广大同行：吴育华、吴益群、王支援、刘江瑞、管斌、赵辉、刘奇斌、黄钢、潘娟、杨梦、施晓平、宋桂杰、杨国萍、刘昌东、吴同祥、朱宏中、李牧、周泽华、王支援、王维国、刘静、姬克昌、靳国君、吴莲、朱永德、张友国等，还有故宫博物院、中国国家博物馆、扬州双博馆、洛阳隋唐大运河博物馆、北京市通州区文化和旅游局、扬州日报社、浙江桐乡市文化和广电旅游体育局、河北香河县文化广电和旅游局、河北清河县油坊镇政府等单位。特别感谢杭州市摄影家协会的张友国主席提供了一批老照片。在此，对所有为本书提供帮助的同事们、战友们，对大运河沿线的同行们表示衷心的感激。

姜师立于 2024 年 9 月 21 日